全訂版

警備業法令集

警備業法令研究会　編集

東京法令出版

目次

ページ
○**警備業法**（昭和四十七年法律第百十七号）……一
○**警備業法施行規則**（昭和五十八年総理府令第一号）……一
○警備業法施行令（昭和五十七年政令第三百八号）……一八九
○地方公共団体の手数料の標準に関する政令〔抄〕（平成十二年政令第十六号）……一九三
○警備業の要件に関する規則（昭和五十八年国家公安委員会規則第一号）……二〇一
○警備員等の検定等に関する規則（平成十七年国家公安委員会規則第二十号）……二五一
○警備員指導教育責任者及び機械警備業務管理者に係る講習等に関する規則（昭和五十八年国家公安委員会規則第二号）……二七一
○警備員教育を行う者等を定める規程（平成八年国家公安委員会告示第二十一号）……三六六
○電磁的方法による保存等をする場合に確保するよう努めなければならない基準〔抄〕（平成十年国家公安委員会告示第十号）……三六八

参　考

凡　例

一　法令等の名称については、次の略称を用いた。
警備業法施行令（昭和五十七年政令第三百八号）　施行令
地方公共団体の手数料の標準に関する政令（平成十二年政令第十六号）　手数料令
警備業の要件に関する規則（昭和五十八年国家公安委員会規則第一号）　要件規則
警備員等の検定等に関する規則（平成十七年国家公安委員会規則第二十号）　検定規則
警備員指導教育責任者及び機械警備業務管理者に係る講習等に関する規則（昭和五十八年国家公安委員会規則第二号）　講習規則
警備員教育を行う者等を定める規程（平成八年国家公安委員会告示第二十一号）　教育規程
電磁的方法による保存等をする場合に確保するよう努めなければならない基準（平成十年国家公安委員会告示第十号）　電磁的基準

二　警備業法と警備業法施行規則は、相互に関連した条文を対照できるように表にして登載した。

三　警備業法施行規則第一条については、関連する条文ごとに**※一通の申請書又は届出書を提出する。**
（第一条）として示した。

四　施行令、手数料令、要件規則、検定規則、講習規則、教育規程及び電磁的基準は、表の後に関係条文を登載し、表中の対応する条文の末尾に（注）で示した。

五　旧法令は、本書の末尾に登載した。

○警備業法

〔昭和四十七年七月五日 法律第百十七号〕

改正
昭和五十七年七月十六日法律第六十七号
平成五年十一月十二日法律第八十九号
平成十一年七月十六日法律第八十七号
平成十一年十二月八日法律第百五十一号
平成十一年十二月二十二日法律第百六十号
平成十四年五月二十九日法律第四十五号
平成十四年十一月二十二日法律第百八号
平成十六年五月二十六日法律第五十号
平成十六年十二月一日法律第百四十七号
平成十七年七月十五日法律第八十三号
平成十七年七月二十六日法律第八十七号
平成二十三年六月三日法律第六十一号
令和元年六月十四日法律第三十七号
令和四年六月十七日法律第六十八号
令和五年六月十六日法律第六十三号

○警備業法施行規則

〔昭和五十八年一月十日 総理府令第一号〕
（注）警備業法施行規則（昭和四十七年総理府令第六十四号）を全部改正
改正
昭和六十一年七月一日総理府令第四十三号
昭和六十二年九月十四日総理府令第四十五号
平成五年七月一日総理府令第三十七号
平成六年三月四日総理府令第九号
平成八年十二月四日総理府令第五十三号
平成十年七月二十九日総理府令第五十号
平成十一年一月十一日総理府令第二号
平成十二年三月三十日総理府令第二十九号
平成十二年三月三十日総理府令第三十号
平成十二年八月十四日総理府令第八十九号
平成十三年三月二十六日内閣府令第十七号
平成十五年三月七日内閣府令第十号
平成十七年三月四日内閣府令第十六号
平成十七年十一月十八日内閣府令第百二号
平成二十年八月一日内閣府令第四十八号
平成二十四年三月十六日内閣府令第七号
平成二十四年六月十八日内閣府令第三十九号

目次

平成二十八年二月十八日内閣府令第　七　号
令和元年五月二十四日内閣府令第　五　号
令和元年六月二十一日内閣府令第十二号
令和元年八月三十日内閣府令第二十四号
令和元年十月二十四日内閣府令第三十六号
令和二年十二月二十八日内閣府令第八十五号
令和三年十二月十七日内閣府令第七十五号
令和五年十二月二十五日内閣府令第八十五号
令和六年一月三十一日内閣府令第　六　号
令和六年六月二十七日内閣府令第六十一号

目次

第一章　総則

（目的）

第一条　この法律は、警備業について必要な規制を定め、もつて警備業務の実施の適正を図ることを目的とする。

（定義）

第二条　この法律において「警備業務」とは、次の各号のいずれかに該当する業務であつて、他人の需要に応じて行うものをいう。

一　事務所、住宅、興行場、駐車場、遊園地等（以下「警備業務対象施設」という。）におけ

第一章　総則

（第一条　一六頁参照）

る盗難等の事故の発生を警戒し、防止する業務

二　人若しくは車両の雑踏する場所又はこれらの通行に危険のある場所における負傷等の事故の発生を警戒し、防止する業務

三　運搬中の現金、貴金属、美術品等に係る盗難等の事故の発生を警戒し、防止する業務

四　人の身体に対する危害の発生を、その身辺において警戒し、防止する業務

2　この法律において「警備業」とは、警備業務を行なう営業をいう。

3　この法律において「警備業者」とは、第四条の認定を受けて警備業を営む者をいう。

4　この法律において「警備員」とは、警備業者の使用人その他の従業者で警備業務に従事するものをいう。

5　この法律において「機械警備業務」とは、警備業務用機械装置（警備業務対象施設に設置する機

（警備業務用機械装置）

第二条　法第二条第五項の内閣府令で定める装置

器により感知した盗難等の事故の発生に関する情報を当該警備業務対象施設以外の施設に設置する機器に送信し、及び受信するための装置で内閣府令で定めるものをいう。）を使用して行う第一項第一号の警備業務をいう。

6　この法律において「機械警備業」とは、機械警備業務を行う警備業をいう。

第二章　警備業の認定等

（警備業の要件）

第三条　次の各号のいずれかに該当する者は、警備業を営んではならない。

一　破産手続開始の決定を受けて復権を得ない者

二　拘禁刑以上の刑に処せられ、又はこの法律の規定に違反して罰金の刑に処せられ、その執行を終わり、又は執行を受けることがなくなつた日から起算して五年を経過しない者

は、電話その他送信者の音声を送信し、及び受信するための装置以外の装置とする。

第二章　警備業の認定等の手続

三　最近五年間に、この法律の規定、この法律に基づく命令の規定若しくは処分に違反し、又は警備業務に関し他の法令の規定に違反する重大な不正行為で国家公安委員会規則で定めるものをした者

（注）要件規則第一条参照　二〇二頁

四　集団的に、又は常習的に暴力的不法行為その他の罪に当たる違法な行為で国家公安委員会規則で定めるものを行うおそれがあると認めるに足りる相当な理由がある者

（注）要件規則第二条参照　二〇五頁

五　暴力団員による不当な行為の防止等に関する法律（平成三年法律第七十七号）第十二条若しくは第十二条の六の規定による命令又は同法第十二条の四第二項の規定による指示を受けた者であつて、当該命令又は指示を受けた日から起算して三年を経過しないもの

六　アルコール、麻薬、大麻、あへん又は覚醒剤の中毒者
七　心身の障害により警備業務を適正に行うことができない者として国家公安委員会規則で定めるもの

（注）　要件規則第三条参照　二二八頁

八　営業に関し成年者と同一の行為能力を有しない未成年者。ただし、その者が警備業者の相続人であつて、その法定代理人が前各号及び第十号のいずれにも該当しない場合を除くものとする。
九　営業所ごと及び当該営業所において取り扱う警備業務の区分（前条第一項各号の警備業務の区分をいう。以下同じ。）ごとに第二十二条第一項の警備員指導教育責任者を選任すると認められないことについて相当な理由がある者
十　法人でその役員（業務を執行する社員、取締役、執行役又はこれらに準ずる者をいい、相談

役、顧問その他いかなる名称を有する者であるかを問わず、法人に対し業務を執行する社員、取締役、執行役又はこれらに準ずる者と同等以上の支配力を有するものと認められる者を含む。）のうちに第一号から第七号までのいずれかに該当する者があるもの

十一　第四号に該当する者が出資、融資、取引その他の関係を通じてその事業活動に支配的な影響力を有する者

（認定）

第四条　警備業を営もうとする者は、前条各号のいずれにも該当しないことについて、都道府県公安委員会（以下「公安委員会」という。）の認定を受けなければならない。

（認定手続）

第五条　前条の認定（以下「認定」という。）を受けようとする者は、その主たる営業所の所在地を

（認定等の申請）

第三条　法第五条第一項に規定する認定申請書（以下「認定申請書」という。）及び法第七条第四項

管轄する公安委員会に、次の事項を記載した認定申請書を提出しなければならない。この場合において、当該認定申請書には、内閣府令で定める書類を添付しなければならない。

一　氏名又は名称及び住所並びに法人にあつては、その代表者の氏名

二　主たる営業所その他の営業所の名称、所在地及び当該営業所において取り扱う警備業務の区分

三　営業所ごと及び当該営業所において取り扱う警備業務の区分ごとに、選任する警備員指導教育責任者の氏名及び住所

四　法人にあつては、その役員の氏名及び住所

において準用する法第五条第一項に規定する認定更新申請書（以下「認定更新申請書」という。）の様式は、別記様式第一号のとおりとする。

（注）　別記様式第一号　一四六頁参照

2　認定申請書又は認定更新申請書を提出する場合においては、主たる営業所の所在地の所轄警察署長を経由しなければならない。

※一通の申請書を提出する。（第一条）

第四条　法第五条第一項（法第七条第四項において準用する場合を含む。）の内閣府令で定める書類は、次のとおりとする。

一　個人である場合は、次に掲げる書類

イ　履歴書及び住民票の写し（住民基本台帳法（昭和四十二年法律第八十一号）第七条第五号に掲げる事項（外国人にあつては、同法第三十条の四十五に規定する国籍等）を記載したものに限る。）

ロ　法第三条第一号から第八号まで及び第十一号に掲げる者のいずれにも該当しないことを誓約する書面

ハ　民法の一部を改正する法律（平成十一年法律第百四十九号）附則第三条第三項の規定により従前の例によることとされる準禁治産者又は破産手続開始の決定を受けて復権を得ない者に該当しない旨の市町村（特別区を含む。以下同じ。）の長の証明書

ニ　法第三条第六号に掲げる者に該当しない旨の医師の診断書

ホ　精神機能の障害に関する医師の診断書（法第三条第七号に掲げる者に該当しないことが明らかであるかどうかの別を記載したものに限る。）

へ　未成年者で警備業に関し営業の許可を受けているものにあつては、その法定代理人の氏名及び住所（法定代理人が法人である場合に

おいては、その名称及び住所並びに代表者の氏名）を記載した書面並びに当該営業の許可を受けていることを証する書面（警備業者の相続人である未成年者で警備業に関し営業の許可を受けていないものにあつては、被相続人の氏名及び住所並びに警備業に係る主たる営業所の所在地を記載した書面並びにその法定代理人に係るイからホまでに掲げる書類（法定代理人が法人である場合においては、その法人に係る次号イからハまでに掲げる書類））

二　法人である場合は、次に掲げる書類

イ　定款及び登記事項証明書

ロ　役員に係る前号イ及びハからホまでに掲げる書類

ハ　法第三条第一号から第三号まで、第十号及び第十一号に掲げる者のいずれにも該当しないことを誓約する書面

三　選任する警備員指導教育責任者（以下「指導教育責任者」という。）に係る次に掲げる書類

イ　警備員指導教育責任者資格者証（以下「指導教育責任者資格者証」という。）の写し

ロ　誠実に業務を行うことを誓約する書面

ハ　第一号イ、ハ及びニに掲げる書類

ニ　法第二十二条第四項各号に掲げる者のいずれにも該当しないことを誓約する書面

2　公安委員会は、認定申請書又は認定更新申請書を提出した者（警備業者の相続人である未成年者で警備業に関し営業の許可を受けていないものである場合はその法定代理人（法定代理人が法人である場合はその役員）を含み、法人である場合はその役員とする。）が法第三条第七号に掲げる者に該当するかどうかを判断するため必要があると認めるときは、その者に法第五十一条に規定する医師の診断を受けることを求めるものとする。

2　公安委員会は、認定申請書を提出した者が第三条各号のいずれにも該当しないと認めたときは、その者に対し、その旨を通知しなければならない。

3　公安委員会は、認定申請書を提出した者が第三条各号のいずれかに該当すると認めたときは、内閣府令で定めるところにより、その者に対し、その旨を通知しなければならない。

4　認定の有効期間（第七条第二項の規定により認定の有効期間が更新された場合にあつては、当該更新された認定の有効期間。以下同じ。）は、認定を受けた日（認定の有効期間が更新された場合にあつては、更新前の認定の有効期間が満了した日の翌日）から起算して五年とする。

（標識の掲示義務等）

第六条　警備業者は、認定を受けたことを示す内閣府令で定める様式の標識について、主たる営業所の見やすい場所に掲示するとともに、その事業の

（通知の方法）

第五条　法第五条第三項の規定による通知は、理由を付した通知書を交付して行うものとする。

（標識の様式）

第六条　法第六条第一項の内閣府令で定める様式は、別記様式第二号のとおりとする。

（注）　別記様式第二号　一五一頁参照

規模が著しく小さい場合その他の内閣府令で定める場合を除き、内閣府令で定めるところにより、電気通信回線に接続して行う自動公衆送信（公衆によつて直接受信されることを目的として公衆からの求めに応じ自動的に送信を行うことをいい、放送又は有線放送に該当するものを除く。次項において同じ。）により公衆の閲覧に供しなければならない。

2　警備業者以外の者は、前項の標識又はこれに類似する標識を掲示し、又は電気通信回線に接続して行う自動公衆送信により公衆の閲覧に供してはならない。

（認定の有効期間の更新）

第七条　警備業者は、認定の有効期間の満了後も引き続き警備業を営もうとするときは、その主たる営業所の所在地を管轄する公安委員会に、認定の有効期間の更新を申請し、その更新を受けなければならない。

（標識の閲覧）

第七条　法第六条第一項の内閣府令で定める場合は、次の各号のいずれかに該当する場合とする。

一　常時使用する従業者の数が五人以下である場合

二　当該警備業者が管理するウェブサイトを有していない場合

2　法第六条第一項の規定による公衆の閲覧は、当該警備業者のウェブサイトへの掲載により行うものとする。

（認定の有効期間の更新の申請）

第八条　法第七条第一項の規定による有効期間の更新の申請は、法第四条に規定する認定（以下「認定」という。）の有効期間の満了の日の三十日前までに行わなければならない。

2　公安委員会は、認定の有効期間の更新を申請した者が第三条各号のいずれにも該当しないと認めたときは、認定の有効期間を更新しなければならない。

3　公安委員会は、認定の有効期間の更新を申請した者が第三条各号のいずれかに該当すると認めたときは、内閣府令で定めるところにより、その者に対し、認定の有効期間を更新しない旨を通知しなければならない。

4　第五条第一項の規定は、認定の有効期間の更新を受けようとする者について準用する。この場合において、同項中「認定申請書」とあるのは、「認定更新申請書」と読み替えるものとする。

5　認定の有効期間が満了したときは、認定は、その効力を失う。

（認定の取消し）

第八条　公安委員会は、認定を受けた者について、次の各号に掲げるいずれかの事実が判明したとき

（認定の有効期間の更新）

第九条　法第七条第二項の規定により有効期間を更新したときは、更新を申請した者にその旨を通知するものとする。

（通知の方法）

第十条　法第七条第三項の規定による通知は、理由を付した通知書を交付して行うものとする。

は、その認定を取り消すことができる。
一　偽りその他不正の手段により認定又は認定の有効期間の更新を受けたこと。
二　第三条各号（第九号を除く。）に掲げる者のいずれかに該当していること。
三　正当な事由がないのに、認定を受けてから六月以内に営業を開始せず、又は引き続き六月以上営業を休止し、現に営業を営んでいないこと。
四　三月以上所在不明であること。

（営業所の届出等）

第九条　警備業者は、その主たる営業所の所在する都道府県以外の都道府県の区域内に営業所を設け、又は当該区域内で警備業務（内閣府令で定めるものを除く。）を行おうとするときは、内閣府令で定めるところにより、当該都道府県の区域を管轄する公安委員会に、次の事項を記載した届出書を提出しなければならない。この場合におい

（申請書又は届出書の通数）

第一条　警備業法（以下「法」という。）及びこの府令の規定により都道府県公安委員会（法第五十三条の規定により道公安委員会の権限の委任を受けた方面公安委員会を含む。以下「公安委員会」という。）に提出すべき申請書又は届出書の通数は、一通とする。

（営業所の届出等）

て、当該届出書には、内閣府令で定める書類を添付しなければならない。

一　第五条第一項第一号及び第四号に掲げる事項

二　主たる営業所の名称及び所在地

三　前二号に掲げるもののほか、内閣府令で定める事項

第十一条　法第九条に規定する届出書の様式は、別記様式第四号のとおりとする。

(注)　別記様式第四号　一五三頁参照

2　前項の届出書は、当該都道府県の区域内に営業所を設けようとする場合にあつては当該営業所の所在地（当該営業所が二以上ある場合にあつては、そのいずれか一の営業所の所在地）の所轄警察署長を経由して、当該都道府県の区域内で警備業務を行おうとする場合（営業所を設けようとする場合を除く。）にあつては当該警備業務を行おうとする場所（当該場所が二以上ある場合にあつては、そのいずれか一の場所）の所轄警察署長を経由して、当該営業所を設け、又は警備業務を行おうとする日の前日までに提出しなければならない。

第十二条　法第九条第三号の内閣府令で定める事項は、次のとおりとする。

一　認定をした公安委員会の名称及び認定の番号

二　当該都道府県の区域内に設けようとする営業所又は当該区域内で行おうとする警備業務に係る営業所の名称及び所在地並びにこれらの営業所において取り扱う警備業務の区分（法第二条第一項各号の警備業務の区分をいう。第三十八条第三項を除き、以下同じ。）

三　前号の営業所において取り扱う警備業務の区分ごとに、選任する指導教育責任者の氏名及び住所

第十三条　法第九条の内閣府令で定める書類は、当該都道府県の区域内に設けようとする営業所について選任する指導教育責任者に係る第四条第一項第三号に掲げる書類（当該指導教育責任者に係る同項第一号ハ及びニに掲げる書類を除く。）とする。

第十四条　法第九条の内閣府令で定める警備業務

（廃止の届出）

第十条　警備業者は、警備業を廃止したときは、内閣府令で定めるところにより、公安委員会に、廃止の年月日その他の内閣府令で定める事項を記載した届出書を提出しなければならない。

2　前項の規定による届出書の提出があつたときは、認定は、その効力を失う。

は、次のとおりとする。

一　当該都道府県の区域内において継続して行う期間が三十日以内で、かつ、従事させる警備員の数が一日につき五人以内である警備業務

二　法第二条第一項第三号の警備業務で当該都道府県の区域内に当該運搬物の発送場所及び到達場所がないもの

（廃止の届出）

第十五条　法第十条第一項に規定する届出書の様式は、別記様式第五号のとおりとする。

（注）　別記様式第五号　一五七頁参照

2　前項の届出書は、主たる営業所の所在地の所轄警察署長（警備業を廃止した時において主たる営業所の所在する都道府県以外の都道府県の区域内に営業所を設け、又は当該区域内で法第九条に規定する警備業務（第十九条第三号、第二十一条及び第二十三条第二号において単に「警備業務」と

（変更の届出）

第十一条　警備業者は、第五条第一項各号に掲げる事項に変更があつたときは、内閣府令で定めるところにより、主たる営業所の所在地を管轄する公安委員会に、変更に係る事項その他の内閣府令で定める事項を記載した届出書を提出しなければならない。この場合において、当該届出書には、内閣府令で定める書類を添付しなければならない。

いう。）を行つていた場合にあつては、主たる営業所の所在地の所轄警察署長及び第二十一条第二項第一号の規定により経由すべきこととされる警察署長）を経由して、警備業を廃止した日から十日以内に提出しなければならない。

※一通の届出書を提出する。（第一条）

第十六条　法第十条第一項の内閣府令で定める事項は、廃止の年月日及び廃止の事由とする。

（法第五条第一項各号に掲げる事項の変更の届出）

第十七条　法第十一条第一項に規定する届出書の様式は、別記様式第六号のとおりとする。

（注）別記様式第六号　一五八頁参照

2　前項の届出書は、主たる営業所の所在地の所轄警察署長を経由して、当該変更の日から十日（当該届出書に登記事項証明書を添付すべき場合にあつては、二十日）以内に提出しなければならな

2　公安委員会は、警備業者が第五条第一項第一号、第二号（主たる営業所に係る部分に限る。）又は第四号に掲げる事項に変更があつたことを理由として前項の規定により届出書を提出した場合においては、当該届出書に記載された内容を、当該警備業者が営業所を設け、又は第九条に規定する警備業務を行つている都道府県の区域を管轄する他の公安委員会に通知するものとする。

い。

※一通の届出書を提出する。（第一条）

第十八条　法第十一条第一項の内閣府令で定める事項は、当該変更に係る変更年月日、変更事項及び変更の事由とする。

第十九条　法第十一条第一項の内閣府令で定める書類は、次のとおりとする。

一　第四条第一項各号に掲げる書類のうち、当該変更事項に係る書類

二　法第十一条第二項に規定する事項に変更があつたことを理由とする届出にあつては、同項に規定する他の公安委員会の名称を記載した書面

三　都道府県の区域を異にして主たる営業所を変更したことを理由とする届出にあつては、法第五条第一項第二号及び第三号に掲げる事項（変更後の主たる営業所の所在する都道府県の区域内に所在する営業所及び当該区域内で行う警備

3　第一項の規定は、第九条第三号に掲げる事項の変更について準用する。この場合において、「主たる営業所の所在地を管轄する公安委員会」とあるのは、「当該変更に係る公安委員会」と読み替えるものとする。

業務に係る営業所に係るものを除く。）を記載した書面

第二十条　削除

（法第九条第三号に掲げる事項の変更の届出）

第二十一条　法第十一条第三項において準用する同条第一項に規定する届出書の様式は、別記様式第七号のとおりとする。ただし、当該都道府県の区域内において警備業務を行わないこととなつた場合の届出に係る届出書については、別記様式第八号のとおりとする。

（注）　別記様式第七号、第八号　一六三、一六八頁参照

2　前項本文の届出書は、次の各号に掲げる場合には、それぞれ当該各号に定める警察署長を経由して、当該変更の日から十日以内に提出しなければならない。

一　主たる営業所の所在する都道府県以外の都道府県の区域を管轄する公安委員会に当該届出書

を提出する場合　第十一条第二項の規定により経由すべきこととされた警察署長（当該区域内に主たる営業所が所在していた場合にあつては、都道府県の区域を異にして当該営業所を変更する前のその所在地の所轄警察署長）

二　主たる営業所の所在する都道府県の区域内で当該都道府県の区域外に所在する営業所に係る警備業務を行い又は行わないこととなつたことを理由として当該届出書を提出する場合　主たる営業所の所在地の所轄警察署長

3　第一項ただし書の届出書は、前項第一号の規定により経由すべきこととされる警察署長を経由して、警備業務を行わないこととなつた日から十日以内に提出しなければならない。

※一通の届出書を提出する。（第一条）

第二十二条　法第十一条第三項において準用する同

条第一項の内閣府令で定める事項は、当該変更に係る変更年月日、変更事項及び変更の事由とする。

第二十三条　法第十一条第三項において準用する同条第一項の内閣府令で定める書類は、次のとおりとする。

一　第十三条に規定する書類のうち、当該変更事項に係る書類

二　第二十一条第二項第一号の規定により経由すべきこととされる警察署長の管轄区域内において警備業務を行わないこととなつた場合（当該変更に係る公安委員会の管轄区域内において警備業務を行わないこととなつた場合を除く。）の届出にあつては、当該公安委員会の管轄区域内に営業所が所在するときは当該営業所の所在地（当該営業所が二以上ある場合にあつては、

そのいずれか一の営業所の所在地）の所轄警察署長の名称を、当該区域内に営業所が所在しないときは当該区域内で警備業務を行う場所（当該場所が二以上ある場合にあつては、そのいずれか一の場所）の所轄警察署長の名称を記載した書面

第二十四条　前条第二号に規定する届出に係る届出書の提出は、第二十一条第二項第一号の規定により経由すべきこととされる警察署長に代えて、当該届出書に添付した前条第二号に掲げる書面にその名称を記載した所轄警察署長を経由して行うことができる。

2　前条第二号に規定する届出をした警備業者については、前項に規定する所轄警察署長を第二十一条第二項第一号の規定により経由すべきこととされる警察署長とみなして、この府令の規定を適用

（死亡等の届出）

第十二条　認定を受けた者が次の各号のいずれかに該当することとなつたときは、当該各号に定める者は、遅滞なく、その主たる営業所の所在地を管轄する公安委員会（第九条の規定による届出書の提出をした者にあつては、その主たる営業所の所在地を管轄する公安委員会及び同条の規定による届出書の提出をした公安委員会）に、内閣府令で定める事項を記載した届出書を提出しなければならない。

一　死亡した場合　同居の親族又は法定代理人

二　法人が合併により消滅した場合　合併後存続し、又は合併により設立された法人の代表者

2　認定を受けた者（第九条の規定による届出書の提出をした者に限る。）は、認定が取り消された

する。

（死亡等の届出）

第二十五条　法第十二条第一項及び第二項に規定する届出書の様式は、別記様式第八号の二のとおりとする。

2　前項の届出書は、法第十二条第一項の規定により提出する場合にあつては主たる営業所の所在地の所轄警察署長（法第九条の規定による届出書の提出をした場合にあつては、主たる営業所の所在地の所轄警察署長及び第十一条第二項の規定により経由すべきこととされた警察署長）を経由して、法第十二条第二項の規定により提出する場合にあつては第十一条第二項の規定により経由すべきこととされた警察署長を経由して、当該事由の発生の日から十日以内に提出しなければならない。

とき、又は認定の有効期間が満了したときは、遅滞なく、同条の規定による届出書の提出をした公安委員会に、内閣府令で定める事項を記載した届出書を提出しなければならない。

（名義貸しの禁止）

第十三条　警備業者は、自己の名義をもつて、他人に警備業を営ませてはならない。

※一通の届出書を提出する。（第一条）

（注）別記様式第八号の二　一六九頁参照

第二十六条　法第十二条第一項及び第二項の内閣府令で定める事項は、届出書を提出すべきこととなつた事由及び当該事由の発生年月日とする。

第三章　警備業務

（警備員の制限）

第十四条　十八歳未満の者又は第三条第一号から第七号までのいずれかに該当する者は、警備員となつてはならない。

2　警備業者は、前項に規定する者を警備業務に従事させてはならない。

（警備業務実施の基本原則）

第十五条　警備業者及び警備員は、警備業務を行うに当たつては、この法律により特別に権限を与えられているものでないことに留意するとともに、他人の権利及び自由を侵害し、又は個人若しくは団体の正当な活動に干渉してはならない。

第三章　警備業務

（服装）

第十六条　警備業者及び警備員は、警備業務を行うに当たつては、内閣府令で定める公務員の法令に基づいて定められた制服と、色、型式又は標章により、明確に識別することができる服装を用いなければならない。

2　警備業者は、警備業務（内閣府令で定めるものを除く。以下この項及び次条第二項において同じ。）を行おうとする都道府県の区域を管轄する公安委員会に、当該公安委員会の管轄区域内において警備業務を行うに当たつて用いようとする服装の色、型式その他内閣府令で定める事項を記載した届出書を提出しなければならない。この場合において、当該届出書には、内閣府令で定める書類を添付しなければならない。

（内閣府令で定める公務員）

第二十七条　法第十六条第一項の内閣府令で定める公務員は、警察官及び海上保安官とする。

（服装及び護身用具の届出）

第二十八条　法第十六条第二項（法第十七条第二項において準用する場合を含む。次条から第三十一条までにおいて同じ。）に規定する届出書の様式は、服装の届出に係る届出書にあつては別記様式第九号のとおりとし、護身用具の届出に係る届出書にあつては別記様式第十号のとおりとする。

（注）　別記様式第九号、第十号　一七〇、一七一頁参照

2　前項の届出書は、第三条第二項又は第十一条第二項の規定により経由すべきこととされる警察署長を経由して、当該警備業務の開始の日の前日までに提出しなければならない。

※一通の届出書を提出する。（第一条）

第二十九条　法第十六条第二項の内閣府令で定める事項は、服装の届出にあつては当該服装に付ける標章の位置及び型式並びに当該服装を用いて行う警備業務の内容とし、護身用具の届出にあつては護身用具の機能及び使用基準並びに当該護身用具を携帯して行う警備業務の内容とする。

第三十条　法第十六条第二項の内閣府令で定める書類は、服装（制服でない服装にあつては、標章を付けるものに限る。）の届出に係る届出書にあつては、服装の種類ごとに、当該服装を用いた警備員の正面及び側面の全身の縦の長さ十一センチメートル、横の長さ八センチメートルの写真（無背景で色彩を識別することのできるものに限る。）各一枚とし、護身用具の届出に係る届出書にあつては、護身用具の種類ごとに、護身用具の縦の長

3　第十一条第一項の規定は、前項の規定により届け出るべき事項の変更について準用する。この場合において、「主たる営業所の所在地を管轄する公安委員会」とあるのは、「当該変更に係る公安委員会」と読み替えるものとする。

（護身用具）

第十七条　警備業者及び警備員が警備業務を行うに当たつて携帯する護身用具については、公安委員会は、公共の安全を維持するため必要があると認めるときは、都道府県公安委員会規則を定めて、

さ十二センチメートル、横の長さ八センチメートルの写真（色彩を識別することのできるものに限る。）一枚とする。

第三十一条　法第十六条第二項の内閣府令で定める警備業務は、第十四条各号に掲げる警備業務とする。

（服装等の変更の届出）

第三十二条　法第十六条第三項及び法第十七条第二項において準用する法第十一条第一項に規定する届出書の様式は、別記様式第十一号のとおりとする。

（注）　別記様式第十一号　一七二頁参照

2　前項の届出書は、主たる営業所の所在地の所轄警察署長又は第二十一条第二項第一号の規定により経由すべきこととされる警察署長を経由して、当該変更に係る服装の使用又は護身用具の携帯の開始の日の前日までに提出しなければならない。

警備業者及び警備員に対して、その携帯を禁止し、又は制限することができる。

2　前条第二項の規定は警備業務を行うに当たつて携帯しようとする護身用具の届出について、第十一条第一項の規定は当該届出に係る事項の変更について準用する。この場合において、前条第二項中「用いようとする服装の色、型式」とあるのは「携帯しようとする護身用具の種類、規格」と、第十一条第一項中「主たる営業所の所在地を管轄する公安委員会」とあるのは「当該変更に係る公安委員会」と読み替えるものとする。

（特定の種別の警備業務の実施）

第十八条　警備業者は、警備業務（第二条第一項第一号から第三号までのいずれかに該当するものに限る。以下この条並びに第二十三条第一項、第二項及び第四項において同じ。）のうち、その実施に専門的知識及び能力を要し、かつ、事故が発生

※一通の届出書を提出する。（第一条）

3　法第十六条第三項及び法第十七条第二項において準用する法第十一条第一項の内閣府令で定める事項は、当該変更に係る変更年月日、変更事項及び変更の事由とする。

4　法第十六条第三項及び法第十七条第二項において準用する法第十一条第一項の内閣府令で定める書類は、第三十条に規定する書類のうち、当該変更事項に係る書類とする。

した場合には不特定又は多数の者の生命、身体又は財産に危険を生ずるおそれがあるものとして国家公安委員会規則で定める種別（以下単に「種別」という。）のものを行うときは、国家公安委員会規則で定めるところにより、その種別ごとに第二十三条第四項の合格証明書の交付を受けている警備員に、当該種別に係る警備業務を実施させなければならない。

（注）　検定規則第一条、二条参照　二五一、二五二頁

（書面の交付）

第十九条　警備業者は、警備業務の依頼者と警備業務を行う契約を締結しようとするときは、当該契約を締結するまでに、内閣府令で定めるところにより、当該契約の概要について記載した書面をその者に交付しなければならない。

（書面の交付）

第三十三条　法第十九条第一項の規定により警備業務の依頼者に対して交付する契約の概要について記載した書面には、当該契約に係る次の事項を明記しなければならない。

一　法第二条第一項第一号の警備業務（機械警備業務を除く。）を行う契約にあつては、次に掲げる事項

イ　警備業者の氏名又は名称、住所及び電話番号並びに法人にあつては代表者の氏名
ロ　警備業務を行う日及び時間帯
ハ　警備業務対象施設の名称及び所在地
ニ　警備業務に従事させる警備員の人数及び担当業務
ホ　警備業務に従事させる警備員が有する知識及び技能
ヘ　警備業務に従事させる警備員が用いる服装
ト　警備業務を実施するために使用する機器又は各種資機材
チ　警備業務対象施設の鍵の管理に関する事項
リ　警備業務対象施設における盗難等の事故発生時の措置
ヌ　報告の方法、頻度及び時期その他の警備業務の依頼者への報告に関する事項
ル　警備業務の対価その他の当該警備業務の依

頼者が支払わなければならない金銭の額
ヲ　ルの金銭の支払の時期及び方法
ワ　警備業務を行う期間
カ　警備業務の再委託に関する事項
ヨ　免責に関する事項
タ　損害賠償の範囲、損害賠償額その他の損害賠償に関する事項
レ　契約の更新に関する事項
ソ　契約の変更に関する事項
ツ　契約の解除に関する事項
ネ　警備業務に係る苦情を受け付けるための窓口
ナ　特約があるときは、その内容
二　法第二条第一項第二号の警備業務を行う契約にあつては、次に掲げる事項
イ　警備業務を行うこととする場所
ロ　警備業務を行うこととする場所における負

傷等の事故発生時の措置

ハ　前号イ、ロ、ニからトまで及びヌからナまでに掲げる事項

三　法第二条第一項第三号の警備業務を行う契約にあつては、次に掲げる事項

イ　運搬されることとなる現金、貴金属、美術品等であつて、警備業務の対象とするもの

ロ　警備業務を行う路程

ハ　二以上の車両を使用して警備業務を行うときは、これらの車両の車列の編成

ニ　運搬されることとなる現金、貴金属、美術品等であつて、警備業務の対象とするものの管理に関する事項

ホ　運搬されることとなる現金、貴金属、美術品等であつて、警備業務の対象とするものに係る盗難等の事故発生時の措置

ヘ　第一号イ、ロ、ニからトまで及びヌからナ

までに掲げる事項

四　法第二条第一項第四号の警備業務を行う契約にあつては、次に掲げる事項

イ　警備業務の対象となる者の氏名及び住所又は居所

ロ　警備業務の対象となる者に対する危害が発生するおそれがあり、又は発生したときの措置

ハ　第一号イ、ロ、ニからトまで及びヌからナまでに掲げる事項

五　機械警備業務を行う契約にあつては、次に掲げる事項

イ　基地局及び待機所の所在地

ロ　盗難等の事故の発生に関する情報を感知する機器の設置場所及び種類その他警備業務用機械装置の概要

ハ　待機所から警備業務対象施設までの路程

2　警備業者は、警備業務を行う契約を締結したときは、遅滞なく、内閣府令で定めるところにより、次に掲げる事項について当該契約の内容を明らかにする書面を当該警備業務の依頼者に交付しなければならない。

一　警備業務の内容として内閣府令で定める事項

二　警備業務の対価その他の当該警備業務の依頼者が支払わなければならない金銭の額

三　前号の金銭の支払の時期及び方法

四　警備業務を行う期間

（当該路程を記載することが困難な事情があるときは、基地局において盗難等の事故の発生に関する情報を受信した場合にその受信の時から警備員が現場に到着する時までに通常要する時間）

ニ　送信機器の維持管理の方法

ホ　第一号イからナまでに掲げる事項

第三十四条　法第十九条第二項第一号の内閣府令で定める事項は、次のとおりとする。

一　法第二条第一項第一号の警備業務（機械警備業務を除く。）を行う契約にあつては、前条第一項第一号ロからヌまでに掲げる事項

二　法第二条第一項第二号の警備業務を行う契約にあつては、前条第一項第一号ロ、ニからトまで及びヌ並びに同項第二号イ及びロに掲げる事項

三　法第二条第一項第三号の警備業務を行う契約

五　契約の解除に関する事項
六　前各号に掲げるもののほか、内閣府令で定める事項

にあつては、前条第一項第一号ロ、ニからトまで及びヌ並びに同項第三号イからホまでに掲げる事項
四　法第二条第一項第四号の警備業務を行う契約にあつては、前条第一項第一号ロ、ニからトまで及びヌ並びに同項第四号イ及びロに掲げる事項
五　機械警備業務を行う契約にあつては、前条第一項第一号ロからヌまで及び同項第五号イからニまでに掲げる事項
2　法第十九条第二項第六号の内閣府令で定める事項は、次のとおりとする。
一　契約の締結年月日
二　前条第一項第一号カからソまで、ネ及びナに掲げる事項
第三十五条　法第十九条第一項及び第二項の書面を警備業務の依頼者に交付する場合は、警備業務の

3　警備業者は、前二項の規定による書面の交付に代えて、政令で定めるところにより、当該警備業務の依頼者の承諾を得て、当該書面に記載すべき事項を電子情報処理組織を使用する方法その他の情報通信の技術を利用する方法であつて内閣府令で定めるものにより提供することができる。この場合において、当該警備業者は、当該書面を交付したものとみなす。

（注）　施行令第一条参照　一八九頁

（苦情の解決）

第二十条　警備業者は、常に、その行う警備業務について、依頼者等からの苦情の適切な解決に努めなければならない。

依頼者に当該書面を十分に読むべき旨を告げて交付する方法その他の警備業務の依頼者が確実に当該書面の記載内容を了知する方法により交付しなければならない。

（情報通信の技術を利用する方法）

第三十六条　法第十九条第三項の内閣府令で定める方法は、次に掲げるとおりとする。

一　電子情報処理組織を使用する方法のうちイ又はロに掲げるもの

イ　警備業者の使用に係る電子計算機と当該警備業務の依頼者の使用に係る電子計算機とを接続する電気通信回線を通じて送信し、受信者の使用に係る電子計算機に備えられたファイルに記録する方法

ロ　警備業者の使用に係る電子計算機に備えられたファイルに記録された法第十九条第一項又は第二項の規定による書面に記載すべき事

項を電気通信回線を通じて当該警備業務の依頼者の閲覧に供し、当該警備業務の依頼者の使用に係る電子計算機に備えられたファイルに当該事項を記録する方法（法第十九条第三項前段に規定する方法による提供を受ける旨の承諾又は受けない旨の申出をする場合にあつては、警備業者の使用に係る電子計算機に備えられたファイルにその旨を記録する方法）

二　電磁的記録媒体（電子的方式、磁気的方式その他人の知覚によつては認識することができない方式で作られる記録であつて電子計算機による情報処理の用に供されるものに係る記録媒体をいう。以下同じ。）をもつて調製するファイルに法第十九条第一項又は第二項の規定による書面に記載すべき事項を記録したものを交付する方法

第四章　教育等

第一節　教育及び指導監督

2　前項に規定する方法は、当該警備業務の依頼者がファイルへの記録を出力することによる書面を作成することができるものでなければならない。

3　第一項第一号の「電子情報処理組織」とは、警備業者の使用に係る電子計算機と、当該警備業務の依頼者の使用に係る電子計算機とを電気通信回線で接続した電子情報処理組織をいう。

第三十七条　警備業法施行令第一条第一項の規定により示すべき方法の種類及び内容は、次に掲げる事項とする。

一　前条第一項に規定する方法のうち警備業者が使用するもの

二　ファイルへの記録の方式

第四章　教育等

第一節　教育及び指導監督

（警備業者等の責務）

第二十一条　警備業者及び警備員は、警備業務を適正に行うようにするため、警備業務に関する知識及び能力の向上に努めなければならない。

2　警備業者は、その警備員に対し、警備業務を適正に実施させるため、この章の規定によるほか、内閣府令で定めるところにより教育を行うとともに、必要な指導及び監督をしなければならない。

（教育）

第三十八条　法第二十一条第二項の規定による警備員に対する教育（以下「警備員教育」という。）は、基本教育、業務別教育並びに必要に応じて行う警備業務に関する知識及び技能の向上のための教育とする。

2　基本教育は、次の表の上欄に掲げる警備員（法第二十三条第四項の合格証明書（以下「合格証明書」という。）の交付を受けている警備員及び指導教育責任者資格者証の交付を受けている警備員を除く。）の区分に応じ、警備業務に関する基本的な知識及び技能に係る同表の下欄に掲げる教育事項について行う教育とする。

警備員の区分	教育事項
一 新たに警備業務に従事させようとする警備員	イ　警備業務実施の基本原則に関すること。 ロ　警備員の資質の向上に関すること。 ハ　警備業法その他警備業務の適正な実施に必要な法令に関すること。 ニ　事故の発生時における警察機関への連絡その他応急の措置に関すること。 ホ　護身用具の使用方法その他の護身の方法に関すること。
二 現に警備業務に従事させている警備員	イ　警備業務実施の基本原則に関すること。 ロ　警備業法その他警備業務の適正な実施に必要な法令に関

	することと。
	ハ　事故の発生時における警察機関への連絡その他応急の措置に関すること。

備考

一　基本教育は、指導教育責任者又は当該教育についてこれと同等の知識経験がある者として国家公安委員会が定める者が行うものとする。

二　この表の下欄に掲げる教育事項のうち、同表の一の項ニ及びホ並びに二の項ハに掲げる教育事項についての教育は、講義の方法及び実技訓練の方法によるものとし、その他の教育事項についての教育は、講義の方法（同表の一の項ロに掲げる教育事項についての教育にあつては、講義の方法又は実技訓練の方法）によるものとする。

三　前号及び次項の講義の方法は、教本、視聴覚教材等必要な教材を用いて行う方法（電気通信回線を使用して行うものを含む。）とする。ただし、電気通信回線を使用して行う講義の方法については、次のいずれにも該当するものに限る。
イ　受講者が本人であるかどうかを確認できるものであること。
ロ　受講者の受講の状況を確認できるものであること。
ハ　受講者の警備業務に関する知識の習得の状況を確認できるものであること。
ニ　質疑応答の機会が確保されているものであること。

3　業務別教育は、警備員を主として従事させる次の表の上欄に掲げる警備業務の区分に応じ、当該警備業務を適正に実施するため必要な知識及び技能に係る同表の下欄に掲げる教育事項について行う教育とする。

警備業務の区分	教育事項
法第二条第一項第一号の警備業務（機械警備業務を除く。）	イ　警備業務対象施設における人又は車両等の出入の管理の方法に関すること。 ロ　巡回の方法に関すること。 ハ　警報装置その他当該警備業務を実施するために使用する機器の使用方法に関すること。 ニ　不審者又は不審な物件を発見した場合にとるべき措置に関すること。 ホ　その他当該警備業務を適正に実施するため必要な知識及び技能に関すること。
法第二条第一項第二号の警	イ　当該警備業務を適正に実施するため必要な道路交通関係法令

備業務

に関すること。

ロ　車両及び歩行者の誘導の方法に関すること。

ハ　人又は車両の雑踏する場所における雑踏の整理の方法に関すること。

ニ　当該警備業務を実施するために使用する各種資機材の使用方法に関すること。

ホ　人若しくは車両の雑踏する場所又はこれらの通行に危険のある場所における負傷等の事故の発生に際してとるべき措置に関すること。

ヘ　その他当該警備業務を適正に実施するため必要な知識及び技能に関すること。

法第二条第一

イ　運搬に使用する車両等の構造

項第三号の警備業務	及び設備に関すること。 ロ　車両等による伴走及び運搬中における周囲の見張りの方法に関すること。 ハ　運搬に係る現金、貴金属、美術品等の積卸しに際しての警戒の方法に関すること。 ニ　当該警備業務を実施するために使用する各種資機材の使用方法に関すること。 ホ　運搬中における盗難等の事故の発生に際してとるべき措置に関すること。 ヘ　その他当該警備業務を適正に実施するため必要な知識及び技能に関すること。
法第二条第一項第四号の警	イ　人の身辺における警戒に係る警戒位置その他警戒の方法に関

備業務	すること。 ロ　当該警備業務を実施するために使用する各種資機材の使用方法に関すること。 ハ　不審者又は不審な物件を発見した場合にとるべき措置に関すること。 ニ　人の身体に対する危害の発生を防止するためにとるべき避難等の措置に関すること。 ホ　その他当該警備業務を適正に実施するため必要な知識及び技能に関すること。
機械警備業務	イ　当該機械警備業務を実施するために使用する警備業務用機械装置の機能に関すること。 ロ　警備業務用機械装置による警戒及び指令の方法に関するこ

と。

ハ　指令業務に従事する警備員と現場に向かう警備員との間の連絡の方法に関すること。

ニ　基地局において盗難等の事故の発生に関する情報を受信した場合における不審者又は不審な物件の発見その他現場における事実の確認の方法に関すること。

ホ　その他当該機械警備業務を適正に実施するため必要な知識及び技能に関すること。

備考　業務別教育は、講義の方法及び実技訓練の方法により、警備業務の区分ごとに、当該警備業務の区分に係る指導教育責任者又は当該教育についてこれと同等の知識経験がある者として国家公安委員会が定める者が行うものとする。

ただし、次の各号に掲げる警備員に係る業務別教育については、それぞれ当該各号に定める時間数は、当該教育を受けるべき警備員一人に対して警備業務の区分に応じた一人以上の指導教育責任者、これと同等の知識経験がある者として国家公安委員会が定める者又は二年以上継続して当該警備業務に従事している警備員が行う実地教育の方法によることができる。

一　次項の表の一の項及び七の項に掲げる警備員　これらの項の下欄に掲げる教育時間数のうち、業務別教育の時間数を二で除した時間数（当該時間数に三十分以上一時間未満の端数があるときは一時間に切り上げ、三十分未満の端数があるときは切り捨てるものとする。第四号において同じ。）又は五時間のいずれか少ない時間数を超えない時間数

二　次項の表の二の項に掲げる警備員　同項の下欄に掲げる教育時間数のうち、五時間を超えない時間数

三　次項の表の三の項に掲げる警備員　同項の下欄に掲げる教育時間数のうち、二時間を超えない時間数
四　次項の表の六の項に掲げる警備員　同項の下欄に掲げる教育時間数のうち、業務別教育の時間数を二で除した時間数又は二時間のいずれか少ない時間数を超えない時間数

4　新たに警備業務に従事させようとする警備員（合格証明書の交付を受けている警備員で当該合格証明書に係る種別の警備業務に従事させようとするもの、指導教育責任者資格者証の交付を受けている警備員で当該指導教育責任者資格者証に係る警備業務の区分の警備業務に従事させようとするもの並びに合格証明書又は指導教育責任者資格者証（法第二条第一項第一号の警備業務に係るものを除く。）及び機械警備業務管理者資格者証の交付を受けている警備員で機械警備業務に従事させ

せようとするものを除く。）に対する教育は、次の表の上欄に掲げる警備員の区分に応じ、同表の中欄に掲げる教育の種類について、同表の下欄に掲げる教育時間数以上行うものとする。

警備員の区分		教育の種類	教育時間数
一	二の項から七の項までに掲げる警備員以外の警備員	基本教育及び業務別教育	二十時間
	合格証明書の交付を受けている警備員で当該合格証明書に係る種別の警備業務以外の警備業務に従事させようとするもの又は指導教育責任者資格者証の交付を受けている警備員で		

二	当該指導教育責任者資格者証に係る警備業務の区分以外の区分の警備業務に従事させようとするもの（三の項及び六の項に掲げる警備員を除く。）	業務別教育	十時間
三	合格証明書の交付を受けている警備員で当該合格証明書に係る種別の警備業務以外の警備業務に従事させようとするもの又は指導教育責任者資格者証の交付を受けている警備員で当該指導教育責任者資格者証に係る警備業務	業務別教育	三時間

		の区分以外の区分の警備業務に従事させようとするもののうち、最近三年間に当該警備業務に従事した期間が通算して一年以上であるもの		
	四	機械警備業務管理者資格者証の交付を受けている警備員で機械警備業務に従事させようとするもの（五の項及び六の項に掲げる警備員を除く。）	基本教育	十時間
		機械警備業務管理者資格者証の交付を受けている警備員で機械警備		

五	業務に従事させようとするもののうち、最近三年間に警備業務に従事した期間が通算して一年以上であるもの又は警察官の職にあつた期間が通算して一年以上であるもの	基本教育	三時間
六	最近三年間に業務別教育に係る警備業務の区分の警備業務に従事した期間が通算して一年以上である警備員で当該区分の警備業務に従事させようとするもの（三の項及び五の項に掲げる警備員を除く。）	基本教育及び業務別教育	七時間

七	最近三年間に業務別教育に係る警備業務の区分の警備業務に従事した期間が通算して一年以上である警備員で当該区分以外の区分の警備業務に従事させようとするもの又は警察官の職にあつた期間が通算して一年以上である警備員（二の項から六の項までに掲げる警備員を除く。）	基本教育及び業務別教育	十三時間

5　現に警備業務に従事させている警備員（合格証明書（国家公安委員会が定めるものに限る。）の交付を受けている警備員で当該合格証明書に係る種別の警備業務に従事させているもの及び指導教

育責任者資格者証の交付を受けている警備員で当該指導教育責任者資格者証に係る警備業務の区分の警備業務に従事させているものを除く。）に対する教育は、次の表の上欄に掲げる警備員の区分に応じ、同表の中欄に掲げる教育の種類について、毎年度、同表の下欄に掲げる教育時間数以上行うものとする。

	警備員の区分	教育の種類	教育時間数
一	二の項に掲げる警備員以外の警備員	基本教育及び業務別教育	十時間
	合格証明書の交付を受けている警備員で当該合格証明書に係る種別の警備業務以外の警備		

二	業務に従事させているもの、合格証明書（国家公安委員会が定めるものを除く。）の交付を受けている警備員で当該合格証明書に係る種別の警備業務に従事させているもの又は指導教育責任者資格者証の交付を受けている警備員で当該指導教育責任者資格者証に係る警備業務の区分以外の区分の警備業務に従事させているもの	業務別教育	六時間

備考

一　この表の一の項に掲げる警備員に係る基本

（警備員指導教育責任者）

第二十二条　警備業者は、営業所（警備員の属しないものを除く。）ごと及び当該営業所において取

教育については、当該警備員に対し新たに警備業務に従事させようとする警備員として基本教育を行つた日の属する年度は、行わなくてもよい。

二　この表に掲げる警備員に係る業務別教育については、当該警備員に対し新たに警備業務に従事させようとする警備員として業務別教育を行つた日の属する年度は、当該業務別教育に係る警備業務の区分に関しては、行わなくてもよい。

6　警備員教育は、第六十六条第一項第五号に掲げる教育計画書に記載する教育計画に基づき、適切かつ効果的に行わなければならない。

（注）　**教育規程参照　三八六頁**

（指導教育責任者の選任）

第三十九条　法第二十二条第一項の規定により選任される指導教育責任者は、次項及び第三項に規定

り扱う警備業務の区分ごとに、警備員の指導及び教育に関する計画を作成し、その計画に基づき警備員を指導し、及び教育する業務で内閣府令で定めるものを行う警備員指導教育責任者を、次項の警備員指導教育責任者資格者証の交付を受けている者のうちから、選任しなければならない。ただし、当該営業所の警備員指導教育責任者として選任した者が欠けるに至つたときは、その日から十四日間は、警備員指導教育責任者を選任しておかなくてもよい。

する場合を除き、営業所ごと及び当該営業所において取り扱う警備業務の区分ごとに、専任の指導教育責任者として置かれなければならない。

2　二以上の警備業務の区分を取り扱う一の営業所において、これらの警備業務の区分のすべてに応じ警備業務の区分に係る指導教育責任者資格者証の交付を受けている者が置かれる場合は、当該これらの警備業務の区分ごとに専任の指導教育責任者をそれぞれ選任することを要しない。

3　専任の指導教育責任者が置かれている営業所に近接する営業所でその属する警備員の数が五人以下であるものについて、当該指導教育責任者が当該営業所において取り扱う警備業務の区分に係る指導教育責任者資格者証の交付を受けており、かつ、当該指導教育責任者を当該警備業務の区分に係る指導教育責任者として置くことにつき当該営業所の所在する都道府県の区域を管轄する公安委

2　公安委員会は、次の各号のいずれかに該当する

員会の承認を得た場合は、専任の指導教育責任者を選任することを要しない。

（指導教育責任者の業務）

第四十条　法第二十二条第一項の内閣府令で定める業務は、次のとおりとする。

一　第六十六条第一項第四号に掲げる指導計画書を作成し、その計画書に基づき警備員を実地に指導し、及びその記録を作成すること。

二　第六十六条第一項第五号に掲げる教育計画書を作成し、及びそれに基づく警備員教育の実施を管理すること。

三　第六十六条第一項第六号に掲げる書類その他警備員教育の実施に関する記録の記載について監督すること。

四　警備員の指導及び教育について警備業者に必要な助言をすること。

（指導教育責任者資格者証の様式）

者に対し、警備員指導教育責任者資格者証を交付する。

一　公安委員会が国家公安委員会規則で定めるところにより警備員の指導及び教育に関する業務について行う警備員指導教育責任者講習を受け、その課程を修了した者

二　公安委員会が国家公安委員会規則で定めるところにより警備員の指導及び教育に関する業務に関し前号に掲げる者と同等以上の知識及び能力を有すると認める者

（注）講習規則第一条～第八条参照　三七一頁

3　警備員指導教育責任者資格者証の交付は、警備業務の区分ごとに行うものとする。

4　第二項の規定にかかわらず、公安委員会は、次の各号のいずれかに該当する者に対しては、警備員指導教育責任者資格者証の交付を行わない。

一　未成年者

第四十一条　法第二十二条第二項に規定する指導教育責任者資格者証の様式は、別記様式第十二号のとおりとする。

（注）別記様式第十二号　一七三頁参照

（指導教育責任者資格者証の交付の申請）

第四十二条　法第二十二条第二項の規定による指導教育責任者資格者証の交付を受けようとする者は、その住所地を管轄する公安委員会に、別記様式第十三号の交付申請書を提出しなければならない。

（注）別記様式第十三号　一七四頁参照

2　前項の規定により交付申請書を提出する場合においては、申請者の住所地の所轄警察署長を経由しなければならない。

3　第一項に規定する交付申請書には、次に掲げる書類を添付しなければならない。

一　法第二十二条第二項第一号に掲げる者に該当

二　第三条第一号から第六号までのいずれかに該当する者
三　第七項第二号又は第三号に該当することにより警備員指導教育責任者資格者証の返納を命ぜられ、その日から起算して三年を経過しない者
5　警備員指導教育責任者資格者証の交付を受けた者は、当該警備員指導教育責任者資格者証の記載事項に変更を生じたときは、速やかにその旨を当該公安委員会に届け出て、その書換えを受けなければならない。

することを証する書面又は同項第二号に掲げる者に該当することについての国家公安委員会規則で定める基準に適合することを証する書面
二　第四条第一項第一号イ、ハ及びニに掲げる書類並びに法第二十二条第四項各号に掲げる者のいずれにも該当しないことを誓約する書面

※一通の申請書を提出する。（第一条）

（指導教育責任者資格者証の書換え及び再交付の申請）

第四十三条　法第二十二条第五項の規定による指導教育責任者資格者証の書換えを受けようとする者は、別記様式第十四号の書換え申請書及び当該指導教育責任者資格者証を当該公安委員会に提出しなければならない。
2　前項の書換え申請書には、第四条第一項第一号イに掲げる書類（履歴書を除く。）を添付しなければならない。

6　警備員指導教育責任者資格者証の交付を受けた者は、当該警備員指導教育責任者資格者証を亡失し、又は当該警備員指導教育責任者資格者証が滅失したときは、その旨を当該公安委員会に届け出て、警備員指導教育責任者資格者証の再交付を受けることができる。

7　公安委員会は、警備員指導教育責任者資格者証の交付を受けた者が次の各号のいずれかに該当すると認めたときは、内閣府令で定めるところにより、その警備員指導教育責任者資格者証の返納を命ずることができる。

一　第三条第一号から第六号までのいずれかに該当するに至つたとき。

二　偽りその他不正の手段により警備員指導教育責任者資格者証の交付を受けたとき。

三　この法律、この法律に基づく命令又は第十七

3　法第二十二条第六項の規定による指導教育責任者資格者証の再交付を受けようとする者は、別記様式第十五号の再交付申請書を当該公安委員会に提出しなければならない。

（注）　別記様式第十四号、第十五号　一七五、一七六頁参照

※一通の申請書を提出する。（第一条）

（指導教育責任者資格者証等の返納の命令等）

第四十四条　法第二十二条第七項（法第二十三条第五項又は法第四十二条第三項において準用する場合を含む。）の規定による指導教育責任者資格者証（法第二十三条第五項において準用する場合にあつては合格証明書、法第四十二条第三項において準用する場合にあつては機械警備業務管理者資格者証）の返納の命令は、理由を付した返納命令書を交付して行うものとする。

2　前項の規定による返納命令書の交付を受けた者

条第一項の規定に基づく都道府県公安委員会規則の規定に違反し、その情状が警備員指導教育責任者として不適当であると認められるとき。

8　警備業者は、警備員指導教育責任者に選任した者に、ごとに、国家公安委員会規則で定める期間公安委員会が国家公安委員会規則で定めるところにより行う警備員の指導及び教育に関する講習を受けさせなければならない。

（注）講習規則第九条、第一〇条参照　三七五、三七六頁

第二節　検定

（検定）

第二十三条　公安委員会は、警備業務の実施の適正を図るため、その種別に応じ、警備員又は警備員になろうとする者について、その知識及び能力に関する検定を行う。

は、その交付の日から十日以内に、当該指導教育責任者資格者証（法第二十三条第五項において準用する場合にあつては合格証明書、法第四十二条第三項において準用する場合にあつては機械警備業務管理者資格者証）を当該返納命令書を交付した公安委員会に返納しなければならない。

第二節　登録講習機関

2　前項の検定は、警備員又は警備員になろうとする者が、その種別の警備業務に関する知識及び能力を有するかどうかを学科試験及び実技試験により判定することによつて行う。

3　前項の場合において、国家公安委員会の登録を受けた者が行う講習会（以下単に「講習会」という。）の課程を修了した者については、国家公安委員会規則で定めるところにより、同項の学科試験又は実技試験の全部又は一部を免除することができる。

4　公安委員会は、第一項の検定に合格した者に対し、警備業務の種別ごとに合格証明書を交付する。

5　前条第四項から第六項までの規定は合格証明書の交付、書換え及び再交付について、同条第七項の規定は合格証明書の交付を受けた者について準用する。この場合において、同条第四項中「第二項」とあるのは「第二十三条第四項」と、同項第一号中「未成年者」とあるのは「十八歳未満の者」と、同項第二号中「第六号」とあるのは「第七号」と、同項第三号中「第七項第二号」とあるのは「第二十三条第五項において読み替えて準用する第七項第二号」と、「警備員指導教育責任者資格者証の返納」とあるのは「合格証明書の返納」と、同条第七項第一号中「第六号」とあるのは「第七号」と、同項第三号中「警備員指導教育責任者」とあるのは「警備員」と読み替えるものとする。

6　前各項に定めるもののほか、第一項の検定の試験科目、受験手続その他同項の検定の実施について必要な事項は、国家公安委員会規則で定める。

（注）　検定規則参照　二五一頁

（登録）

第二十四条　前条第三項の登録は、講習会を行おうとする者の申請により行う。

（欠格条項）

第二十五条　次の各号のいずれかに該当する者は、第二十三条第三項の登録を受けることができない。

一　この法律又はこの法律に基づく命令に違反し、罰金以上の刑に処せられ、その執行を終わり、又は執行を受けることがなくなつた日から二年を経過しない者

二　第三十五条の規定により登録を取り消され、その取消しの日から二年を経過しない者

三　法人であつて、その業務を行う役員のうちに前二号のいずれかに該当する者があるもの

（登録基準）

第二十六条　国家公安委員会は、第二十四条の規定により登録を申請した者（以下この項において「登録申請者」という。）が次に掲げる要件のす

（登録の申請）

第四十五条　法第二十三条第三項の登録（以下「登録」という。）を受けようとする者は、別記様式第十六号による申請書に次に掲げる書類を添え

べてに適合しているときは、その登録をしなければならない。この場合において、登録に関して必要な手続は、内閣府令で定める。

一　その行う講習会が、別表の上欄に掲げる科目について、それぞれ同表の中欄に掲げる施設及び設備を用いて、それぞれ同表の下欄に掲げる講師により行われるものであること。

二　登録申請者が、警備業者に支配されているものとして次のいずれかに該当するものでないこと。

イ　登録申請者が株式会社である場合にあつては、警備業者がその親法人（会社法平成十七年法律第八十六号）第八百七十九条第一項に規定する親法人をいう。）であること。

ロ　登録申請者の役員（持分会社（会社法第五百七十五条第一項に規定する持分会社をいう。）にあつては、業務を執行する社員）に

て、国家公安委員会に提出しなければならない。

一　個人である場合は、第四条第一項第一号イに掲げる書類

二　法人である場合は、次に掲げる書類

イ　定款及び登記事項証明書

ロ　株主名簿又は社員名簿の写し

ハ　申請に係る意思の決定を証する書類

ニ　役員（持分会社（会社法平成十七年法律第八十六号）第五百七十五条第一項に規定する持分会社をいう。）にあつては、業務を執行する社員）に係る第四条第一項第一号イに掲げる書類

三　法第二十三条第三項の講習会（以下「講習会」という。）が法別表の上欄に掲げる科目について、それぞれ同表の中欄に掲げる施設及び設備を用いて、それぞれ同表の下欄に掲げる講師により行われるものであることを証する書類

占める警備業者の役員又は職員（過去二年間に当該警備業者の役員又は職員であつた者を含む。）の割合が二分の一を超えていること。

ハ　登録申請者（法人にあつては、その代表権を有する役員）が、警備業者の役員又は職員（過去二年間に当該警備業者の役員又は職員であつた者を含む。）であること。

2　登録は、講習機関登録簿に次に掲げる事項を記載してするものとする。

一　登録年月日及び登録番号

二　第二十三条第三項の登録を受けた者（以下「登録講習機関」という。）の氏名又は名称及び住所並びに法人にあつては、その代表者の氏名

三　登録講習機関が講習会を行う事務所の所在地

（登録の更新）

第二十七条　第二十三条第三項の登録は、三年を下

四　登録を受けようとする者が法第二十五条各号のいずれにも該当しない者であることを誓約する書面

五　登録を受けようとする者が講習会を適正かつ確実に行うことができることを確認するため参考となるべき事項を記載した書類

（注）　別記様式第十六号　一七七頁参照

※一通の申請書を提出する。（第一条）

（登録の更新）

第四十六条　前条の規定は、法第二十七条第一項の

らない政令で定める期間ごとにその更新を受けなければ、その期間の経過によつて、その効力を失う。

2　前三条の規定は、前項の登録の更新について準用する。

（注）　施行令第二条参照　一八九頁

（講習会の実施に係る義務）

第二十八条　登録講習機関は、公正に、かつ、第二十六条第一項第一号に掲げる要件及び国家公安委員会規則で定める基準に適合する方法により講習会を行わなければならない。

（注）　検定規則第一七条参照　二六二頁

（登録事項の変更の届出）

第二十九条　登録講習機関は、第二十六条第二項第二号又は第三号に掲げる事項を変更しようとするときは、変更しようとする日の二週間前までに、その旨を国家公安委員会に届け出なければならな

登録の更新について準用する。

2　法第二十七条第一項の登録の更新を受けようとする者は、登録の有効期間満了の日の九十日前から三十日前までの間に申請書を提出しなければならない。

※一通の申請書を提出する。（第一条）

い。

（業務規程）

第三十条　登録講習機関は、講習会の業務に関する規程（次項において「業務規程」という。）を定め、講習会の業務の開始前に、国家公安委員会に届け出なければならない。これを変更しようとするときも、同様とする。

2　業務規程には、講習会の実施方法、講習会に関する料金その他の国家公安委員会規則で定める事項を定めておかなければならない。

（注）　検定規則第一八条参照　二六三頁

（業務の休廃止）

第三十一条　登録講習機関は、講習会の業務の全部又は一部を休止し、又は廃止しようとするときは、内閣府令で定めるところにより、あらかじめ、その旨を国家公安委員会に届け出なければならない。

（登録講習機関に係る業務の休廃止の届出）

第四十七条　登録講習機関は、法第三十一条の規定により講習会に係る業務（以下「講習会業務」という。）の全部又は一部を廃止し、又は休止しようとするときは、次に掲げる事項を記載した届出書を国家公安委員会に提出しなければならない。

（財務諸表等の備付け及び閲覧等）

第三十二条　登録講習機関は、毎事業年度経過後三月以内に、その事業年度の財産目録、貸借対照表及び損益計算書又は収支計算書並びに事業報告書（その作成に代えて電磁的記録（電子的方式、磁気的方式その他の人の知覚によつては認識することができない方式で作られる記録であつて、電子計算機による情報処理の用に供されるものをいう。以下同じ。）の作成がされている場合における当該電磁的記録を含む。次項及び第六十条第二号において「財務諸表等」という。）を作成し、五年間事務所に備えて置かなければならない。

2　講習会を受講しようとする者その他の利害関係人は、登録講習機関の業務時間内は、いつでも、次に掲げる請求をすることができる。ただし、第二号又は第四号の請求をするには、登録講習機関の定めた費用を支払わなければならない。

一　休止し、又は廃止しようとする講習会業務の範囲

二　休止し、又は廃止しようとする年月日及び休止しようとする場合にあつては、その期間

三　休止又は廃止の理由

一　財務諸表等が書面をもつて作成されているときは、当該書面の閲覧又は謄写の請求
二　前号の書面の謄本又は抄本の請求
三　財務諸表等が電磁的記録をもつて作成されているときは、当該電磁的記録に記録された事項を内閣府令で定める方法により表示したものの閲覧又は謄写の請求
四　前号の電磁的記録に記録された事項を電磁的方法であつて内閣府令で定めるものにより提供することの請求又は当該事項を記載した書面の交付の請求

（適合命令）
第三十三条　国家公安委員会は、登録講習機関が第二十六条第一項各号のいずれかに適合しなくなつたと認めるときは、その登録講習機関に対し、これらの規定に適合するため必要な措置をとるべき

（電磁的記録に記録された事項を表示する方法）
第四十八条　法第三十二条第二項第三号の内閣府令で定める方法は、当該電磁的記録に記録された事項を紙面又は出力装置の映像面に表示する方法とする。

（電磁的記録に記録された事項を提供するための方法）
第四十九条　法第三十二条第二項第四号の内閣府令で定める方法は、次に掲げるもののうち、登録講習機関が定めるものとする。
一　送信者の使用に係る電子計算機と受信者の使用に係る電子計算機とを電気通信回線で接続した電子情報処理組織を使用する方法であつて、当該電気通信回線を通じて情報が送信され、受

ことを命ずることができる。

（改善命令）

第三十四条　国家公安委員会は、登録講習機関が第二十八条の規定に違反していると認めるときは、その登録講習機関に対し、講習会を行うべきこと又は講習会の実施の方法その他の業務の方法の改善に関し必要な措置をとるべきことを命ずることができる。

（登録の取消し等）

第三十五条　国家公安委員会は、登録講習機関が次の各号のいずれかに該当するときは、その登録を取り消し、又は期間を定めて講習会の業務の全部若しくは一部の停止を命ずることができる。

一　第二十五条第一号又は第三号に該当するに至つたとき。

二　第二十九条から第三十一条まで、第三十二条第一項又は次条の規定に違反したとき。

信者の使用に係る電子計算機に備えられたファイルに当該情報が記録されるもの

二　電磁的記録媒体をもつて調製するファイルに情報を記録したものを交付する方法

2　前項に規定する方法は、受信者がファイルへの記録を出力することによる書面を作成することができるものでなければならない。

三　正当な理由がないのに第三十二条第二項各号の規定による請求を拒んだとき。
四　前二条の規定による命令に違反したとき。
五　不正の手段により第二十三条第三項の登録を受けたとき。

（帳簿の記載）
第三十六条　登録講習機関は、内閣府令で定めるところにより、帳簿を備え、講習会に関し内閣府令で定める事項を記載し、これを保存しなければならない。

（報告の徴収）
第三十七条　国家公安委員会は、この法律の施行に必要な限度において、登録講習機関に対し、その業務の状況に関し報告又は資料の提出をさせることができる。

（立入検査）
第三十八条　国家公安委員会は、この法律の施行に

（帳簿）
第五十条　法第三十六条の内閣府令で定める事項は、次に掲げるものとする。
一　講習会の実施年月日
二　講習会の実施場所
三　講習会を行つた講師の氏名並びに講習会において担当した科目及びその時間
四　受講者の氏名、生年月日及び住所
五　講習会の課程を修了した者（以下「修了者」という。）にあつては、前号に掲げる事項のほか、国家公安委員会規則で定める事項
2　前項各号に掲げる事項のすべてが、電子計算機

必要な限度において、警察庁の職員に登録講習機関の事務所に立ち入り、業務の状況又は帳簿、書類その他の物件を検査させることができる。

に備えられたファイル又は電磁的記録媒体をもつて調製するファイルに記録され、必要に応じ登録講習機関において電子計算機その他の機器を用いて明確に紙面に表示されるときは、当該記録をもつて法第三十六条に規定する帳簿への記載に代えることができる。

3　登録講習機関は、法第三十六条に規定する帳簿（前項の規定による記録が行われた同項のファイルを含む。）を、講習会を実施した日から五年間保存しなければならない。

4　登録講習機関は、講習会に用いた教材及び講習会に用いた書類であつて国家公安委員会規則で定めるものを講習会を実施した日から三年間保存しなければならない。

（注）　検定規則第一九条参照　二六四頁

（講習会の実施結果の報告）

第五十一条　登録講習機関は、講習会を行つたとき

2　前項の規定により職員が立入検査をする場合においては、その身分を示す証明書を携帯し、関係者に提示しなければならない。

3　第一項の規定による立入検査の権限は、犯罪捜

は、遅滞なく、次に掲げる事項を記載した報告書を国家公安委員会に提出しなければならない。

一　講習会の実施年月日

二　講習会の実施場所

三　受講者数

四　修了者数

※一通の申請書を提出する。（第一条）

2　前項の報告書には、修了者の氏名、生年月日、住所及び前条第一項第五号に掲げる事項を記載した修了者一覧表並びに講習会に用いた教材及び講習会に用いた書類であつて国家公安委員会規則で定めるものを添えなければならない。

（注）　検定規則第二〇条参照　二六四頁

（証明書の様式）

第五十二条　法第三十八条第二項に規定する証明書の様式は、別記様式第十七号のとおりとする。

（注）　別記様式第十七号参照　一七八頁

査のために認められたものと解釈してはならない。

（公示）

第三十九条　国家公安委員会は、次に掲げる場合には、その旨を官報に公示しなければならない。

一　第二十三条第三項の登録をしたとき。

二　第二十九条の規定による届出があつたとき。

三　第三十一条の規定による届出があつたとき。

四　第三十五条の規定により第二十三条第三項の登録を取り消し、又は講習会の業務の停止を命じたとき。

第五章　機械警備業

（機械警備業務の届出）

第四十条　機械警備業を営む警備業者（以下「機械警備業者」という。）は、機械警備業務を行おうとするときは、当該機械警備業務に係る受信機器

第五章　機械警備業

（機械警備業務の届出）

第五十三条　法第四十条に規定する届出書の様式は、別記様式第十八号のとおりとする。

（注）　別記様式第十八号　一七九頁参照

を設置する施設（以下「基地局」という。）又は送信機器を設置する警備業務対象施設の所在する都道府県の区域ごとに、当該区域を管轄する公安委員会に、次の事項を記載した届出書を提出しなければならない。この場合において、当該届出書には、内閣府令で定める書類を添付しなければならない。

一　氏名又は名称及び住所並びに法人にあつては、その代表者の氏名

二　当該機械警備業務に係る基地局の名称及び所在地並びに第四十二条第一項の規定により選任する機械警備業務管理者の氏名及び住所

三　前二号に掲げるもののほか、内閣府令で定める事項

2　前項の届出書は、当該都道府県の区域内に基地局を設ける場合にあつては当該基地局の所在地（当該基地局が二以上ある場合にあつては、そのいずれか一の基地局の所在地）の所轄警察署長を経由して、基地局を設けない場合にあつては当該送信機器を設置する警備業務対象施設の所在地（当該警備業務対象施設が二以上ある場合にあつては、そのいずれか一の警備業務対象施設の所在地）の所轄警察署長を経由して、当該機械警備業務の開始の日の前日までに提出しなければならない。

※一通の届出書を提出する。（第一条）

第五十四条　法第四十条第三号の内閣府令で定める事項は、次のとおりとする。

一　認定をした公安委員会の名称及び認定の番号

二　基地局ごとに、当該機械警備業務に係る待機所の名称及び所在地並びにその待機所に係る警

備業務対象施設（他の都道府県の区域内に所在するものを除く。）の所在する市町村の名称（地方自治法（昭和二十二年法律第六十七号）第二百五十二条の十九第一項に規定する指定都市（以下「指定都市」という。）にあつては、区又は総合区の名称）

第五十五条　法第四十条の内閣府令で定める書類は、当該都道府県の区域内に所在する基地局について選任する機械警備業務管理者に係る次に掲げる書類とする。

一　機械警備業務管理者資格者証の写し

二　誠実に業務を行うことを誓約する書面

三　第四条第一項第一号イ、ハ及びニに掲げる書類

四　精神機能の障害に関する医師の診断書（法第四十二条第三項において読み替えて準用する法第二十二条第四項第二号に規定する国家公安委

（廃止等の届出）

第四十一条　機械警備業者は、前条の規定による届出書の提出をした公安委員会の管轄区域内における基地局を廃止したとき、その他当該区域内において機械警備業務を行わないこととなつたとき、又は同条第二号若しくは第三号に掲げる事項に変更があつたときは、当該公安委員会に、基地局の廃止等に係る事項その他の内閣府令で定める事項を記載した届出書を提出しなければならない。この場合において、当該届出書には、内閣府令で定める書類を添付しなければならない。

員会規則で定める者に該当しないことが明らかであるかどうかの別を記載したものに限る。）

五　法第四十二条第三項において読み替えて準用する法第二十二条第四項各号に掲げる者のいずれにも該当しないことを誓約する書面

（廃止等の届出）

第五十六条　法四十一条に規定する届出書の様式は、当該都道府県の区域内における基地局を廃止した場合（基地局を廃止したが、当該区域内において機械警備業務を行う場合を除く。以下同じ。）、その他当該区域内において機械警備業務を行わないこととなつた場合の届出に係る届出書にあつては別記様式第八号のとおりとし、法第四十条第二号又は第三号に掲げる事項に変更があつた場合（基地局を廃止したが、当該区域内において機械警備業務を行う場合を含む。以下同じ。）の届出に係る届出書にあつては別記様式第十九号のとおりとする。

（注）別記様式第八号、第十九号　一六八、一八一頁参照

2　前項の届出書は、第五十三条第二項の規定により経由すべきこととされた警察署長を経由して、当該事由の発生の日から十日以内に提出しなければならない。

※一通の申請書を提出する。（第一条）

第五十七条　法第四十一条の内閣府令で定める事項は、当該都道府県の区域内における基地局を廃止した場合、その他当該区域内において機械警備業務を行わないこととなつた場合の届出にあつては基地局の廃止その他機械警備業務を行わないこととなつた日に係る年月日及びその事由とし、法第四十条第二号又は第三号に掲げる事項に変更があつた場合の届出にあつては当該変更に係る変更年月日、変更事項及び変更の事由とする。

第五十八条　法第四十一条の内閣府令で定める書類は、次のとおりとする。

一　第五十五条に規定する書類のうち、当該変更事項に係る書類

二　第五十三条第二項の規定により経由すべきこととされた警察署長の管轄区域内において機械警備業務を行わないこととなつた場合（当該公安委員会の管轄区域内において機械警備業務を行わないこととなつた場合を除く。）の届出にあつては、当該公安委員会の管轄区域内に基地局が所在するときは当該基地局の所在地（当該基地局が二以上ある場合にあつては、そのいずれか一の基地局の所在地）の所轄警察署長の名称を、当該区域内に基地局が所在しないときは当該区域内で行う機械警備業務に係る警備業務対象施設の所在地（当該警備業務対象施設が二以上ある場合にあつては、そのいずれか一の警

（機械警備業務管理者）

第四十二条　機械警備業者は、基地局ごとに、警備業務用機械装置の運用を監督し、警備員に対する指令業務を統制し、その他機械警備業務を管理す

備業務対象施設の所在地）の所轄警察署長の名称を記載した書面

第五十九条　前条第二号に規定する届出に係る届出書の提出は、第五十三条第二項の規定により経由すべきこととされた警察署長に代えて、当該届出書に添付した前条第二号に掲げる書面にその名称を記載した所轄警察署長を経由して行うことができる。

2　前条第二号に規定する届出をした機械警備業者については、前項に規定する所轄警察署長を第五十三条第二項の規定により経由すべきこととされた警察署長とみなして、この府令の規定を適用する。

（機械警備業務管理者の選任）

第六十条　法第四十二条第一項の規定により選任される機械警備業務管理者は、基地局ごとに専任の機械警備業務管理者として置かれなければならな

る業務で内閣府令で定めるものを行う機械警備業務管理者を、次項の機械警備業務管理者資格者証の交付を受けている者のうちから、選任しなければならない。

い。ただし、一の機械警備業者に係る二以上の基地局において、当該二以上の基地局に係る警備業務対象施設の数の合計数が五千以下であり、かつ、当該二以上の基地局を通じて一人の機械警備業務管理者を置くことにつきそれぞれの基地局における次条に規定する機械警備業務管理者の業務の適正な実施に支障がないものとして当該二以上の基地局の所在する都道府県の区域を管轄する公安委員会（当該公安委員会が二以上あるときは、当該二以上の公安委員会）の承認を受けたときは、専任の機械警備業務管理者を置くことを要しない。

（機械警備業務管理者の業務）

第六十一条　法第四十二条第一項の内閣府令で定める業務は、次のとおりとする。

一　警備業務用機械装置による警備業務対象施設の警戒、警備業務用機械装置の維持管理その他

2　公安委員会は、次の各号のいずれかに該当する者に対し、機械警備業務管理者資格者証を交付する。

一　公安委員会が国家公安委員会規則で定めるところにより行う機械警備業務に関する知識及び能力に関する試験に合格した者

（機械警備業務管理者の業務）

の警備業務用機械装置の運用を円滑に行うための計画を作成し、その計画に基づき警備業務用機械装置の運用を行うように警備員その他の者を監督すること。

二　指令業務に関する基準を作成し、その基準により指令業務を統制するため指令業務に従事する警備員を指導すること。

三　警備員に対し、警察機関への連絡について指導を行うこと。

四　法第四十四条に規定する書類の記載について監督すること。

五　機械警備業務の管理について機械警備業者に必要な助言をすること。

（機械警備業務管理者資格者証の様式）

第六十二条　法第四十二条第二項に規定する機械警備業務管理者資格者証の様式は、別記様式第二十号のとおりとする。

ころにより機械警備業務の管理に関する業務について行う機械警備業務管理者講習を受け、その課程を修了した者

二　公安委員会が国家公安委員会規則で定めるところにより機械警備業務の管理に関する業務に関し前号に掲げる者と同等以上の知識及び能力を有すると認める者

（注）講習規則第一一条～第一四条参照　三七六頁

3　第二十二条第一項ただし書の規定は基地局の機械警備業務管理者として選任した者が欠けるに至つた場合について、同条第四項から第六項までの規定は機械警備業務管理者資格者証の交付、書換え及び再交付について、同条第七項の規定は機械警備業務管理者資格者証の交付を受けた者について準用する。この場合において、同条第四項中「第二項」とあるのは「第四十二条第二項」と、同項第二号中「該当する者」とあるのは「該当す

（注）別記様式第二十号　一八六頁参照

（機械警備業務管理者資格者証の交付等の申請）

第六十三条　第四十二条の規定は機械警備業務管理者資格者証の交付を受けようとする者について、第四十三条の規定は機械警備業務管理者資格者証の書換え又は再交付を受けようとする者について準用する。この場合において、第四十二条第三項第一号中「法第二十二条第二項第一号」とあるのは「法第四十二条第二項第一号」と、同項第二号中「並びに法第二十二条第四項各号」とあるのは

る者又は心身の障害により機械警備業務管理者の業務を適正に行うことができない者として国家公安委員会規則で定めるもの」と、同項第三号中「第七項第二号」とあるのは「第四十二条第三項において読み替えて準用する第七項第二号」と、「警備員指導教育責任者資格者証の返納」とあるのは「機械警備業務管理者資格者証の返納」と、同条第七項第一号中「いずれか」とあるのは「いずれか又は第四十二条第三項において読み替えて準用する第四項第二号に規定する国家公安委員会規則で定める者」と、同項第三号中「警備員指導教育責任者」とあるのは「機械警備業務管理者」と読み替えるものとする。

（注）要件規則第三条参照　二二八頁

（即応体制の整備）

第四十三条　機械警備業者は、都道府県公安委員会規則で定める基準に従い、基地局において盗難等

「、精神機能の障害に関する医師の診断書（法第四十二条第三項において読み替えて準用する法第二十二条第四項第二号に規定する国家公安委員会規則で定める者に該当しないことが明らかであるかどうかの別を記載したものに限る。）並びに法第四十二条第三項において読み替えて準用する法第二十二条第四項各号」と、第四十三条中「当該指導教育責任者資格者証」とあるのは「当該機械警備業務管理者資格者証」と読み替えるものとする。

2　公安委員会は、機械警備業務管理者資格者証の交付を受けようとする者が法第四十二条第三項において読み替えて準用する法第二十二条第四項第二号に規定する国家公安委員会規則で定める者に該当するかどうかを判断するため必要があると認めるときは、その者に法第五十一条に規定する医師の診断を受けることを求めるものとする。

の事故の発生に関する情報を受信した場合に、速やかに、現場における警備員による事実の確認その他の必要な措置が講じられるようにするため、必要な数の警備員、待機所（警備員の待機する施設をいう。以下同じ。）及び車両その他の装備を適正に配置しておかなければならない。

（書類の備付け）

第四十四条　機械警備業者は、基地局ごとに、次の事項を記載した書類を備えなければならない。

一　待機所ごとに、配置する警備員の氏名

二　警備業務対象施設の名称及び所在地

三　前二号に掲げるもののほか、内閣府令で定める事項

（書類の備付け）

第六十四条　法第四十四条第三号の内閣府令で定める事項は、次のとおりとする。

一　基地局及び待機所の位置並びに待機所ごとの警備業務対象施設の所在する地域（地図上に記載するものとする。）

二　待機所ごとに、市町村の区域（指定都市にあつては、区又は総合区の区域）ごとの警備業務対象施設の数（別記様式第二十一号により記載するものとする。）

（注）　別記様式第二十一号　一八七頁参照

三　警備業務対象施設ごとに、待機所から警備業務対象施設までの路程及び基地局において盗難等の事故の発生に関する情報を受信した場合にその受信の時から警備員が現場に到着する時までに通常要する時間

四　待機所ごとに、配置する車両その他の装備の種類ごとの数量

五　盗難等の事故の発生に関する情報を受信した日時、その情報に係る警備業務対象施設の名称及び所在地並びにその情報に応じて講じた措置及びその結果（その情報に応じて警備員を現場に向かわせた場合にあつては、当該受信の時から警備員が現場に到着する時までに要した時間を含む。）

2　前項第五号に掲げる事項を記載した書類は、当該情報の受信の日から一年間、備えておかなければならない。

第六章　監督

（警備員の名簿等）
第四十五条　警備業者は、内閣府令で定めるところにより、営業所ごとに、警備員の名簿その他の内閣府令で定める書類を備えて、必要な事項を記載しなければならない。

（電磁的方法による記録）
第六十五条　法第四十四条各号に掲げる事項が、電磁的方法（電子的方法、磁気的方法その他の人の知覚によつて認識することができない方法をいう。第六十七条において同じ。）により記録され、必要に応じ電子計算機その他の機器を用いて直ちに表示されることができるときは、当該記録をもつて法第四十四条に規定する当該事項が記載された書類に代えることができる。

第六章　監督

（警備員の名簿等）
第六十六条　法第四十五条の内閣府令で定める書類は、次のとおりとする。
一　次の事項を記載し、かつ、三年以内に撮影した無帽、正面、上三分身の縦の長さ三センチメートル、横の長さ二・四センチメートルの写真

（無背景のものに限る。）をはり付けた警備員の名簿

イ　氏名、本籍、住所、生年月日及び採用年月日並びに退職した場合には退職年月日

ロ　当該警備員に対して行つた警備員教育に係る実施年月日、内容、時間数及び実施者の氏名

ハ　従事させる警備業務の内容

ニ　合格証明書の交付を受けている警備員にあつては、次に掲げる事項

(1)　当該合格証明書に係る警備業務の種別

(2)　当該合格証明書を交付した公安委員会の名称

(3)　当該合格証明書の交付年月日

(4)　当該合格証明書の番号

(5)　その他国家公安委員会規則で定める事項

（注）　検定規則第二一条参照　二六四頁

ホ　指導教育責任者資格者証の交付を受けてい

る警備員にあつては、次に掲げる事項
(1) 当該指導教育責任者資格者証を交付した公安委員会の名称
(2) 当該指導教育責任者資格者証の交付年月日
(3) 当該指導教育責任者資格者証の番号
(4) 当該指導教育責任者資格者証に係る警備業務の区分
ヘ 機械警備業務管理者資格者証の交付を受けている警備員にあつては、次に掲げる事項
(1) 当該機械警備業務管理者資格者証を交付した公安委員会の名称
(2) 当該機械警備業務管理者資格者証の交付年月日
(3) 当該機械警備業務管理者資格者証の番号
二 警備員ごとに、法第十四条第一項に規定する者に該当しないことを誓約する書面の提出を受けた旨その他同項に規定する者に該当しないこ

とを確認するために講じた措置を記載した書類（当該提出を受けた書面の添付があるものに限る。）

三　護身用具の種類ごとの数量を記載した書面

四　警備員に対する指導に関する計画を記載した指導計画書

五　年度ごとに、警備員教育に係る実施時期、内容、方法、時間数、実施者の氏名及び対象とする警備員の範囲に関する計画を記載した教育計画書

六　年度ごとに、警備員教育に係る実施年月日、内容、方法、時間数、実施場所、実施者の氏名及び対象となつた警備員の氏名を記録し、指導教育責任者及び実施者がこれらの事項について誤りがないことを確認する旨を付記した書類

七　警備業務に関する契約ごとに、次に掲げる事項を記載した書類

イ　当該契約に係る警備業務の依頼者

ロ　第三十三条第一号ニ（当該契約が法第十八条に規定する種別の警備業務を行うものである場合には、当該種別に係る合格証明書を受けている警備員の氏名を含む。）及びワに掲げる事項

ハ　当該契約が法第二条第一項第一号の警備業務を行うものである場合には、第三十三条第一号ハに掲げる事項

ニ　当該契約が法第二条第一項第二号の警備業務を行うものである場合には、第三十三条第二号イに掲げる事項

ホ　当該契約が法第二条第一項第三号の警備業務を行うものである場合には、第三十三条第三号ロに掲げる事項

ヘ　当該契約が法第二条第一項第四号の警備業務を行うものである場合には、第三十三条第四号イに掲げる事項（警備業務の対象となる者の氏名を除く。）

八　警備業務についての依頼者等からの苦情に関し、苦情を申し出た者の氏名及び連絡先、苦情の内容、原因究明の結果、苦情に対する弁明の内容、改善措置並びに苦情処理を担当した者の氏名を記載した書類

2　法第四十五条に規定する警備員の名簿は、当該警備員が退職した後においても、その退職の日から一年間、前項第四号に掲げる書類は、実地に指導した日から二年間、前項第五号及び第六号に掲げる書類は、当該年度が終了した後においても、その終了の日から二年間、備えておかなければならない。

3　第一項第五号に掲げる教育計画書は、当該年度の開始の日の三十日前までに備えておかなければならない。

（電磁的方法による記録）

第六十七条　前条第一項に規定する書類に記載することとされている事項が、電磁的方法により記録

（報告の徴収）

第四十六条　公安委員会は、この法律の施行に必要な限度において、警備業者に対し、その業務の状況に関し報告又は資料の提出をさせることができる。

（立入検査）

第四十七条　公安委員会は、この法律の施行に必要な限度において、警察職員に警備業者の営業所、基地局又は待機所に立ち入り、業務の状況又は帳

され、必要に応じ電子計算機その他の機器を用いて直ちに表示されることができるときは、当該記録をもつて同項に規定する書類に代えることができる。

（電磁的方法による記録に係る基準）

第六十八条　第六十五条又は前条の規定による記録をする場合には、国家公安委員会が定める基準を確保するよう努めなければならない。

（注）　電磁的基準第一条参照　三八八頁

（報告等の要求）

第六十九条　法第四十六条の規定による報告又は資料の提出の要求は、当該要求の理由を記載した書面により行うものとする。

簿、書類その他の物件を検査させることができる。

2　第三十八条第二項及び第三項の規定は、前項の規定による立入検査について準用する。

（指示）

第四十八条　公安委員会は、警備業者又はその警備員が、この法律、この法律に基づく命令若しくは第十七条第一項の規定に基づく都道府県公安委員会規則の規定に違反し、又は警備業務に関し他の法令の規定に違反した場合において、警備業務の適正な実施が害されるおそれがあると認められるときは、当該警備業者に対し、当該警備員を警備業務に従事させない措置その他の必要な措置をとるべきことを指示することができる。

（営業の停止等）

第四十九条　公安委員会は、警備業者又はその警備員が、この法律、この法律に基づく命令若しくは第十七条第一項の規定に基づく都道府県公安委員

（証明書の様式）

第七十条　法第四十七条第二項において準用する法第三十八条第二項に規定する証明書の様式は、別記様式第二十二号のとおりとする。

（注）　別記様式第二十二号　一八八頁参照

会規則の規定に違反し、若しくは警備業務に関し他の法令の規定に違反した場合において、警備業務の適正な実施が著しく害されるおそれがあると認められるとき、又は警備業者が前条の規定による指示に違反したときは、当該警備業者に対し、六月以内の期間を定めて当該公安委員会の管轄区域内における警備業務に係る営業の全部又は一部の停止を命ずることができる。

2　公安委員会は、次の各号のいずれかに該当する者があるときは、その者に対し、営業の廃止を命ずることができる。

一　第五条第三項又は第七条第三項の規定による通知を受けて警備業を営んでいる者

二　第八条の規定により認定を取り消されて警備業を営んでいる者

三　前二号に掲げる者のほか、第三条各号（第九号を除く。）のいずれかに該当する者で警備業を営んでいるもの（認定を受けている者を除く。）

（聴聞の特例）

第五十条　公安委員会は、前条の規定による処分（同条第二項第二号に掲げる者に係る同項の規定による処分を除く。以下この条において同じ。）をしようとするときは、行政手続法（平成五年法律第八十八号）第十三条第一項の規定による意見陳述のための手続の区分にかかわらず、聴聞を行わなければならない。

2　第八条、第二十二条第七項（第二十三条第五項及び第四十二条第三項において準用する場合を含む。以下この条及び次条において同じ。）又は前条の規定による処分に係る聴聞を行うに当たつては、その期日の一週間前までに、行政手続法第十五条第一項の規定による通知をし、かつ、聴聞の期日及び場所を公示しなければならない。

3　前項の通知を行政手続法第十五条第三項に規定する方法によつて行う場合においては、同条第一項の規定により聴聞の期日までにおくべき相当な期間は、二週間を下回つてはならない。

4　第八条、第二十二条第七項又は前条の規定による処分に係る聴聞の期日における審理は、公開により行わなければならない。

5　第八条、第二十二条第七項又は前条の規定による処分に係る聴聞の主宰者は、聴聞の期日において必要があると認めるときは、警備業務に関する事項に関し専門的知識を有する参考人又は当該事案の関係人の出頭を求めて意見を聴取することができる。

（行政手続法の適用除外）

第五十一条　公安委員会がそのあらかじめ指定する医師の診断に基づき第三条第六号若しくは第七号又は第四十二条第三項において読み替えて準用する第二十二条第四項第二号（第三条第一号から第五号までに係る部分を除く。）に該当すると認めた者について行う第八条、第二十二条第七項又は

第四十九条の規定による処分及び同条第二項第二号に掲げる者に係る同項の規定による処分については、行政手続法第三章（第十二条及び第十四条を除く。）の規定は、適用しない。

第七章　雑則

（検定に係る手数料）

第五十二条　都道府県は、第二十三条第一項の検定に係る手数料の徴収については、政令で定める者から、実費の範囲内において、警備業務の種別に応じ、当該事務の特性を勘案して政令で定める額を徴収することを標準として条例を定めなければならない。

（注）　手数料令参照　　一九三頁
施行令第三条参照　　一八九頁

（方面公安委員会への権限の委任）

第五十三条　この法律又はこの法律に基づく政令の規定により道公安委員会の権限に属する事務は、

政令で定めるところにより、方面公安委員会に行わせることができる。

（経過措置）

第五十四条　この法律の規定に基づき政令、内閣府令、国家公安委員会規則又は都道府県公安委員会規則を制定し、又は改廃する場合においては、それぞれ政令、内閣府令、国家公安委員会規則又は都道府県公安委員会規則で、その制定又は改廃に伴い合理的に必要と判断される範囲内において、所要の経過措置（罰則に関する経過措置を含む。）を定めることができる。

（内閣府令への委任）

第五十五条　この法律に特別の定めがあるもののほか、この法律の実施のための手続その他この法律の施行に関し必要な事項は、内閣府令で定める。

第八章　罰則

第五十六条　次の各号のいずれかに該当する者は、一年以下の拘禁刑若しくは百万円以下の罰金に処し、又はこれを併科する。

一　第三十五条の規定による業務の停止の命令に違反した者

二　第四十九条第一項又は第二項の規定による営業の停止又は廃止の命令に違反した者

第五十七条　次の各号のいずれかに該当する者は、百万円以下の罰金に処する。

一　第五条第一項の規定による認定の申請をしないで、又はこれに係る同条第二項若しくは第三項の規定による通知を受ける前に警備業を営んだ者

二　第七条第一項の規定による認定の有効期間の更新の申請をしないで、認定の有効期間の満了

後引き続き警備業を営んだ者

三　第十三条の規定に違反して他人に警備業を営ませた者

四　第十九条の規定に違反して、書面を交付せず、又は同条に規定する事項が記載されていない書面若しくは虚偽の記載のある書面を交付した者

五　第二十二条第一項の規定に違反して警備員指導教育責任者を選任しなかつた者

六　第四十条の規定に違反して届出書の提出をしなかつた者

七　第四十八条の規定による指示に違反した者

八　偽りその他不正の手段により認定又は第七条第一項の規定による認定の有効期間の更新を受けた者

第五十八条　次の各号のいずれかに該当する者は、三十万円以下の罰金に処する。

一　第五条第一項（第七条第四項において準用する場合を含む。）の認定申請書若しくは認定更新申請書又は添付書類に虚偽の記載をして提出した者

二　第六条の規定に違反した者

三　第九条、第十条第一項、第十一条第一項（同条第三項、第十六条第三項及び第十七条第二項において準用する場合を含む。以下この号において同じ。）、第十六条第二項（第十七条第二項において準用する場合を含む。以下この号において同じ。）若しくは第四十一条の規定に違反して届出書の提出をせず、又は第九条、第十条第一項、第十一条第一項、第十六条第二項、第四十条若しくは第四十一条の届出書若しくは添付書類に虚偽の記載をして提出した者

四　第二十二条第七項（第二十三条第五項及び第

四十二条第三項において準用する場合を含む。）の規定による命令に違反した者

五　第三十一条の規定による届出をせず、又は虚偽の届出をした者

六　第三十六条の規定に違反して帳簿を備えず、帳簿に記載せず、若しくは虚偽の記載をし、又は帳簿を保存しなかつた者

七　第三十七条若しくは第四十六条の規定による報告若しくは資料の提出をせず、若しくは虚偽の報告若しくは資料の提出をし、又は第三十八条第一項若しくは第四十七条第一項の規定による検査を拒み、妨げ、若しくは忌避した者

八　第四十二条第一項の規定に違反して機械警備業務管理者を選任しなかつた者

九　第四十四条又は第四十五条に規定する書類を備え付けず、又はこれに必要な事項を記載せ

ず、若しくは虚偽の記載をした者

第五十九条　法人の代表者又は法人若しくは人の代理人、使用人その他の従業者が、その法人又は人の業務に関し、前三条の違反行為をしたときは、行為者を罰するほか、その法人又は人に対しても、各本条の罰金刑を科する。

第六十条　次の各号のいずれかに該当する者は、二十万円以下の過料に処する。

一　第十二条の規定に違反して届出書の提出をせず、又は同条の届出書に虚偽の記載をして提出した者

二　第三十二条第一項の規定に違反して財務諸表等を備えて置かず、財務諸表等に記載すべき事項を記載せず、若しくは虚偽の記載をし、又は正当な理由がないのに同条第二項各号の規定による請求を拒んだ者

附　則

（施行期日）

1　この法律は、公布の日から起算して六月をこえない範囲内において政令で定める日から施行する。

〔昭和四七政三二八により、昭和四七・一一・一から施行〕

（経過措置）

2　この法律の施行の際現に警備業を営んでいる者は、この法律の施行の日から一月間は、第四条の規定による届出をしないで、警備業を営むことができる。

附　則　〔昭和五七年七月一六日法律第六七号〕

（施行期日）

1　この法律は、公布の日から起算して六月を超えない範囲内において政令で定める日から施行する。

〔昭和五七政三〇七により、昭和五八・一・一五から施行〕

附　則

（施行期日）

1　この府令は、警備業法の一部を改正する法律（昭和五十七年法律第六十七号。以下「改正法」という。）の施行の日（昭和五十八年一月十五日）から施行する。

（経過措置）

2　この法律の施行の際現に改正前の警備業法（以下「旧法」という。）第四条の規定による届出をして警備業を営んでいる者（以下「旧法の警備業者」という。）の営む警備業については、この法律の施行の日（以下「施行日」という。）から三月を経過する日（その日以前に改正後の警備業法（以下「新法」という。）第四条の二第一項の規定による認定の申請をした場合にあつては、同条第二項又は第三項の規定による通知がある日）までの間は、なお従前の例による。ただし、旧法の警備業者が施行日以後新たに機械警備業を営む場合には、当該機械警備業に係る機械警備業務の届出その他機械警備業に関する新法の規定を適用する。

3　旧法の警備業者が行う警備業務に従事する警備員については、前項に規定する期間が経過する日

（経過措置）

2　この府令の施行の日以降における最初の教育期は、第二十六条第二項の表の二の項の下欄の規定にかかわらず、この府令の施行の日から昭和五十八年九月三十日までの期間とする。

までの間は、なお従前の例による。

4　新法第十一条の三第一項の規定の適用については、施行日から一年間は、同項中「警備員指導教育責任者資格者証の交付を受けている者」とあるのは、「警備員指導教育責任者資格者証の交付を受けている者又は国家公安委員会の定めるところにより公安委員会が警備員の指導及び教育に関し知識経験があると認める者」とする。

5　新法第十一条の六第一項の規定の適用については、施行日から一年間は、同項中「機械警備業務管理者資格者証の交付を受けている者」とあるのは、「機械警備業務管理者資格者証の交付を受け

3　改正法附則第四項に規定する公安委員会が警備員の指導及び教育に関し知識経験があると認める者に係る改正法による改正後の法第四条の二第一項又は第五条若しくは第六条第一項の規定により認定申請書又は届出書に添付すべき書類については、第四条第三号中「警備員指導教育責任者資格者証（以下「指導教育責任者資格者証」という。）の写し」とあるのは「公安委員会が警備員の指導及び教育に関し知識経験があると認める者であることを証する書面」と、「第一号イ、ハ及びニ」とあるのは「第一号イ」と読み替えて、同号（ニを除く。）の規定を適用する。

4　改正法附則第五項に規定する公安委員会が機械警備業務の管理に関し知識経験があると認める者に係る改正法による改正後の法第十一条の四又は第十一条の五の規定により届出書に添付すべき書

ている者又は国家公安委員会の定めるところにより公安委員会が機械警備業務の管理に関し知識経験があると認める者」とする。

6　この法律の施行前にした行為及びこの法律の附則においてなお従前の例によることとされる場合におけるこの法律の施行後にした行為に対する罰則の適用については、なお従前の例による。

類については、第三十五条第一号中「機械警備業務管理者資格者証の写し」とあるのは「公安委員会が機械警備業務の管理に関し知識経験があると認める者であることを証する書面」と読み替えて、同条（第一号ニ及び第二号を除く。）の規定を適用する。

附　則〔昭和六一年七月一日総理府令第四三号〕

この府令は、公布の日から施行する。ただし、第四十六条第一項第一号の改正規定（ホ及びヘに係る部分に限る。）は、昭和六十一年十月一日から施行する。

附　則〔昭和六二年九月一四日総理府令第四五号〕

附　則〔平成五年一一月一二日法律第八九号 抄〕

（施行期日）

第一条　この法律は、行政手続法（平成五年法律第八十八号）の施行の日〔平成六年十月一日〕から施行する。

（諮問等がされた不利益処分に関する経過措置）

第二条　この法律の施行前に法令に基づき審議会その他の合議制の機関に対し行政手続法第十三条に規定する聴聞又は弁明の機会の付与の手続その他

この府令は、公布の日から施行する。

附　則〔平成五年七月一日総理府令第三七号〕

（施行期日）

1　この府令は、平成五年八月一日から施行する。

（経過措置）

2　この府令の施行前にした行為に対する罰則の適用については、なお従前の例による。

の意見陳述のための手続に相当する手続を執るべきことの諮問その他の求めがされた場合においては、当該諮問その他の求めに係る不利益処分の手続に関しては、この法律による改正後の関係法律の規定にかかわらず、なお従前の例による。

（罰則に関する経過措置）

第十三条　この法律の施行前にした行為に対する罰則の適用については、なお従前の例による。

（聴聞に関する規定の整理に伴う経過措置）

第十四条　この法律の施行前に法律の規定により行われた聴聞、聴問若しくは聴聞会（不利益処分に係るものを除く。）又はこれらのための手続は、この法律による改正後の関係法律の相当規定により行われたものとみなす。

（政令への委任）

第十五条　附則第二条から前条までに定めるもののほか、この法律の施行に関して必要な経過措置は、政令で定める。

附　則〔平成六年三月四日総理府令第九号〕

1　この府令は、平成六年四月一日から施行する。

〔以下略〕

2　この府令による改正前の〔中略〕警備業法施行規則に規定する様式による書面については、当分の間、それぞれ改正後のこれらの府令に規定する様式による書面とみなす。

附　則〔平成八年一二月四日総理府令第五三号〕

（施行期日）

1　この府令は、平成九年四月一日から施行する。

（経過措置）

2　この府令の施行前にした行為に係るこの府令の施行後における警備業法第十四条の規定による指示及び同法第十五条第一項の規定による営業の全部又は一部の停止については、なお従前の例による。

附　則〔平成一〇年七月二九日総理府令第五〇号抄〕

1　この府令は、平成十年八月一日から施行する。

〔以下略〕

附　則〔平成一一年一月一一日総理府令第二号〕

（施行期日）

1　この府令は、公布の日から施行する。

（経過措置）

2　この府令による改正前の〔中略〕警備業法施行規則〔中略〕に規定する様式による書面については、改正後の〔中略〕警備業法施行規則〔中略〕に規定する様式にかかわらず、当分の間、なおこれを使用することができる。この場合には、氏名を記載し及び押印することに代えて、署名することができる。

附　則〔平成一一年七月一六日法律第八七号抄〕

（施行期日）

第一条　この法律は、平成十二年四月一日から施行する。ただし、次の各号に掲げる規定は、当該各号に定める日から施行する。

一　〔前略〕附則〔中略〕第百六十条、第百六十三条、第百六十四条〔中略〕の規定　公布の日

二〜六　〔略〕

（国等の事務）

第百五十九条　この法律による改正前のそれぞれの法律に規定するもののほか、この法律の施行前において、地方公共団体の機関が法律又はこれに基づく政令により管理し又は執行する国、他の地方公共団体その他公共団体の事務（附則第百六十一条において「国等の事務」という。）は、この法律の施行後は、地方公共団体が法律又はこれに基

附　則〔平成一二年三月三〇日総理府令第二九号〕

この府令は、地方分権の推進を図るための関係法律の整備等に関する法律の施行の日（平成十二年四月一日）から施行する。

づく政令により当該地方公共団体の事務として処理するものとする。

（処分、申請等に関する経過措置）

第百六十条　この法律（附則第一条各号に掲げる規定については、当該各規定。以下この条及び附則第百六十三条において同じ。）の施行前に改正前のそれぞれの法律の規定によりされた許可等の処分その他の行為（以下この条において「処分等の行為」という。）又はこの法律の施行の際現に改正前のそれぞれの法律の規定によりされている許可等の申請その他の行為（以下この条において「申請等の行為」という。）で、この法律の施行の日においてこれらの行為に係る行政事務を行うべき者が異なることとなるものは、附則第二条から前条までの規定又は改正後のそれぞれの法律（これに基づく命令を含む。）の経過措置に関する規定に定めるものを除き、この法律の施行の日以後における改正後のそれぞれの法律の適用については、改正後のそれぞれの法律の相当規定によりされた処分等の行為又は申請等の行為とみなす。

2　この法律の施行前に改正前のそれぞれの法律の規定により国又は地方公共団体の機関に対し報告、届出、提出その他の手続をしなければならない事項で、この法律の施行の日前にその手続がされていないものについては、この法律及びこれに基づく政令に別段の定めがあるもののほか、これを、改正後のそれぞれの法律の相当規定により国又は地方公共団体の相当の機関に対して報告、届出、提出その他の手続をしなければならない事項についてその手続がされていないものとみなして、この法律による改正後のそれぞれの法律の規定を適用する。

（手数料に関する経過措置）

第百六十二条　施行日前においてこの法律による改正前のそれぞれの法律（これに基づく命令を含む。）の規定により納付すべきであった手数料については、この法律及びこれに基づく政令に別段の定めがあるもののほか、なお従前の例による。

（罰則に関する経過措置）

第百六十三条　この法律の施行前にした行為に対する罰則の適用については、なお従前の例による。

（その他の経過措置の政令への委任）

第百六十四条　この附則に規定するもののほか、この法律の施行に伴い必要な経過措置（罰則に関する経過措置を含む。）は、政令で定める。

2　〔略〕

附　則〔平成一一年一二月八日法律第一五一号抄〕

（施行期日）

第一条　この法律は、平成十二年四月一日から施行する。〔以下略〕

附　則〔平成一二年三月三〇日総理府令第三〇号〕

（施行期日）

1　この府令は、平成十二年四月一日から施行する。

（経過措置）

第三条　民法の一部を改正する法律（平成十一年法律第百四十九号）附則第三条第三項の規定により従前の例によることとされる準禁治産者及びその保佐人に関するこの法律による改正規定の適用については、次に掲げる改正規定を除き、なお従前の例による。

一～二十五〔略〕

第四条　この法律の施行前にした行為に対する罰則の適用については、なお従前の例による。

附　則〔平成一一年一二月二二日法律第一六〇号抄〕

第一条　この法律〔中略〕は、平成十三年一月六日から施行する。〔以下略〕

（経過措置）

2　この府令の施行の際現に〔中略〕警備業法第四条の二第一項（同法第四条の四第四項において準用する場合を含む。）の規定により提出されている認定申請書及び認定証更新申請書の添付書類については、なお従前の例による。

3　この府令の施行前にした行為に対する罰則の適用については、なお従前の例による。

附　則〔平成一二年八月一四日総理府令第八九号抄〕

（施行期日）

1　この府令は、内閣法の一部を改正する法律（平成十一年法律第八十八号）の施行の日（平成十三年一月六日）から施行する。

附　則〔平成一三年三月二六日内閣府令第一七号〕

附　則〔平成一四年五月二九日法律第四五号抄〕

（施行期日）

1　この法律は、公布の日から起算して一年を超えない範囲内において政令で定める日から施行する。

〔平成一四政二一七により、平成一五・四・一から施行〕

附　則〔平成一四年一一月二二日法律第一〇八号〕

（施行期日）

1　この法律は、公布の日から起算して六月を超えない範囲内において政令で定める日から施行する。

〔平成一五政三九により、平成一五・三・三一から施行〕

（経過措置）

2　この法律の施行前に変更があった事項に係る届出については、この法律による改正後の警備業法第六条又は第十一条の五の規定にかかわらず、な

この府令は、平成十三年四月一日から施行する。

附　則〔平成一五年三月七日内閣府令第一〇号〕

（施行期日）

第一条　この府令は、警備業法の一部を改正する法律（平成十四年法律第百八号）の施行の日（平成十五年三月三十一日）から施行する。ただし、次の各号に掲げる規定は、それぞれ当該各号に定める日から施行する。

一　第二条の規定　商法等の一部を改正する法律の施行に伴う関係法律の整備に関する法律（平成十四年法律第四十五号）の施行の日（平成十

お従前の例による。

3　この法律の施行前にした行為及び前項の規定によりなお従前の例によることとされる場合におけるこの法律の施行後にした行為に対する罰則の適用については、なお従前の例による。

五年四月一日）

二　第一条中警備業法施行規則第四十五条第一項の改正規定（「結果」の下に「（その情報に応じて警備員を現場に向かわせた場合にあつては、当該受信の時から警備員が現場に到着する時までに要した時間を含む。）」を加える部分に限る。）及び第四十六条第一項の改正規定　平成十五年六月一日

（経過措置）

第二条　この府令の施行の際現に警備業法第四条の二第一項後段（同法第四条の四第四項において準用する場合を含む。）の規定により認定申請書又は認定証更新申請書に添付して提出されている第一条の規定による改正前の警備業法施行規則（以下「旧令」という。）第四条第一号ロに掲げる書類（同号へに規定する警備業者の相続人である未成年者で警備業に関し営業の許可を受けていない

ものの法定代理人に係るものを含む。）及び同条第二号ハに掲げる書類は、それぞれ第一条の規定による改正後の警備業法施行規則（以下「新令」という。）第四条第一項第一号ロに掲げる書類（同号ヘに規定する警備業者の相続人である未成年者で警備業に関し営業の許可を受けていないものの法定代理人に係るものを含む。）及び同項第二号ハに掲げる書類とみなす。

第三条　この府令の施行の際現に警備業法第六条第三項の規定により申請されている認定証の書換えについては、新令第十七条の二の規定にかかわらず、なお従前の例による。

第四条　附則第一条第二号に掲げる規定の施行の際現に警備業法第十一条の九及び第十二条の規定により備えている旧令第四十五条第一項第五号に掲げる事項を記載した書類並びに旧令第四十六条第一項第一号及び第二号に掲げる書類は、それぞれ

附　則〔平成一六年五月二六日法律第五〇号抄〕

（施行期日）

第一条　この法律は、公布の日から起算して一年六

新令第四十五条第一項第五号に掲げる事項を記載した書類並びに新令第四十六条第一項第一号及び第二号に掲げる書類とみなす。

第五条　旧令別記様式による書面は、この府令の施行の日から起算して六月を経過する日までの間は、それぞれ対応する新令別記様式（新令別記様式第一号、別記様式第四号及び別記様式第六号にあっては、附則第一条第一号に定める日以後は、それぞれ第二条の規定による改正後の警備業法施行規則別記様式第一号、別記様式第四号及び別記様式第六号）による書面とみなす。

附　則〔平成一七年三月四日内閣府令第一六号〕

この府令は、不動産登記法の施行の日（平成十七年三月七日）から施行する。

附　則〔平成一七年一一月一八日内閣府令第一〇二号〕

（施行期日）

第一条　この府令は、警備業法の一部を改正する法

月を超えない範囲内において政令で定める日から施行する。
〔平成一七政二四三により、平成一七・一一・二一から施行〕

（経過措置）

第二条 この法律による改正後の警備業法（以下「新法」という。）第十八条の規定の適用については、この法律の施行の日（以下「施行日」という。）から六月を経過する日までの間は、同条中「警備員」とあるのは、「警備員又は警備業法の一部を改正する法律（平成十六年法律第五十号）による改正前の警備業法第十一条の二の規定による検定に合格した警備員」とする。

第三条 新法第十九条第二項の規定は、この法律の施行前に締結した警備業務を行う契約については、適用しない。

第四条 この法律の施行の際現にこの法律による改正前の警備業法（以下「旧法」という。）第四条

律（以下「改正法」という。）の施行の日（平成十七年十一月二十一日。以下「施行日」という。）から施行する。ただし、第二条の規定は、会社法（平成十七年法律第八十六号）の施行の日（平成一八・五・一）から施行する。

（経過措置）

第二条 改正法附則第四条の届出書は、次の各号に掲げる都道府県公安委員会（以下「公安委員会」という。）に、それぞれ当該各号に定める警察署長を経由して提出するものとする。

一 主たる営業所の所在地を管轄する公安委員会 主たる営業所の所在地の所轄警察署長

二 主たる営業所の所在する都道府県以外の都道府県の区域内に営業所を設けている場合において、当該営業所の所在地を管轄する公安委員会

この府令による改正後の警備業法施行規則（以下「新令」という。）第十一条第二項の規

の規定による都道府県公安委員会（以下「公安委員会」という。）の認定を受けて警備業を営んでいる者は、施行日から六月を経過する日までの間に、公安委員会に新法第五条第一項第二号及び第三号に掲げる事項（同項第二号に掲げる事項にあっては、当該営業所において取り扱う警備業務の区分に限る。）を記載した届出書を提出しなければならない。

第五条　旧法第十一条の二の規定による検定に合格した者は、国家公安委員会規則で定めるところにより公安委員会が行う審査に合格したときは、新法第二十三条第一項の検定に合格した者とみなす。

第六条　旧法第十一条の三第二項の規定により交付された警備員指導教育責任者資格者証は、施行日から二年を経過する日までの間は、新法第二条第一項各号の警備業務の区分に係る新法第二十二条

定により経由すべきこととされた警察署長

三　主たる営業所の所在する都道府県以外の都道府県の区域内で警備業務（新令第十四条に規定する警備業務を除く。）を行っている場合（当該区域内に営業所を設けている場合を除く。）において、当該都道府県の区域を管轄する公安委員会　新令第十一条第二項の規定により経由すべきこととされた警察署長

2　前項の届出書の様式は、別記様式のとおりとする。

（注）別記様式省略

3　第一項第一号又は第二号に掲げる公安委員会に提出することとする届出書には、新令第四条第一項第三号に掲げる書類（同項第一号ハ及びニに掲げる書類については、第一項第一号に掲げる公安委員会に届出書を提出する場合に限る。）を添付しなければならない。ただし、施行日において現

第二項の規定により交付された警備員指導教育責任者資格者証とみなす。

第七条　施行日前に旧法又はこれに基づく命令の規定によりした処分、手続その他の行為は、この附則に別段の定めがあるものを除き、新法又はこれに基づく命令の相当の規定によりした処分、手続その他の行為とみなす。

第八条　附則第四条の規定に違反して届出をせず、又は同条の届出書に虚偽の記載をして提出した者は、三十万円以下の罰金に処する。

第九条　この法律の施行前にした行為に対する罰則の適用については、なお従前の例による。

（政令への委任）

第十条　附則第二条から前条までに定めるもののほか、この法律の施行に関し必要な経過措置は、政令で定める。

（検討）

第十一条　政府は、この法律の施行後五年を経過し

に警備員指導教育責任者に選任されている者に係る新令第四条第一項第三号に掲げる書類については、添付することを要しない。

4　施行日から六月を経過する日までの間に、改正法による改正後の警備業法第七条第一項の更新を申請した者は、第一項第一号に掲げる公安委員会に対する改正法附則第四条の届出書を提出したものとみなす。

第三条　改正法による改正前の警備業法第十一条の三第二項の規定により交付された指導教育責任者資格者証の書換え及び再交付については、この府令の施行の日から起算して二年を経過する日までの間は、なお従前の例による。

附　則〔平成二〇年八月一日内閣府令第四八号〕

この府令は、一般社団法人及び一般財団法人に関する法律の施行の日（平成二十年十二月一日）から施行する。

た場合において、新法第十八条、第十九条及び第二十二条の規定の施行の状況を勘案し、必要があると認めるときは、当該規定に検討を加え、その結果に基づいて必要な措置を講ずるものとする。

附　則〔平成一六年一二月一日法律第一四七号抄〕

（施行期日）

第一条　この法律は、公布の日から起算して六月を超えない範囲内において政令で定める日から施行する。

〔平成一七政三六により、平成一七・四・一から施行〕

附　則〔平成一七年七月一五日法律第八三号抄〕

（施行期日）

第一条　この法律は、平成十九年四月一日から施行する。〔以下略〕

附　則〔平成一七年七月二六日法律第八七号〕

この法律は、会社法の施行の日〔平成一八・五・一〕から施行する。〔以下略〕

附　則〔平成二三年六月三日法律第六一号抄〕

（施行期日）

第一条　この法律は、公布の日から起算して六月を超えない範囲内において政令で定める日（以下「施行日」という。）から施行する。〔以下略〕

〔平成二三政三九五により、平成二四・四・一から施行〕

附　則〔平成二四年三月一六日内閣府令第七号〕

この府令は、民法等の一部を改正する法律の施行の日（平成二十四年四月一日）から施行する。

附　則〔平成二四年六月一八日内閣府令第三九号抄〕

（施行期日）

第一条　この府令は、出入国管理及び難民認定法及び日本国との平和条約に基づき日本の国籍を離脱した者等の出入国管理に関する特例法の一部を改正する等の法律（平成二十一年法律第七十九号。以下「改正法」という。）の施行の日（平成二十四年七月九日）から施行する。

第四条　この府令の施行の日前にした行為に対する罰則の適用については、なお従前の例による。

附　則〔平成二八年二月一八日内閣府令第七号〕

(施行期日)

1　この府令は、地方自治法の一部を改正する法律の施行の日（平成二十八年四月一日）から施行する。

(経過措置)

2　この府令による改正前の警備業法施行規則に規定する様式による書面については、この府令による改正後の警備業法施行規則に規定する様式にかかわらず、当分の間、なおこれを使用することができる。

附　則〔令和元年五月二四日内閣府令第五号〕

この府令は、公布の日から施行する。

附　則〔令和元年六月二一日内閣府令第一二号〕

(施行期日)

1　この府令は、令和元年七月一日から施行する。

(経過措置)

2　この府令による改正前の〔中略〕警備業法施行規則〔中略〕に規定する様式による書面については、この府令による改正後の〔中略〕警備業法施行規則〔中略〕に規定する様式にかかわらず、当分の間、なおこれを使用することができる。

附　則〔令和元年八月三〇日内閣府令第二四号〕

（施行期日）

第一条　この府令は、公布の日から施行する。

（経過措置）

第二条　この府令の施行の際現に警備業法第四十五条の規定により備えているこの府令による改正前の警備業法施行規則（以下「旧令」という。）第六十六条第一項第五号及び第六号に掲げる書類（この府令の施行の日前に終了した教育期（旧令第三十八条第二項の表の二の項の下欄に規定する教育期をいう。次項において同じ。）に係るものに限る。）についてのこの府令による改正後の警備業法施行規則（以下「新令」という。）第六十六条第二項の規定の適用については、なお従前の例による。

2　この府令の施行の際現に警備業法第四十五条の規定により備えている旧令第六十六条第一項第五号に掲げる教育計画書（この府令の施行の日の属する教育期に係るものに限る。）についての新令

附　則　〔令和元年六月一四日法律第三七号抄〕

（施行期日）

第六十六条第二項の規定の適用については、同項中「当該年度が終了した後においても、その終了の日」とあるのは、「警備業法施行規則の一部を改正する内閣府令（令和元年内閣府令第二十四号）の施行の日の前日」とする。

第三条　この府令の施行の日の属する年度の新令第六十六条第一項第五号に掲げる教育計画書についての同条第三項の規定の適用については、同項中「当該年度の開始の日の三十日前までに備えておかなければ」とあるのは、「警備業法施行規則の一部を改正する内閣府令（令和元年内閣府令第二十四号）の施行の日の翌日から起算して三月以内に備えなければ」とする。

第四条　この府令の施行前にした行為及び附則第二条第一項の規定によりなお従前の例によることとされる場合におけるこの府令の施行後にした行為に対する罰則の適用については、なお従前の例による。

附　則　〔令和元年一〇月二四日内閣府令第三六号抄〕

第一条　この法律は、公布の日から起算して三月を経過した日から施行する。ただし、次の各号に掲げる規定は、当該各号に定める日から施行する。

一　〔前略〕次条並びに附則第三条及び第六条の規定　公布の日

二　〔前略〕第二章第二節〔中略〕の規定　公布の日から起算して六月を経過した日

三・四　〔略〕

（行政庁の行為等に関する経過措置）

第二条　この法律（前条各号に掲げる規定にあっては、当該規定。以下この条及び次条において同じ。）の施行の日前に、この法律による改正前の法律又はこれに基づく命令の規定（欠格条項その他の権利の制限に係る措置を定めるものに限る。）に基づき行われた行政庁の処分その他の行為及び当該規定により生じた失職の効力については、なお従前の例による。

（罰則に関する経過措置）

第三条　この法律の施行前にした行為に対する罰則の適用については、なお従前の例による。

（施行期日）

1　この府令は、成年被後見人等の権利の制限に係る措置の適正化等を図るための関係法律の整備に関する法律附則第一条第二号に掲げる規定の施行の日（令和元年十二月十四日）から施行する。

〔以下略〕

（検討）
第七条　政府は、会社法（平成十七年法律第八十六号）及び一般社団法人及び一般財団法人に関する法律（平成十八年法律第四十八号）における法人の役員の資格を成年被後見人又は被保佐人であることを理由に制限する旨の規定について、この法律の公布後一年以内を目途として検討を加え、その結果に基づき、当該規定の削除その他の必要な法制上の措置を講ずるものとする。

附　則〔令和二年一二月二八日内閣府令第八五号〕

（施行期日）
第一条　この府令は、公布の日から施行する。

（経過措置）
第二条　この府令による改正前の様式（次項において「旧様式」という。）により使用されている書類は、当分の間、この府令による改正後の様式によるものとみなす。

2　旧様式による用紙については、当分の間、これを取り繕って使用することができる。

附　則〔令和三年一二月一七日内閣府令第七五号〕

（施行期日）

1　この内閣府令は、民法の一部を改正する法律の施行の日（令和四年四月一日）から施行する。

（経過措置）

2　民法の一部を改正する法律附則第二条第三項の規定又は同法附則第三条第三項の規定によりなおその効力を有することとされた同法による改正前の民法（明治二十九年法律第八十九号）第七百五十三条の規定により成年に達したものとみなされた十八歳未満の者は、第一条の規定による改正後の警備業法施行規則第四条第一項及び第二項、第二条の規定による改正後の風俗営業等の規制及び業務の適正化等に関する法律に基づく許可申請書の添付書類等に関する内閣府令第一条並びに第三条の規定による改正後の探偵業の業務の適正化に関する法律施行規則第二条第三項の規定の適用については、これらの規定に規定する未成年者には含まれないものとする。

附　則〔令和四年六月一七日法律第六八号抄〕

（施行期日）

1　この法律は、刑法等一部改正法〔令和四年法律第六十七号〕施行日〔令和七・六・一〕から施行する。ただし、次の各号に掲げる規定は、当該各号に定める日から施行する。

一　第五百九条の規定　公布の日

二　〔略〕

刑法等の一部を改正する法律の施行に伴う関係法律の整理等に関する法律〔抄〕

〔令和四・六・一七法律六十八〕

（罰則の適用等に関する経過措置）

第四百四十一条　刑法等の一部を改正する法律（令和四年法律第六十七号。以下「刑法等一部改正法」という。）及びこの法律（以下「刑法等一部改正法等」という。）の施行前にした行為の処罰については、次章に別段の定めがあるもののほか、なお従前の例による。

2　刑法等一部改正法等の施行後にした行為に対して、他の法律の規定によりなお従前の例によることされ、なお効力を有することとされ又は改正前若しくは廃止前の法律の規定の例によることとされる罰則を適用する場合において、当該罰則に定める刑（刑法施行法第十九条第一項の規定又は第八十二条の規定による改正後の沖縄の復帰に伴う特別措置に関する法律第二十五条第四項の規定の適用後のものを含む。）に刑法等一部改正法第二条の規定による改正前の刑法（明治四十年法律第四十五号。以下この項において「旧刑法」という。）第十二条に規定する懲役（以下「懲役」という。）、旧刑法第十三条に規定する禁錮（以下「禁錮」という。）又は旧刑法第十六条に規定する拘留（以下「旧拘留」という。）が含まれるときは、当該刑のうち無期の懲役又は禁錮はそれぞれ無期拘禁刑と、有期の懲役又は禁錮はそれぞれその刑と長期及び短期（刑法施行法第二十条の規定の適用後のものを含む。）を同じくする有期拘禁刑と、旧拘留は長期及び短期（刑法施行法第二十条の規定の適用後のものを含む。）を同じくする拘留とする。

（裁判の効力とその執行に関する経過措置）

第四百四十二条　懲役、禁錮及び旧拘留の確定裁判の効力並びにその執行については、次章に別段の定めがあるもののほか、なお従前の例による。

（人の資格に関する経過措置）

第四百四十三条　懲役、禁錮又は旧拘留に処せられた者に係る人の資格に関する法令の規定の適用については、無期の懲役又は禁錮に処せられた者はそれぞれ無期拘禁刑に処せられた者と、有期の懲役又は禁錮に処せられた者はそれぞれ刑期を同じくする有期拘禁刑に処せられた者と、旧拘留に処せられた者は拘留に処せられた者とみなす。

2　拘禁刑又は拘留に処せられた者に係る他の法律の規定によりなお従前の例によることとされ、なお効力を有することとされ又は改正前若しくは廃止前の法律の規定の例によることとされる人の資格に関する法令の規定の適用については、無期拘禁刑に処せられた者は無期禁錮に処せられた者と、有期拘禁刑に処せられた者は刑期を同じくする有期禁錮に処せられた者と、拘留に処せられた者は刑期を同じくする旧拘留に処せられた者とみなす。

（経過措置の政令への委任）
第五百九条　この編に定めるもののほか、刑法等一部改正法等の施行に伴い必要な経過措置は、政令で定める。

附　則〔令和五年六月一六日法律第六三号抄〕

（施行期日）
第一条　この法律は、公布の日から起算して一年を超えない範囲内において政令で定める日から施行する。ただし、次の各号に掲げる規定は、当該各号に定める日から施行する。〔令和五政二八四により、令和六・四・一から施行〕

一　〔前略〕附則第七条〔中略〕の規定　公布の日

二　〔略〕

（警備業法の一部改正に伴う経過措置）
第三条　この法律の施行の際現に警備業法第四条の認定を受けている者に係る当該認定の有効期間は、第三十五条の規定による改正後の警備業法（次項において「新警備業法」という。）第五条

附　則〔令和五年一二月二五日内閣府令第八五号〕

この府令は、公布の日から施行する。

附　則〔令和六年一月三一日内閣府令第六号〕

（施行期日）
第一条　この府令は、デジタル社会の形成を図るための規制改革を推進するためのデジタル社会形成基本法等の一部を改正する法律の施行の日（令和六年四月一日）から施行する。〔以下略〕

（経過措置）
第二条　この府令による改正前の様式（第二条の規定による改正前の警備業法施行規則別記様式第二号及び第三条の規定による改正前の探偵業の業務の適正化に関する法律施行規則別記様式第四号を除く。次項において「旧様式」という。）により使用されている書類は、当分の間、この府令によ

第四項の規定にかかわらず、当該者がこの法律の施行の際現に交付されている認定証の有効期間の残存期間と同一の期間とする。

2　この法律の施行前にされた第三十五条の規定による改正前の警備業法第七条第一項の規定による認定証の有効期間の更新の申請であって、この法律の施行の際、更新をするかどうかの処分がなされていないものは、新警備業法第七条第一項の規定による認定の有効期間の更新の申請とみなす。

3　この法律の施行前にした行為を理由とする警備業法第四十九条第一項の規定による営業の停止の命令については、なお従前の例による。

（罰則に関する経過措置）

第六条　この法律の施行前にした行為に対する罰則の適用については、なお従前の例による。

（政令への委任）

第七条　この附則に定めるもののほか、この法律の施行に関し必要な経過措置（罰則に関する経過措置を含む。）は、政令で定める。

る改正後の様式によるものとみなす。

2　旧様式による用紙については、当分の間、これを取り繕って使用することができる。

附　則〔令和六年六月二七日内閣府令第六一号〕

（施行期日）

第一条　この府令は、公布の日から施行する。

（経過措置）

第二条　この府令による改正前の様式（次項において「旧様式」という。）により使用されている書類は、当分の間、この府令による改正後の様式によるものとみなす。

2　旧様式による用紙については、当分の間、これを取り繕って使用することができる。

別表（第二十六条関係）

科目	施設及び設備	講師
一　警備業務に関する法令	一　講義室 二　この法律その他警備業務に関する視聴覚教材 三　視聴覚教材を使用するために必要な設備 四　法令集その他の書籍	一　学校教育法（昭和二十二年法律第二十六号）による大学において行政法学を担当する教授若しくは准教授の職にあり、又はこれらの職にあつた者 二　第二十二条第二項の警備員指導教育責任者資格者証の交付を受けている者であつて、警備員を指導し、及び教育する業務に通算して三年以上従事した経験を有するもの 三　前二号に掲げる者と同等以上の能力を有する者
二　警備業務の実施の方法	一　講義室 二　訓練施設 三　護身用具 四　携帯用無線装置 五　警備業務用車両 六　金属探知機 七　エックス線透視装置 八　侵入検知装置 九　遠隔監視装置 十　交通誘導用器材	一　第二十二条第二項の警備員指導教育責任者資格者証の交付を受けている者であつて、警備員を指導し、及び教育する業務に通算して三年以上従事した経験を有するもの 二　前号に掲げる者と同等以上の能力を有する者
三　事故発生時の対処要領	一　講義室 二　訓練施設 三　護身用具 四　携帯用拡声器 五　応急救護用器材	

備考　二の項の中欄第六号から第九号までに掲げる設備は、視聴覚教材をもつて代えることができる。

別記様式第１号（第３条関係）

※　資料区分		※　受理警察署	（　　　署）
※　受理番号		※　受理年月日	年　月　日
※　認定公安委員会		※　認定年月日	年　月　日
※　認定の番号		※　更新年月日	年　月　日

認定
認定更新　申請書

警備業法第５条第１項／第７条第１項の規定により認定／認定の有効期間の更新の申請をします。

年　月　日

公安委員会　殿

申請者の氏名又は名称及び住所

（フリガナ） 氏名又は名称	
住　所	電話　（　）　―　番　※
法人等の種別	１．個人　２．株式会社　３．持分会社　４．財団法人　５．社団法人 ９．その他

（申請者が個人の場合のみ記載）

生年月日	明治	大正	昭和	平成	令和	年	月	日	※
	1	2	3	4	5				

（認定証の有効期間の更新の申請の場合のみ記載）

現に受けている認定をした公安委員会の名称	公安委員会
現に受けている認定の番号	

別紙１（1）当該都道府県の区域内に設けようとする営業所

※　資料区分		※　認定公安委員会	
※　認定の番号		※　受理警察署	
※　警備業者名			

主たる営業所	名　　称				※
	所 在 地	電話　（　　）　—　　番			※
	設 置 年 月 日	年　月　日			
	警備業務の区分	1号	2号	3号	4号
	警備業務の種別	1.住宅に係る機械警備業務　4.施設警備業務 2.1.以外の機械警備業務　5.その他 3.空港保安警備業務	1.雑踏警備業務 2.交通誘導警備業務 3.その他	1.現金運搬警備業務　4.その他 2.1.以外の貴重品運搬警備業務 3.核燃料物質等危険物運搬警備業務	
	警備員指導教育責任者	(フリガナ) 氏　名		配置状況	1．専任 2．兼任
		住　所	電話　（　　）　—　　番		※
		生 年 月 日	明治・大正・昭和・平成・令和 1　2　3　4　5	年　月　日	
		選任に係る警備業務の区分		1号　2号　3号　4号	
		選任に係る資格者証を交付した公安委員会の名称		公安委員会	※
		選任に係る資格者証の番号			
その他の営業所	名　　称				※
	所 在 地	電話　（　　）　—　　番			※
	設 置 年 月 日	年　月　日			
	警備業務の区分	1号	2号	3号	4号
	警備業務の種別	1.住宅に係る機械警備業務　4.施設警備業務 2.1.以外の機械警備業務　5.その他 3.空港保安警備業務	1.雑踏警備業務 2.交通誘導警備業務 3.その他	1.現金運搬警備業務　4.その他 2.1.以外の貴重品運搬警備業務 3.核燃料物質等危険物運搬警備業務	
	警備員指導教育責任者	(フリガナ) 氏　名		配置状況	1．専任 2．兼任
		住　所	電話　（　　）　—　　番		※
		生 年 月 日	明治・大正・昭和・平成・令和 1　2　3　4　5	年　月　日	
		選任に係る警備業務の区分		1号　2号　3号　4号	
		選任に係る資格者証を交付した公安委員会の名称		公安委員会	※
		選任に係る資格者証の番号			

別紙１（２）当該都道府県の区域外に設けようとする営業所で、当該都道府県の区域内で行おうとする警備業務に係るもの

その他の営業所	名　　称					
	所 在 地	電話　（　　）　―　　番				※
	当該区域内における警備業務の開始年月日			年　　月　　日		
	警備業務の区分	１号	２号	３号		４号
	警備業務の種別	1.住宅に係る機械警備業務 4.施設警備業務 2.1.以外の機械警備業務 5.その他 3.空港保安警備業務	1.雑踏警備業務 2.交通誘導警備業務 3.その他	1.現金運搬警備業務 4.その他 2.1.以外の貴重品運搬警備業務 3.核燃料物質等危険物運搬警備業務		
	警備員指導教育責任者	（フリガナ） 氏　名			配置状況	1．専任 2．兼任
		住　所	電話　（　　）　―　　番			※
		生年月日	明治 大正 昭和 平成 令和 1 2 3 4 5	年　月　日		
		選任に係る警備業務の区分		１号　２号　３号　４号		
		選任に係る資格者証を交付した公安委員会の名称		公安委員会		
		選任に係る資格者証の番号				

その他の営業所	名　　称					
	所 在 地	電話　（　　）　―　　番				※
	当該区域内における警備業務の開始年月日			年　　月　　日		
	警備業務の区分	１号	２号	３号		４号
	警備業務の種別	1.住宅に係る機械警備業務 4.施設警備業務 2.1.以外の機械警備業務 5.その他 3.空港保安警備業務	1.雑踏警備業務 2.交通誘導警備業務 3.その他	1.現金運搬警備業務 4.その他 2.1.以外の貴重品運搬警備業務 3.核燃料物質等危険物運搬警備業務		
	警備員指導教育責任者	（フリガナ） 氏　名			配置状況	1．専任 2．兼任
		住　所	電話　（　　）　―　　番			※
		生年月日	明治 大正 昭和 平成 令和 1 2 3 4 5	年　月　日		
		選任に係る警備業務の区分		１号　２号　３号　４号		
		選任に係る資格者証を交付した公安委員会の名称		公安委員会		
		選任に係る資格者証の番号				

別紙１（３）当該都道府県の区域外に設けようとする営業所で、当該都道府県の区域内で行おうとする警備業務に係らないもの

その他の営業所	名称					
	所在地	電話　（　　）　—　　番				
	警備業務の区分	1号	2号	3号	4号	
	警備業務の種別	1.住宅に係る機械警備業務　4.施設警備業務 2.1.以外の機械警備業務　5.その他 3.空港保安警備業務	1.雑踏警備業務 2.交通誘導警備業務 3.その他	1.現金運搬警備業務　4.その他 2.1.以外の貴重品運搬警備業務 3.核燃料物質等危険物運搬警備業務		
	警備員指導教育責任者	(フリガナ) 氏名		配置状況	1．専任 2．兼任	
		住所	電話　（　　）　—　　番	※		
		生年月日	明治 大正 昭和 平成 令和 1 2 3 4 5	年	月	日
		選任に係る警備業務の区分	1号　2号　3号　4号			
		選任に係る資格者証を交付した公安委員会の名称	公安委員会			
		選任に係る資格者証の番号				
その他の営業所	名称					
	所在地	電話　（　　）　—　　番				
	警備業務の区分	1号	2号	3号	4号	
	警備業務の種別	1.住宅に係る機械警備業務　4.施設警備業務 2.1.以外の機械警備業務　5.その他 3.空港保安警備業務	1.雑踏警備業務 2.交通誘導警備業務 3.その他	1.現金運搬警備業務　4.その他 2.1.以外の貴重品運搬警備業務 3.核燃料物質等危険物運搬警備業務		
	警備員指導教育責任者	(フリガナ) 氏名		配置状況	1．専任 2．兼任	
		住所	電話　（　　）　—　　番	※		
		生年月日	明治 大正 昭和 平成 令和 1 2 3 4 5	年	月	日
		選任に係る警備業務の区分	1号　2号　3号　4号			
		選任に係る資格者証を交付した公安委員会の名称	公安委員会			
		選任に係る資格者証の番号				

別紙2（申請者が法人の場合のみ記載）

※　資料区分	

代表者	（フリガナ） 氏　　名					
	住　　所	電話　（　　）　—　番				
	生年月日	明治 大正 昭和 平成 令和 1 2 3 4 5	年	月	日	※
役員	役　　職	1．取締役又は執行役　2．監査役　3．業務を執行する社員　4．理事　5．監事　9．その他				
	（フリガナ） 氏　　名					
	住　　所	電話　（　　）　—　番				
	生年月日	明治 大正 昭和 平成 令和 1 2 3 4 5	年	月	日	※
役員	役　　職	1．取締役又は執行役　2．監査役　3．業務を執行する社員　4．理事　5．監事　9．その他				
	（フリガナ） 氏　　名					
	住　　所	電話　（　　）　—　番				
	生年月日	明治 大正 昭和 平成 令和 1 2 3 4 5	年	月	日	※
役員	役　　職	1．取締役又は執行役　2．監査役　3．業務を執行する社員　4．理事　5．監事　9．その他				
	（フリガナ） 氏　　名					
	住　　所	電話　（　　）　—　番				
	生年月日	明治 大正 昭和 平成 令和 1 2 3 4 5	年	月	日	※

記載要領

1　※印欄には、記載しないこと。

2　不要の文字は、横線で消すこと。ただし、数字を付した欄は、該当する数字を○で囲むこと（「警備業務の区分」欄及び「警備業務の種別」欄については、2以上の区分又は種別の警備業務を行う場合には、該当する数字すべてを○で囲むこととし、そのうち主として行うものについては、◎とすること。）。

3　営業所ごとの「警備業務の区分」欄及び「選任に係る警備業務の区分」欄中の「1号」とは法第2条第1項第1号の警備業務の区分を、「2号」とは同項第2号の警備業務の区分を、「3号」とは同項第3号の警備業務の区分を、「4号」とは同項第4号の警備業務の区分をいう。

4　「警備業務の種別」欄中の「現金運搬警備業務」とは、貴重品運搬警備業務のうち現金の運搬に係るものをいう。その他の用語の意義については、警備員等の検定等に関する規則（平成17年国家公安委員会規則第20号）第1条を参照すること。

5　所定の欄に記載し得ないときは、別紙に記載の上、これを添付すること。

備考

用紙の大きさは、日本産業規格A4とする。

別記様式第２号（第６条関係）

警備業者

認定をした公安委員会	公安委員会
認　定　の　番　号	第　　　　　　　　号
有　効　期　間	年　　　月　　　日から 年　　　月　　　日まで
氏名又は名称	
所　在　地	

記載要領　所在地欄には、主たる営業所の所在地を記載すること。

備　考　１　文字及び枠線の色彩は黒色、地の色彩は白色とする。

２　標識を営業所に掲示する場合には、用紙の大きさは、日本産業規格Ａ４とする。

別記様式第３号　削除

別記様式第４号（第11条関係）

※　資料区分		※　受理警察署	（　　　署）
※　受理番号		※　受理年月日	年　月　日
※　届出種別	１．管内営業所あり　２．管内営業所なし		
※　営業開始年月日	年　月　日		

営　業　所　設　置　等　届　出　書

警備業法第９条の規定により届出をします。

年　　月　　日

公安委員会　殿

届出者の氏名又は名称及び住所

（フリガナ） 氏名又は名称		
住　　所	電話　（　　）　—　　番	
認定をした公安委員会の名称	公安委員会	※
認定の番号		
主たる営業所　名　称		
主たる営業所　所在地	電話　（　　）　—　　番	

(注) 上記の「主たる営業所」欄には、主たる営業所が当該都道府県の区域外に所在し、かつ、当該都道府県の区域内で行おうとする警備業務に係らない場合に限って記載すること。なお、それ以外の場合の主たる営業所については、別紙１(1)又は(2)に記載すること。

別紙1（1）当該都道府県の区域内に設けようとする営業所

※　資料区分		※　認定公安委員会	
※　認定の番号		※　受理警察署	
※　警備業者名			

1主たる営業所　2その他の営業所	名　称					※
	所在地	電話（　　）　―　番				※
	設置年月日	年　月　日				
	警備業務の区分	1号	2号	3号		4号
	警備業務の種別	1.住宅に係る機械警備業務　4.施設警備業務 2.1.以外の機械警備業務　5.その他 3.空港保安警備業務	1.雑踏警備業務 2.交通誘導警備業務 3.その他	1.現金運搬警備業務　4.その他 2.1.以外の貴重品運搬警備業務 3.核燃料物質等危険物運搬警備業務		
	警備員指導教育責任者	(フリガナ) 氏　名			配置状況	1．専任 2．兼任
		住　所	電話（　　）　―　番			※
		生年月日	明治 1　大正 2　昭和 3　平成 4　令和 5	年　月　日		
		選任に係る警備業務の区分			1号　2号　3号　4号	
		選任に係る資格者証を交付した公安委員会の名称			公安委員会	※
		選任に係る資格者証の番号				
その他の営業所	名　称					※
	所在地	電話（　　）　―　番				※
	設置年月日	年　月　日				
	警備業務の区分	1号	2号	3号		4号
	警備業務の種別	1.住宅に係る機械警備業務　4.施設警備業務 2.1.以外の機械警備業務　5.その他 3.空港保安警備業務	1.雑踏警備業務 2.交通誘導警備業務 3.その他	1.現金運搬警備業務　4.その他 2.1.以外の貴重品運搬警備業務 3.核燃料物質等危険物運搬警備業務		
	警備員指導教育責任者	(フリガナ) 氏　名			配置状況	1．専任 2．兼任
		住　所	電話（　　）　―　番			※
		生年月日	明治 1　大正 2　昭和 3　平成 4　令和 5	年　月　日		
		選任に係る警備業務の区分			1号　2号　3号　4号	
		選任に係る資格者証を交付した公安委員会の名称			公安委員会	※
		選任に係る資格者証の番号				

別紙1（2）当該都道府県の区域内で行おうとする警備業務に係る営業所（当該都道府県の区域外に所在するものに限る。）

1 主たる営業所 2 その他の営業所	名　称				
	所在地	電話（　　）　―　　番			※
	当該区域内における警備業務の開始年月日		年　月　日		
	警備業務の区分	1号	2号	3号	4号
	警備業務の種別	1.住宅に係る機械警備業務 4.施設警備業務 2.1.以外の機械警備業務 5.その他 3.空港保安警備業務	1.雑踏警備業務 2.交通誘導警備業務 3.その他	1.現金運搬警備業務 4.その他 2.1.以外の貴重品運搬警備業務 3.核燃料物質等危険物運搬警備業務	
	警備員指導教育責任者	(フリガナ) 氏　名		配置状況	1．専任 2．兼任
		住　所 電話（　　）　―　　番			※
		生年月日	明治 大正 昭和 平成 令和 1　2　3　4　5	年　月　日	
		選任に係る警備業務の区分		1号　2号　3号　4号	
		選任に係る資格者証を交付した公安委員会の名称		公安委員会	
		選任に係る資格者証の番号			

その他の営業所	名　称				
	所在地	電話（　　）　―　　番			※
	当該区域内における警備業務の開始年月日		年　月　日		
	警備業務の区分	1号	2号	3号	4号
	警備業務の種別	1.住宅に係る機械警備業務 4.施設警備業務 2.1.以外の機械警備業務 5.その他 3.空港保安警備業務	1.雑踏警備業務 2.交通誘導警備業務 3.その他	1.現金運搬警備業務 4.その他 2.1.以外の貴重品運搬警備業務 3.核燃料物質等危険物運搬警備業務	
	警備員指導教育責任者	(フリガナ) 氏　名		配置状況	1．専任 2．兼任
		住　所 電話（　　）　―　　番			※
		生年月日	明治 大正 昭和 平成 令和 1　2　3　4　5	年　月　日	
		選任に係る警備業務の区分		1号　2号　3号　4号	
		選任に係る資格者証を交付した公安委員会の名称		公安委員会	
		選任に係る資格者証の番号			

別紙2（届出者が法人の場合のみ記載）

代表者	(フリガナ)	
	氏　名	
	住　所	
		電話　（　　）　―　番
役員	役　職	1.取締役又は執行役　2.監査役　3.業務を執行する社員　4.理事　5.監事　9.その他
	(フリガナ)	
	氏　名	
	住　所	
		電話　（　　）　―　番
役員	役　職	1.取締役又は執行役　2.監査役　3.業務を執行する社員　4.理事　5.監事　9.その他
	(フリガナ)	
	氏　名	
	住　所	
		電話　（　　）　―　番
役員	役　職	1.取締役又は執行役　2.監査役　3.業務を執行する社員　4.理事　5.監事　9.その他
	(フリガナ)	
	氏　名	
	住　所	
		電話　（　　）　―　番
役員	役　職	1.取締役又は執行役　2.監査役　3.業務を執行する社員　4.理事　5.監事　9.その他
	(フリガナ)	
	氏　名	
	住　所	
		電話　（　　）　―　番
役員	役　職	1.取締役又は執行役　2.監査役　3.業務を執行する社員　4.理事　5.監事　9.その他
	(フリガナ)	
	氏　名	
	住　所	
		電話　（　　）　―　番

記載要領

1　※印欄には、記載しないこと。

2　数字を付した欄は、該当する数字を○で囲むこと（「警備業務の区分」及び「警備業務の種別」欄については、２以上の区分又は種別の警備業務を行う場合には、該当する数字すべてを○で囲むこととし、そのうち主として行うものについては、◎とすること。）。

3　営業所ごとの「警備業務の区分」欄及び「選任に係る警備業務の区分」欄中の「１号」とは法第２条第１項第１号の警備業務の区分を、「２号」とは同項第２号の警備業務の区分を、「３号」とは同項第３号の警備業務の区分を、「４号」とは同項第４号の警備業務の区分をいう。

4　「警備業務の種別」欄中の「現金運搬警備業務」とは、貴重品運搬警備業務のうち現金の運搬に係るものをいう。その他の用語の意義については、警備員等の検定等に関する規則（平成17年国家公安委員会規則第20号）第１条を参照すること。

5　所定の欄に記載し得ないときは、別紙に記載の上、これを添付すること。

備考

用紙の大きさは、日本産業規格Ａ４とする。

別記様式第５号（第15条関係）

※　資料区分		※　受理警察署		（　　　　署）
※　受理番号		※　受理年月日		年　　月　　日

警備業廃止届出書

警備業法第10条第１項の規定により届出をします。

年　　月　　日

公安委員会　殿

届出者の氏名又は名称及び住所

（フリガナ） 氏名又は名称			
法人等の種別	１．個人　２．株式会社　３．持分会社　４．財団法人　５．社団法人 ９．その他		
認定をした公安委員会の名称	公安委員会	※	
認定の番号			
廃止の年月日	年　　月　　日		
廃止の事由			

記載要領
　１　※印欄には、記載しないこと。
　２　数字を付した欄は、該当する数字を○で囲むこと。

備考
　用紙の大きさは、日本産業規格Ａ４とする。

別記様式第６号（第17条関係）

※　資料区分			
※　受理警察署		（　　　　　署）	
※　受理番号		※　受理年月日	年　月　日

法第11条第１項変更届出書

警備業法第11条第１項の規定により届出をします。

年　月　日

公安委員会　殿

届出者の氏名又は名称及び住所

（フリガナ） 氏名又は名称		
認定をした公安委員会の名称		公安委員会　※
認定の番号		
主たる営業所	名称	
	所在地	電話　（　）　—　番
変更年月日		年　月　日
変更の事由		

（氏名又は名称に変更があった場合）

旧	（フリガナ） 氏名又は名称	
	法人等の種別	１．個人　２．株式会社　３．持分会社　４．財団法人　５．社団法人 ９．その他
新	（フリガナ） 氏名又は名称	
	法人等の種別	１．個人　２．株式会社　３．持分会社　４．財団法人　５．社団法人 ９．その他

（住所に変更があった場合）

旧	住所	
新	住所	電話　（　）　—　番　※

別紙１（１）現に設けている営業所の名称等に変更があつた場合

※　資料区分		※　認定公安委員会	
※　認定の番号		※　受理警察署	
※　警備業者名			
※　変更年月日	年　月　日		

変更に係る営業所	名　称	※			
	所在地 電話（　）　―　番	※			
	警備業務の区分	１号	２号	３号	４号
	警備業務の種別	1.住宅に係る機械警備業務　4.施設警備業務 2.1.以外の機械警備業務　5.その他 3.空港保安警備業務	1.雑踏警備業務 2.交通誘導警備業務 3.その他	1.現金運搬警備業務　4.その他 2.1.以外の貴重品運搬警備業務 3.核燃料物質等危険物運搬警備業務	
	種　別	１．主たる営業所　２．その他の営業所			

（営業所の名称、所在地又は当該営業所において取り扱う警備業務の区分に変更があつた場合）

旧	名　称				
	所在地				
	警備業務の区分	１号	２号	３号	４号
	警備業務の種別	1.住宅に係る機械警備業務　4.施設警備業務 2.1.以外の機械警備業務　5.その他 3.空港保安警備業務	1.雑踏警備業務 2.交通誘導警備業務 3.その他	1.現金運搬警備業務　4.その他 2.1.以外の貴重品運搬警備業務 3.核燃料物質等危険物運搬警備業務	
	種　別	１．主たる営業所　２．その他の営業所			

（警備員指導教育責任者に係る事項に変更があつた場合）

旧	（フリガナ） 氏　名		配置状況	１．専任 ２．兼任
	住　所			
	選任に係る警備業務の区分	１号　２号　３号　４号		
新	（フリガナ） 氏　名		配置状況	１．専任 ２．兼任
	住　所 電話（　）　―　番	※		
	生年月日	明治 大正 昭和 平成 令和 １　２　３　４　５	年　月　日	
	選任に係る警備業務の区分	１号　２号　３号　４号		
	選任に係る資格者証を交付した公安委員会の名称	公安委員会	※	
	選任に係る資格者証の番号			

別紙１（２）営業所を設けた場合

※　資料区分		※　認定公安委員会	
※　認定の番号		※　受理警察署	
※　警備業者名			
※　設置年月日	年　月　日		

（当該都道府県の区域内に設けた営業所）

名　　称				※	
所　在　地	電話　（　　）　—　　番			※	
警備業務の区分	１号	２号	３号		４号
警備業務の種別	1.住宅に係る機械警備業務　4.施設警備業務 2.1.以外の機械警備業務　5.その他 3.空港保安警備業務	1.雑踏警備業務 2.交通誘導警備業務 3.その他	1.現金運搬警備業務　4.その他 2.1.以外の貴重品運搬警備業務 3.核燃料物質等危険物運搬警備業務		
種　　別	１．主たる営業所　　２．その他の営業所				

警備員指導教育責任者	（フリガナ） 氏　名		配置状況	１．専任 ２．兼任
	住　所	電話　（　　）　—　　番	※	
	生年月日	明治１　大正２　昭和３　平成４　令和５　年　月　日		
	選任に係る警備業務の区分		１号　２号　３号　４号	
	選任に係る資格者証を交付した公安委員会の名称		公安委員会	※
	選任に係る資格者証の番号			

（当該都道府県の区域外に設けた営業所で、当該都道府県の区域内で行う警備業務に係るもの）

その他の営業所	名　　称				
	所在地	電話　（　　）　—　　番			
	当該区域内における警備業務の開始年月日	年　月　日			
	警備業務の区分	１号	２号	３号	４号
	警備業務の種別	1.住宅に係る機械警備業務　4.施設警備業務 2.1.以外の機械警備業務　5.その他 3.空港保安警備業務	1.雑踏警備業務 2.交通誘導警備業務 3.その他	1.現金運搬警備業務　4.その他 2.1.以外の貴重品運搬警備業務 3.核燃料物質等危険物運搬警備業務	
	警備員指導教育責任者	（フリガナ） 氏　名		配置状況	１．専任 ２．兼任
		住　所	電話　（　　）　—　　番		
		生年月日	明治１　大正２　昭和３　平成４　令和５　年　月　日		
		選任に係る警備業務の区分		１号　２号　３号　４号	
		選任に係る資格者証を交付した公安委員会の名称		公安委員会	
		選任に係る資格者証の番号			

(当該都道府県の区域外に設けた営業所で、当該都道府県の区域内で行う警備業務に係らないもの)

その他の営業所	名　　称					
	所在地	電話　　(　　)　　—　　番				
	警備業務の区分	1号	2号	3号		4号
	警備業務の種別	1.住宅に係る機械警備業務 4.施設警備業務 2.1.以外の機械警備業務 5.その他 3.空港保安警備業務	1.雑踏警備業務 2.交通誘導警備業務 3.その他	1.現金運搬警備業務 4.その他 2.1.以外の貴重品運搬警備業務 3.核燃料物質等危険物運搬警備業務		
	警備員指導教育責任者	(フリガナ) 氏　名		配置状況	1．専任 2．兼任	
		住　所	電話　　(　　)　　—　　番			
		生年月日	明治 1 / 大正 2 / 昭和 3 / 平成 4 / 令和 5	年　　月　　日		
		選任に係る警備業務の区分		1号　2号　3号　4号		
		選任に係る資格者証を交付した公安委員会の名称		公安委員会		
		選任に係る資格者証の番号				

別紙1（3）営業所を廃止した場合

※　資料区分		※　認定公安委員会	
※　認定の番号		※　受理警察署	
※　警備業者名			
※　廃止年月日	年　　月　　日		

(当該都道府県の区域内に設けていた営業所)

名　　称		※
所　在　地		※
種　　別	1．主たる営業所　　2．その他の営業所	

(当該都道府県の区域外に設けていた営業所で、当該都道府県の区域内で行つていた警備業務に係るもの)

名　　称	
所　在　地	
種　　別	1．主たる営業所　　2．その他の営業所

(当該都道府県の区域外に設けていた営業所で、当該都道府県の区域内で行つていた警備業務に係らないもの)

名　　称	
所　在　地	
種　　別	1．主たる営業所　　2．その他の営業所

別紙２　法人の代表者又は役員の氏名等に変更があつた場合

※　資料区分	

代表者	旧	(フリガナ) 氏　　名	
		住　　所	
		生年月日	明治 1・大正 2・昭和 3・平成 4・令和 5　年　月　日
	新	(フリガナ) 氏　　名	
		住　　所	電話　（　　）　—　番　※
		生年月日	明治 1・大正 2・昭和 3・平成 4・令和 5　年　月　日　※

役員	旧	役　　職	1．取締役又は執行役　2．監査役　3．業務を執行する社員　4．理事　5．監事　9．その他
		(フリガナ) 氏　　名	
		住　　所	
		生年月日	明治 1・大正 2・昭和 3・平成 4・令和 5　年　月　日
	新	役　　職	1．取締役又は執行役　2．監査役　3．業務を執行する社員　4．理事　5．監事　9．その他
		(フリガナ) 氏　　名	
		住　　所	電話　（　　）　—　番　※
		生年月日	明治 1・大正 2・昭和 3・平成 4・令和 5　年　月　日　※

(注)　役員の就任又は退任のみがあつた場合には、それぞれ上記の「新」欄又は「旧」欄の一方に記載すること。

記載要領

1　※印欄には、記載しないこと。

2　数字を付した欄は、該当する数字を○で囲むこと。(「警備業務の区分」欄及び「警備業務の種別」欄については、２以上の区分又は種別の警備業務を行う場合には、該当する数字すべてを○で囲むこととし、そのうち主として行うものについては、◎とすること。)。

3　営業所ごとの「警備業務の区分」欄及び「選任に係る警備業務の区分」欄中の「１号」とは法第２条第１項第１号の警備業務の区分を、「２号」とは同項第２号の警備業務の区分を、「３号」とは同項第３号の警備業務の区分を、「４号」とは同項第４号の警備業務の区分をいう。

4　「警備業務の種別」欄中の「現金運搬警備業務」とは、貴重品運搬警備業務のうち現金の運搬に係るものをいう。その他の用語の意義については、警備員等の検定等に関する規則（平成17年国家公安委員会規則第20号）第１条を参照すること。

5　所定の欄に記載し得ないときは、別紙に記載の上、これを添付すること。

備考

用紙の大きさは、日本産業規格Ａ４とする。

別記様式第７号（第21条関係）

※　資料区分			
※　受理警察署		（　　　　　署）	
※　受理番号		※　受理年月日	年　月　日
※　届出種別	１．管内営業所あり　２．管内営業所なし		

法 第 11 条 第 3 項 変 更 届 出 書

警備業法第11条第３項において準用する同条第１項の規定により届出をします。

年　　月　　日

公安委員会　殿

届出者の氏名又は名称及び住所

（フリガナ） 氏名又は名称		
認定をした公安委員会の名称	公安委員会	※
認定の番号		
主たる営業所　名称		
主たる営業所　所在地	電話（　　）　　—　　　番	
変更年月日	年　月　日	
変更の事由		

（認定をした公安委員会の名称又は認定の番号に変更があつた場合）

旧	認定をした公安委員会の名称	公安委員会
	認定の番号	

（警備業法施行規則第21条第２項第２号に掲げる場合に該当した場合）

変更に係る営業所	名称	
	所在地	※
	変更事項の種別	１．当該警備業務を行うこととなつたこと。　２．当該警備業務を行わないこととなつたこと。

別紙1　当該都道府県の区域内に所在する営業所の名称等に変更があつた場合

※　資料区分		※　認定公安委員会	
※　認定の番号		※　受理警察署	
※　警備業者名			
※　変更年月日	年　月　日		

<table>
<tr><td rowspan="4">変更に係る営業所</td><td>名　　称</td><td colspan="4">※</td></tr>
<tr><td>所　在　地</td><td colspan="4">電話（　　）　―　　番　※</td></tr>
<tr><td>警備業務の区分</td><td>1号</td><td>2号</td><td>3号</td><td>4号</td></tr>
<tr><td>警備業務の種別</td><td>1.住宅に係る機械警備業務　4.施設警備業務
2.1.以外の機械警備業務　5.その他
3.空港保安警備業務</td><td>1.雑踏警備業務
2.交通誘導警備業務
3.その他</td><td>1.現金運搬警備業務　4.その他
2.1.以外の貴重品運搬警備業務
3.核燃料物質等危険物運搬警備業務</td><td></td></tr>
</table>

<table>
<tr><td colspan="6">（営業所の名称、所在地又は当該営業所において取り扱う警備業務の区分に変更があつた場合）</td></tr>
<tr><td rowspan="5">旧</td><td>名　　称</td><td colspan="4"></td></tr>
<tr><td>所　在　地</td><td colspan="4"></td></tr>
<tr><td>警備業務の区分</td><td>1号</td><td>2号</td><td>3号</td><td>4号</td></tr>
<tr><td>警備業務の種別</td><td>1.住宅に係る機械警備業務　4.施設警備業務
2.1.以外の機械警備業務　5.その他
3.空港保安警備業務</td><td>1.雑踏警備業務
2.交通誘導警備業務
3.その他</td><td>1.現金運搬警備業務　4.その他
2.1.以外の貴重品運搬警備業務
3.核燃料物質等危険物運搬警備業務</td><td></td></tr>
<tr><td>種　　別</td><td colspan="4">1．主たる営業所　　2．その他の営業所</td></tr>
</table>

<table>
<tr><td colspan="4">（警備員指導教育責任者に係る事項に変更があつた場合）</td></tr>
<tr><td rowspan="3">旧</td><td>（フリガナ）
氏　　名</td><td></td><td>配置状況　1．専任　2．兼任</td></tr>
<tr><td>住　　所</td><td colspan="2"></td></tr>
<tr><td colspan="2">選任に係る警備業務の区分</td><td>1号　2号　3号　4号</td></tr>
<tr><td rowspan="7">新</td><td>（フリガナ）
氏　　名</td><td></td><td>配置状況　1．専任　2．兼任</td></tr>
<tr><td>住　　所</td><td colspan="2">電話（　　）　―　　番　※</td></tr>
<tr><td>生年月日</td><td colspan="2">明治1　大正2　昭和3　平成4　令和5　年　月　日</td></tr>
<tr><td colspan="2">選任に係る警備業務の区分</td><td>1号　2号　3号　4号</td></tr>
<tr><td colspan="2">選任に係る資格者証を交付した公安委員会の名称</td><td>公安委員会　※</td></tr>
<tr><td colspan="2">選任に係る資格者証の番号</td><td></td></tr>
</table>

別紙２　当該都道府県の区域内において営業所を設け又は廃止した場合

※　資料区分			※　認定公安委員会	
※　認定の番号			※　受理警察署	
※　警備業者名				
※　設置年月日		年	月	日
※　廃止年月日		年	月	日

（営業所を設けた場合）

その他の営業所	名　称					※
	所在地	電話　（　　）　―　　番				※
	警備業務の区分	１号	２号	３号		４号
	警備業務の種別	1.住宅に係る機械警備業務　4.施設警備業務 2.1.以外の機械警備業務　5.その他 3.空港保安警備業務	1.雑踏警備業務 2.交通誘導警備業務 3.その他	1.現金運搬警備業務　4.その他 2.1.以外の貴重品運搬警備業務 3.核燃料物質等危険物運搬警備業務		
	警備員指導教育責任者	（フリガナ） 氏　名			配置状況	１．専任 ２．兼任
		住　所	電話　（　　）　―　　番			
		生年月日	明治 大正 昭和 平成 令和 1　2　3　4　5	年　月　日		
		選任に係る警備業務の区分		１号　２号　３号　４号		
		選任に係る資格者証を交付した公安委員会の名称		公安委員会		※
		選任に係る資格者証の番号				

（営業所を廃止した場合）

名　称		※
所在地		※
種　別	１．主たる営業所　２．その他の営業所	

別紙３　当該都道府県の区域内で行う警備業務に係る営業所（当該都道府県の区域外に所在するものに限る。）の名称等に変更があつた場合

※　資料区分	

変更に係る営業所	名　　　称				
	所　在　地	電話　（　　）　―　　番　※			
	警備業務の区分	1号	2号	3号	4号
	警備業務の種別	1.住宅に係る機械警備業務 4.施設警備業務 2.1.以外の機械警備業務　5.その他 3.空港保安警備業務	1.雑踏警備業務 2.交通誘導警備業務 3.その他	1.現金運搬警備業務　4.その他 2.1.以外の貴重品運搬警備業務 3.核燃料物質等危険物運搬警備業務	
	種　　　別	1．主たる営業所　　2．その他の営業所			

（営業所の名称、所在地又は当該営業所において取り扱う警備業務の区分に変更があつた場合）

旧	名　　　称				
	所　在　地				
	警備業務の区分	1号	2号	3号	4号
	警備業務の種別	1.住宅に係る機械警備業務 4.施設警備業務 2.1.以外の機械警備業務　5.その他 3.空港保安警備業務	1.雑踏警備業務 2.交通誘導警備業務 3.その他	1.現金運搬警備業務　4.その他 2.1.以外の他の貴重品運搬警備業務 3.核燃料物質等危険物運搬警備業務	
	種　　　別	1．主たる営業所　　2．その他の営業所			

（警備員指導教育責任者に係る事項に変更があつた場合）

旧	（フリガナ） 氏　　　名		配　置 状　況	1．専任 2．兼任
	住　　　所			
	選任に係る警備業務の区分	1号　　2号　　3号　　4号		
新	（フリガナ） 氏　　　名		配　置 状　況	1．専任 2．兼任
	住　　　所	電話　（　　）　―　　番　※		
	生　年　月　日	明治 大正 昭和 平成 令和 1　2　3　4　5　年　月　日		
	選任に係る警備業務の区分	1号　　2号　　3号　　4号		
	選任に係る資格者証を交付した公安委員会の名称	公安委員会		
	選任に係る資格者証の番号			

別紙４　当該都道府県の区域内で、当該都道府県の区域外に所在する営業所に係る警備業務を行い又は行わないこととなつた場合

※　資料区分	

（当該警備業務を行うこととなつた場合）

<table>
<tr><td rowspan="5">変更に係る営業所</td><td>名　　称</td><td colspan="4"></td></tr>
<tr><td>所在地</td><td colspan="4">電話　（　　）　―　　番　※</td></tr>
<tr><td>警備業務の区分</td><td>１号</td><td>２号</td><td>３号</td><td>４号</td></tr>
<tr><td>警備業務の種別</td><td>1.住宅に係る機械警備業務　4.施設警備業務
2.1.以外の機械警備業務　5.その他
3.空港保安警備業務</td><td>1.雑踏警備業務
2.交通誘導警備業務
3.その他</td><td>1.現金運搬警備業務　4.その他
2.1.以外の貴重品運搬警備業務
3.核燃料物質等危険物運搬警備業務</td><td></td></tr>
</table>

<table>
<tr><td rowspan="7">警備員指導教育責任者</td><td>（フリガナ）
氏　名</td><td colspan="2"></td><td>配置状況</td><td>1．専任
2．兼任</td></tr>
<tr><td>住　所</td><td colspan="4">電話　（　　）　―　　番　※</td></tr>
<tr><td>生年月日</td><td colspan="4">明治 1　大正 2　昭和 3　平成 4　令和 5　　年　月　日</td></tr>
<tr><td colspan="2">選任に係る警備業務の区分</td><td colspan="3">１号　２号　３号　４号</td></tr>
<tr><td colspan="2">選任に係る資格者証を交付した公安委員会の名称</td><td colspan="3">公安委員会</td></tr>
<tr><td colspan="2">選任に係る資格者証の番号</td><td colspan="3"></td></tr>
</table>

（当該警備業務を行わないこととなつた場合）

<table>
<tr><td rowspan="3">変更に係る営業所</td><td>名　　称</td><td></td></tr>
<tr><td>所　在　地</td><td>※</td></tr>
<tr><td>種　　別</td><td>１．主たる営業所　　２．その他の営業所</td></tr>
</table>

記載要領

1　※印欄には、記載しないこと。

2　数字を付した欄は、該当する数字を○で囲むこと。（「警備業務の区分」欄及び「警備業務の種別」欄については、２以上の区分又は種別の警備業務を行う場合には、該当する数字すべてを○で囲むこととし、そのうち主として行うものについては、◎とすること。）。

3　営業所ごとの「警備業務の区分」欄及び「選任に係る警備業務の区分」欄中の「１号」とは法第２条第１項第１号の警備業務の区分を、「２号」とは同項第２号の警備業務の区分を、「３号」とは同項第３号の警備業務の区分を、「４号」とは同項第４号の警備業務の区分をいう。

4　「警備業務の種別」欄中の「現金運搬警備業務」とは、貴重品運搬警備業務のうち現金の運搬に係るものをいう。その他の用語の意義については、警備員等の検定等に関する規則（平成17年国家公安委員会規則第20号）第１条を参照すること。

5　所定の欄に記載し得ないときは、別紙に記載の上、これを添付すること。

備考

用紙の大きさは、日本産業規格Ａ４とする。

別記様式第８号（第21条、第56条関係）

※　資料区分		※　受理警察署	（　　　　　署）
※　受理番号		※　受理年月日	年　月　日
※　届出種別	１．管内営業所あり　２．管内営業所なし		

都　道　府　県　内　廃　止　届　出　書

警備業法第11条第３項において準用する同条第１項
第41条の規定により届出をします。

年　　月　　日

公安委員会　殿

届出者の氏名又は名称及び住所

（フリガナ） 氏名又は名称			
認定をした公安委員会の名称	公安委員会	※	
認定の番号			
都道府県内廃止の種別	１．当該都道府県の区域内において警備業務を行わないこととなつたこと。	２．当該都道府県の区域内において機械警備業務を行わないこととなつたこと。	
都道府県内廃止の年月日	年　月　日		
都道府県内廃止の事由			

記載要領

1　※印欄には、記載しないこと。

2　不要の文字は、横線で消すこと。ただし、数字を付した欄は、該当する数字を○で囲むこと。

備考

用紙の大きさは、日本産業規格Ａ４とする。

別記様式第８号の２（第25条関係）

※　受理警察署	署		
※　受理番号		※　受理年月日	年　月　日

法第12条届出書

警備業法第１２条 第１項 第２項 の規定により届出をします。

年　月　日

公安委員会　殿

届出者の氏名又は名称及び住所

（フリガナ） 氏名又は名称	
認定をした公安委員会の名称	公安委員会
認定の番号	
届出書を提出すべきこととなつた事由	
当該事由の発生年月日	年　月　日

記載要領

1　※印欄には、記載しないこと。

2　不要の文字は、横線で消すこと。

3　所定の欄に記載し得ないときは、別紙に記載の上、これを添付すること。

備考

用紙の大きさは、日本産業規格Ａ４とする。

別記様式第９号（第28条関係）

※　受理警察署	署			
※　受理番号		※　受理年月日		年　月　日

服装届出書

警備業法第16条第２項の規定により届出をします。

年　月　日

公安委員会　殿

届出者の氏名又は名称及び住所

（フリガナ） 氏名又は名称			
認定をした公安委員会の名称	公安委員会		
認定の番号			
	色	型	式
服装			
標章	位置	型	式
当該服装を用いて行う警備業務の内容			

記載要領

1　※印欄には、記載しないこと。

2　「服装」欄には、服装の種類ごとに記載すること。

3　「型式」欄には、図示して記載するものとし、標章については、その大きさを明示すること。

4　「当該服装を用いて行う警備業務の内容」欄には、当該警備業務の具体的な内容及び当該警備業務が海上に及ぶ場合にあつてはその旨を記載すること。

5　所定の欄に記載し得ないときは、別紙に記載の上、これを添付すること。

備考

用紙の大きさは、日本産業規格Ａ４とする。

別記様式第10号（第28条関係）

※　受理警察署	署		
※　受理番号		※　受理年月日	年　月　日

護　身　用　具　届　出　書

警備業法第17条第２項において準用する同法第16条第２項の規定により届出をします。

年　　月　　日

公安委員会　殿

届出者の氏名又は名称及び住所

（フリガナ） 氏名又は名称		
認定をした公安委員会の名称		公安委員会
認定の番号		
護身用具	種　　類	
	規　　格	
	機　　能	
	使用基準	
	当該護身用具を携帯して行う警備業務の内容	

記載要領

1　※印欄には、記載しないこと。

2　「護身用具」欄には、護身用具の種類ごとに記載すること。

3　「規格」欄には、当該護身用具の大きさ、重さ、材質、構造等を記載すること。

4　「機能」欄には、当該護身用具についての用法、使用した場合の効果等を記載すること。

5　「当該護身用具を携帯して行う警備業務の内容」欄には、当該警備業務の具体的な内容を記載すること。

6　所定の欄に記載し得ないときは、別紙に記載の上、これを添付すること。

備考

用紙の大きさは、日本産業規格Ａ４とする。

別記様式第11号（第32条関係）

※　受理警察署	署					
※　受理番号		※　受理年月日		年	月	日

服　　　　装
護　身　用　具　変　更　届　出　書

警備業法第16条第３項
第17条第２項において準用する同法第11条第１項の規定により届出をします。

年　　月　　日

公安委員会　殿

届出者の氏名又は名称及び住所

（フリガナ） 氏名又は名称		
認定をした公安委員会の名称	公安委員会	
認定の番号		
変更事項の種別	１．服装に係る事項　　２．護身用具に係る事項	
変更年月日	年　月　日	
変更事項	新	旧
変更の事由		

記載要領

1　※印欄には、記載しないこと。

2　不要の文字は、横線で消すこと。ただし、数字を付した欄は、該当する数字を○で囲むこと。

3　所定の欄に記載し得ないときは、別紙に記載の上、これを添付すること。

備考

用紙の大きさは、日本産業規格Ａ４とする。

別記様式第12号（第41条関係）

第　　　号

警備員指導教育責任者資格者証

警備業務の区分

本　籍

氏　名

年　　　月　　　日生

警備業法第２２条第１項に規定する警備員指導教育責任者としての資格を有する者であることを証する。

年　　月　　日

公　安　委　員　会　印

備考
1　用紙の大きさは、日本産業規格Ａ４とする。
2　中央部に日章の地模様を入れる。

別記様式第13号（第42条、第63条関係）

※　資料区分		※　受理警察署	（　　　署）
※　受理番号		※　受理年月日	年　月　日
※　資格	1．警備員指導教育責任者　2．機械警備業務管理者		
※　資格者証交付年月日	年　月　日	※　種別	
※　資格者証交付公安委員会		※　資格者証の番号	

警備員指導教育責任者
機械警備業務管理者 資格者証交付申請書

警備業法施行規則 第42条第１項／第63条第１項において準用する同令第42条第１項 の規定により 警備員指導教育責任者／機械警備業務管理者 資格者証の交付を申請します。

年　　月　　日

公安委員会　殿

申請者の氏名

（フリガナ） 氏　名								
住　所	電話　（　　）　―　番							
生年月日	明治 1	大正 2	昭和 3	平成 4	令和 5	年	月	日
本籍又は国籍								※

講習	講習を行つた公安委員会の名称	公安委員会
	修了証明書の番号	
	終了証明書の交付年月日	年　月　日

（警備員指導教育責任者資格者証の交付を受けようとする場合）

受けようとする警備員指導教育責任者資格者証に係る警備業務の区分	1号　2号　3号　4号

記載要領

1　※印欄には、記載しないこと。

2　不要の文字は、横線で消すこと。ただし、数字を付した欄は、該当する数字を○で囲むこと。

3　「講習」欄の記載は、警備員指導教育責任者講習又は機械警備業務管理者講習の課程を修了した者のみ行うこと。

4　「受けようとする警備員指導教育責任者資格者証に係る警備業務の区分」欄中の「１号」とは法第２条第１項第１号の警備業務の区分を、「２号」とは同項第２号の警備業務の区分を、「３号」とは同項第３号の警備業務の区分を、「４号」とは同項第４号の警備業務の区分をいう。

備考

用紙の大きさは、日本産業規格Ａ４とする。

別記様式第14号（第43条、第63条関係）

※　資料区分		※　受理警察署	（　　　署）
※　受理番号		※　受理年月日	年　月　日
※　資格	1．警備員指導教育責任者　2．機械警備業務管理者		
※　種別		※　資格者証交付公安委員会	
※　書換え年月日		年　月　日	

警備員指導教育責任者
機械警備業務管理者資格者証書換え申請書

警備業法第22条第５項
第42条第３項において準用する同法第22条第５項の規定により警備員指導教育責任者
機械警備業務管理者資格者証の書換えを申請します。

年　　月　　日

公安委員会　殿

申請者の氏名

（フリガナ） 氏　　名								
住　　所	電話　（　　）　―　　番							
生　年　月　日	明治 1	大正 2	昭和 3	平成 4	令和 5	年	月	日
本籍又は国籍								※
警備員指導教育責任者 機械警備業務管理者資格者証の番号								
書換えを申請する事由								

（警備員指導教育責任者資格者証の書換えの場合）

警備員指導教育責任者資格者証に係る警備業務の区分	1号　2号　3号　4号

記載要領

1　※印欄には、記載しないこと。
2　不要の文字は、横線で消すこと。ただし、数字を付した欄は、該当する数字を○で囲むこと。
3　「書換えを申請する事由」欄には、変更事項が明確に分かるように新旧の別を記載すること。
4　「警備員指導教育責任者資格者証に係る警備業務の区分」欄中の「１号」とは法第２条第１項第１号の警備業務の区分を、「２号」とは同項第２号の警備業務の区分を、「３号」とは同項第３号の警備業務の区分を、「４号」とは同項第４号の警備業務の区分をいう。
5　所定の欄に記載し得ないときは、別紙に記載の上、これを添付すること。

備考

用紙の大きさは、日本産業規格Ａ４とする。

別記様式第15号（第43条、第63条関係）

※　資料区分		※　受理警察署	（　　　署）
※　受理番号		※　受理年月日	年　月　日
※　資格	1．警備員指導教育責任者　2．機械警備業務管理者		
※　種別		※　資格者証交付公安委員会	
※　再交付年月日		年　月　日	

警備員指導教育責任者
機械警備業務管理者　資格者証再交付申請書

警備業法　第22条第６項／第42条第３項において準用する同法第22条第６項　の規定により　警備員指導教育責任者／機械警備業務管理者　資格者証の再交付を申請します。

年　月　日

公安委員会　殿

申請者の氏名

（フリガナ）								
氏　名								
住　所	電話　（　　）　—　番							
生年月日	明治 1	大正 2	昭和 3	平成 4	令和 5	年	月	日
本籍又は国籍								
警備員指導教育責任者 機械警備業務管理者　資格者証の番号								
再交付を申請する事由								

（警備員指導教育責任者資格者証の再交付の場合）

警備員指導教育責任者資格者証に係る警備業務の区分	1号　2号　3号　4号

記載要領

1　※印欄には、記載しないこと。
2　不要の文字は、横線で消すこと。ただし、数字を付した欄は、該当する数字を○で囲むこと。
3　「再交付を申請する事由」欄には、亡失又は滅失の状況を記載すること。
4　「警備員指導教育責任者資格者証に係る警備業務の区分」欄中の「1号」とは法第2条第1項第1号の警備業務の区分を、「2号」とは同項第2号の警備業務の区分を、「3号」とは同項第3号の警備業務の区分を、「4号」とは同項第4号の警備業務の区分をいう。
5　所定の欄に記載し得ないときは、別紙に記載の上、これを添付すること。

備考

用紙の大きさは、日本産業規格A4とする。

別記様式第16号（第45条関係）

※　登録番号										
※　登録年月日			年			月			日	

登録
登録更新　申請書

警備業法第24条
第27条第２項において準用する同法第24条の規定により登録
登録の更新の申請をします。

年　　月　　日

国家公安委員会　殿

申請者の氏名又は名称及び住所

（フリガナ） 氏名又は名称	
住所	電話（　　）　―　　番
講習会業務を行う事務所の所在地	電話（　　）　―　　番
法人である場合の代表者の氏名	
講習会業務を開始しようとする年月日	年　　月　　日

記載要領

1　※印欄には、記載しないこと。
2　不要の文字は、横線で消すこと。
3　所定の欄に記載し得ないときは、別紙に記載の上、これを添付すること。

備考

用紙の大きさは、日本産業規格Ａ４とする。

別記様式第17号（第52条関係）

（表）

第　　　号

身　分　証　明　書

写　真

官　職

氏　名

54.0

上記の者は、警備業法第38条第１項の規定による立入検査に従事する職員であることを証明する。

年　　月　　日

国家公安委員会　印

85.6

（裏）

警備業法（抜粋）

（立入検査）

第38条　国家公安委員会は、この法律の施行に必要な限度において、警察庁の職員に登録講習機関の事務所に立ち入り、業務の状況又は帳簿、書類その他の物件を検査させることができる。

2　前項の規定により職員が立入検査をする場合においては、その身分を示す証明書を携帯し、関係者に提示しなければならない。

3　第１項の規定による立入検査の権限は、犯罪捜査のために認められたものと解釈してはならない。

第58条　次の各号のいずれかに該当する者は、30万円以下の罰金に処する。

一～六　略

七　第37条若しくは第46条の規定による報告若しくは資料の提出をせず、若しくは虚偽の報告若しくは資料の提出をし、又は第38条第１項若しくは第47条第１項の規定による検査を拒み、妨げ、若しくは忌避した者

八・九　略

備考　図示の長さの単位は、ミリメートルとする。

別記様式第18号（第53条関係）

※　資料区分		※　受理警察署	（　　　署）
※　受理番号		※　受理年月日	年　月　日

機　械　警　備　業　務　開　始　届　出　書

警備業法第40条の規定により届出をします。

年　月　日

公安委員会　殿

届出者の氏名又は名称及び住所

（フリガナ） 氏名又は名称		
住　所	電話　（　）　―　番	
（フリガナ） 法人にあつては、その代表者の氏名		
認定をした公安委員会の名称	公安委員会	※
認定の番号		

（当該都道府県の区域内に設けようとする基地局）

基地局	名　称			※
	所在地	電話　（　）　―　番		※
	設置年月日	年　月　日		
	機械警備業務管理者	（フリガナ） 氏　名		配置状況　1．専任　2．兼任
		住　所	電話　（　）　―　番	
		生年月日	明治 1　大正 2　昭和 3　平成 4　令和 5　年　月　日	
		資格者証を交付した公安委員会の名称	公安委員会	※
		資格者証の番号		
待機所	名　称			
	所在地	電話　（　）　―　番		※
	警備業務対象施設の所在する市町村の名称（指定都市にあつては、区又は総合区の名称）			
待機所	名　称			
	所在地	電話　（　）　―　番		※
	警備業務対象施設の所在する市町村の名称（指定都市にあつては、区又は総合区の名称）			

別紙　当該都道府県の区域内で行おうとする機械警備業務に係る基地局で、当該都道府県の区域外に所在するもの

基地局	名　　称				
	所在地	電話　(　　)　—　番			
	当該区域内における機械警備業務の開始年月日	年　月　日			
	機械警備業務管理者	(フリガナ) 氏　名		配置状況	1．専任 2．兼任
		住　所	電話　(　　)　—　番		
待機所	名　　称				
	所在地	電話　(　　)　—　番			
	警備業務対象施設の所在する市町村の名称（指定都市にあつては、区又は総合区の名称）				
待機所	名　　称				
	所在地	電話　(　　)　—　番			
	警備業務対象施設の所在する市町村の名称（指定都市にあつては、区又は総合区の名称）				
待機所	名　　称				
	所在地	電話　(　　)　—　番			
	警備業務対象施設の所在する市町村の名称（指定都市にあつては、区又は総合区の名称）				
待機所	名　　称				
	所在地	電話　(　　)　—　番			
	警備業務対象施設の所在する市町村の名称（指定都市にあつては、区又は総合区の名称）				
待機所	名　　称				
	所在地	電話　(　　)　—　番			
	警備業務対象施設の所在する市町村の名称（指定都市にあつては、区又は総合区の名称）				

記載要領

1　※印欄には、記載しないこと。

2　数字を付した欄は、該当する数字を○で囲むこと。

3　所定の欄に記載し得ないときは、別紙に記載の上、これを添付すること。

備考

用紙の大きさは、日本産業規格Ａ４とする。

別記様式第19号（第56条関係）

※　資料区分									
※　受理警察署		（　　　　　署）							
※　受理番号		※　受理年月日		年		月		日	

機　械　警　備　業　務　変　更　届　出　書

警備業法第41条の規定により届出をします。

年　　月　　日

公安委員会　殿

届出者の氏名又は名称及び住所

（フリガナ） 氏名又は名称			
認定をした公安委員会の名称	公安委員会	※	
認定の番号			
変更年月日	年　　月　　日		
変更の事由			

（認定をした公安委員会の名称又は認定の番号に変更があつた場合）

旧	認定をした公安委員会の名称	公安委員会
	認定の番号	

別紙1　当該都道府県の区域内に所在する基地局の名称等に変更があつた場合

※　資料区分	

変更に係る基地局	名　　称		※
	所　在　地	電話　（　　）　—　　番	※

（基地局の名称又は所在地に変更があつた場合）		
旧	名　　称	
	所　在　地	

（機械警備業務管理者に係る事項に変更があつた場合）				
旧	（フリガナ） 氏　　名		配置 状況	1．専任 2．兼任
	住　　所			
新	（フリガナ） 氏　　名		配置 状況	1．専任 2．兼任
	住　　所	電話　（　　）　—　　番		※
	生　年　月　日	明治 1　大正 2　昭和 3　平成 4　令和 5　年　月　日		
	資格者証を交付した公安委員会の名称	公安委員会		※
	資格者証の番号			

（待機所に係る事項に変更があつた場合）			
旧	名　　称		
	所　在　地		※
	警備業務対象施設の所在する市町村の名称 （指定都市にあつては、区又は総合区の名称）		
新	名　　称		
	所　在　地	電話　（　　）　—　　番	※
	警備業務対象施設の所在する市町村の名称 （指定都市にあつては、区又は総合区の名称）		

（注）待機所の設置又は廃止のみがあつた場合には、それぞれ上記の「新」欄又は「旧」欄の一方に記載すること。

別紙2　当該都道府県の区域内において基地局を設け又は廃止した場合

※　資料区分	

（基地局を設けた場合）

変更に係る基地局	名　　称				※
	所 在 地	電話　（　　）　—　番			※
	機械警備業務管理者	（フリガナ） 氏　名		配置状況	1．専任 2．兼任
		住　所	電話　（　　）　—　番		
		生 年 月 日	明治 大正 昭和 平成 令和 1　2　3　4　5	年　月　日	
		資格者証を交付した公安委員会の名称	公安委員会		※
		資格者証の番号			
	待機所	名　　称			
		所 在 地	電話　（　　）　—　番		※
		警備業務対象施設の所在する市町村の名称（指定都市にあつては、区又は総合区の名称）			

（基地局を廃止した場合）

変更に係る基地局	名　　称		※
	所 在 地		※

別紙３　当該都道府県の区域内で行う機械警備業務に係る基地局（当該都道府県の区域外に所在するものに限る。）の名称等に変更があつた場合

変更に係る基地局	名　　称	
	所　在　地	電話　（　　）　―　　番

（基地局の名称又は所在地に変更があつた場合）		
旧	名　　称	
	所　在　地	

（機械警備業務管理者に係る事項に変更があつた場合）				
旧	（フリガナ） 氏　　名		配置 状況	1．専任 2．兼任
	住　　所			
新	（フリガナ） 氏　　名		配置 状況	1．専任 2．兼任
	住　　所	電話　（　　）　―　　番		

（待機所に係る事項に変更があつた場合）		
旧	名　　称	
	所　在　地	
	警備業務対象施設の所在する市町村の名称（指定都市にあつては、区又は総合区の名称）	
新	名　　称	
	所　在　地	電話　（　　）　―　　番
	警備業務対象施設の所在する市町村の名称（指定都市にあつては、区又は総合区の名称）	

（注）待機所の設置又は廃止のみがあつた場合には、それぞれ上記の「新」欄又は「旧」欄の一方に記載すること。

別紙４　当該都道府県の区域内で、当該都道府県の区域外に所在する基地局に係る機械警備業務を行い又は行わないこととなつた場合

（当該機械警備業務を行うこととなつた場合）

<table>
<tr><td rowspan="7">変更に係る基地局</td><td colspan="2">名　　称</td><td colspan="3"></td></tr>
<tr><td colspan="2">所 在 地</td><td colspan="3">
電話　（　　）　　―　　番</td></tr>
<tr><td colspan="2" rowspan="2">機械警備業務管理者</td><td>（フリガナ）
氏　　名</td><td></td><td>配置状況</td><td>1．専任
2．兼任</td></tr>
<tr><td>住　所</td><td colspan="3">
電話　（　　）　　―　　番</td></tr>
<tr><td rowspan="3">待機所</td><td>名　　称</td><td colspan="4"></td></tr>
<tr><td>所 在 地</td><td colspan="4"></td></tr>
<tr><td colspan="2">警備業務対象施設の所在する市町村の名称
（指定都市にあつては、区又は総合区の名称）</td><td colspan="3"></td></tr>
</table>

（当該機械警備業務を行わないこととなつた場合）

<table>
<tr><td rowspan="2">変更に係る基地局</td><td>名　　称</td><td></td></tr>
<tr><td>所 在 地</td><td></td></tr>
</table>

記載要領
　1　※印欄には、記載しないこと。
　2　数字を付した欄は、該当する数字を○で囲むこと。
　3　所定の欄に記載し得ないときは、別紙に記載の上、これを添付すること。
備考
　用紙の大きさは、日本産業規格Ａ４とする。

別記様式第20号（第62条関係）

第　　　　　号

機械警備業務管理者資格者証

本籍

氏名

年　　月　　日生

警備業法第４２条第１項に規定する機械警備業務管

理者としての資格を有する者であることを証する。

年　　月　　日

公　安　委　員　会　印

備考

1　用紙の大きさは、日本産業規格Ａ４とする。

2　中央部に日章の地模様を入れる。

別記様式第21号（第64条関係）

待機所の名称及び所在地	市町村の名称	警備業務対象施設の数

記載要領

「市町村の名称」欄には、指定都市にあつては、区又は総合区の名称を記載すること。

備考

用紙の大きさは、日本産業規格Ａ４とする。

別記様式第22号（第70条関係）

（表）

第　　　号

身　分　証　明　書

写　真

官　職

氏　名

54.0

上記の者は、警備業法第47条第１項の規定による立入検査に従事する警察職員であることを証明する。

年　　月　　日

公安委員会　印

85.6

（裏）

警備業法（抜粋）

（立入検査）

第38条　国家公安委員会は、この法律の施行に必要な限度において、警察庁の職員に登録講習機関の事務所に立ち入り、業務の状況又は帳簿、書類その他の物件を検査させることができる。

２　前項の規定により職員が立入検査をする場合においては、その身分を示す証明書を携帯し、関係者に提示しなければならない。

３　第１項の規定による立入検査の権限は、犯罪捜査のために認められたものと解釈してはならない。

（立入検査）

第47条　公安委員会は、この法律の施行に必要な限度において、警察職員に警備業者の営業所、基地局又は待機所に立ち入り、業務の状況又は帳簿、書類その他の物件を検査させることができる。

２　第38条第２項及び第３項の規定は、前項の規定による立入検査について準用する。

第58条　次の各号のいずれかに該当する者は、30万円以下の罰金に処する。

一～六　略

七　第37条若しくは第46条の規定による報告若しくは資料の提出をせず、若しくは虚偽の報告若しくは資料の提出をし、又は第38条第１項若しくは第47条第１項の規定による検査を拒み、妨げ、若しくは忌避した者

八・九　略

備考　図示の長さの単位は、ミリメートルとする。

○警備業法施行令

（昭和五十七年十二月十日）
（政令第三百八号）

改正
昭和六十一年七月一日政令第二百五十号
平成元年三月二十七日政令第六十六号
平成四年三月十三日政令第三十三号
平成六年九月十九日政令第三百三号
平成十年二月四日政令第二十一号
平成十一年十月十四日政令第三百二十一号
平成十七年七月十五日政令第二百四十四号

内閣は、警備業法（昭和四十七年法律第百十七号）第十六条の二及び第十七条の規定に基づき、この政令を制定する。

（情報通信の技術を利用する方法）

第一条　警備業者は、警備業法（以下「法」という。）第十九条第三項の規定により同項に規定する事項を提供しようとするときは、内閣府令で定めるところにより、あらかじめ、当該警備業務の依頼者に対し、その用いる同項前段に規定する方法（以下この条において「電磁的方法」という。）の種類及び内容を示し、書面又は電磁的方法による承諾を得なければならない。

2　前項の規定による承諾を得た警備業者は、当該警備業務の依頼者から書面又は電磁的方法により電磁的方法による提供を受けない旨の申出があつたときは、当該警備業務の依頼者に対し、法第十九条第三項に規定する事項の提供を電磁的方法によつてしてはならない。ただし、当該警備業務の依頼者が再び前項の規定による承諾をした場合は、この限りでない。

（登録講習機関の登録の有効期間）

第二条　法第二十七条第一項の政令で定める期間は、三年とする。

（法第五十二条の政令で定める者及び額）

第三条　法第五十二条の政令で定める者は、次の表の上欄に掲げる者とし、同条の政令で定める額は、同欄に掲げる者の区分に応じ、それぞれ同表の下欄に定める額とする。

政令で定める者	政令で定める額
一　警備業務の種別（法第十八条に規定する種別をいう。以下この条において同じ。）のうち、法第二条第一項第一号に掲げる警備業務に係るものに係る検定（法第二十三条第一項に規定する検定をいう。以下この条において同じ。）を受けようとする者	一万六千円
二　警備業務の種別のうち、法第二条第一項第二号に掲げる警備業務に係るものに係る検定（国家公安委員会規則で定める車両その他の機材を用いて行われるものに限る。）を受けようとする者	一万四千円
三　警備業務の種別のうち、法第二条第一項第二号に掲げる警備業務に係るものに係る検定（前号に規定するものを除く。）を受けようとする者	一万三千円
四　警備業務の種別のうち、法第二条第一項第三号に掲げる警備業務に係るものに係る検定を受けようとする者	一万六千円
五　法第二十三条第四項に規定する合格証明書（以下この条において単に「合格証明書」という。）の交付を受けようとする者	一万円
六　合格証明書の書換えを受けようとする者	二千二百円
七　合格証明書の再交付を受けようとする者	二千円

（権限の委任）

第四条　法又は法に基づく政令の規定により道公安委員会の権限に属する事務は、次に掲げるものを除き、道警察本部の所在地を包括する方面を除く方面については、当該方面公安委員会が行う。

一　法第十七条第一項の規定による護身用具の携帯の禁止又は制限の定めに関する事務

二　法第二十二条第二項第一号に規定する警備員指導

教育責任者講習に関する事務
三　法第二十三条第一項に規定する検定に関する事務
四　法第四十二条第二項第一号に規定する機械警備業務管理者講習に関する事務
五　法第四十三条の規定による警備員、待機所及び車両その他の装備の適正配置に関する基準の定めに関する事務
2　前項の規定により方面公安委員会が行う処分に係る聴聞を行うに当たつては、道公安委員会が定める手続に従うものとする。

附　則

（施行期日）

1　この政令は、警備業法の一部を改正する法律（昭和五十七年法律第六十七号）の施行の日（昭和五十八年一月十五日）から施行する。

（風俗営業等取締法、質屋営業法及び警備業法に規定する道公安委員会の権限の方面公安委員会への委任に関する政令の一部改正）

2　風俗営業等取締法、質屋営業法及び警備業法に規定する道公安委員会の権限の方面公安委員会への委任に関する政令（昭和四十七年政令第三百八十五号）の一部を次のように改正する。

題名中「、質屋営業法及び警備業法」を「及び質屋営業法」に改める。

第一条中「、質屋営業法若しくは同法に基づく命令又は警備業法」を「又は質屋営業法」に、「行なう」を「行う」に、「質屋営業法第七条第一項」を「同法第七条第一項」に改め、「及び警備業法第十条の規定による護身用具の携帯の禁止又は制限の定めに関する事務」を削る。

第二条中「、質屋営業法第二十六条又は警備業法第十六条」を「又は質屋営業法第二十六条」に、「あたつては」を「当たつては」に、「行なう」を「行う」に改める。

（警察庁組織令の一部改正）

3　警察庁組織令（昭和二十九年政令第百八十号）の一

部を次のように改正する。

第十三条第九号中「規定による警備業の取締り」を「施行」に改める。

附　則〔昭和六一年七月一日政令第二五〇号〕

この政令は、公布の日から施行する。

附　則〔平成元年三月二七日政令第六六号〕

この政令は、平成元年四月一日から施行する。

附　則〔平成四年三月一三日政令第三三号〕

この政令は、平成四年四月一日から施行する。

附　則〔平成六年九月一九日政令第三〇三号抄〕

（施行期日）

第一条　この政令は、行政手続法の施行の日（平成六年十月一日）から施行する。

附　則〔平成一〇年二月四日政令第二一号〕

この政令は、平成十年四月一日から施行する。

附　則〔平成一一年一〇月一四日政令第三二一号〕

この政令は、地方分権の推進を図るための関係法律の整備等に関する法律の施行の日（平成十二年四月一日）から施行する。

附　則〔平成一七年七月一五日政令第二四四号抄〕

（施行期日）

1　この政令は、警備業法の一部を改正する法律（平成十六年法律第五十号）の施行の日（平成十七年十一月二十一日）から施行する。

○地方公共団体の手数料の標準に関する政令〔抄〕

（平成十二年一月二十一日 政令第十六号）

最終改正 令和六年六月二八日政令第二三八号

内閣は、地方自治法（昭和二十二年法律第六十七号）第二百二十八条第一項の規定に基づき、この政令を制定する。

地方自治法第二百二十八条第一項の手数料について全国的に統一して定めることが特に必要と認められるものとして政令で定める事務（以下「標準事務」という。）は、次の表の上欄に掲げる事務とし、同項の当該標準事務に係る事務のうち政令で定めるもの（以下「手数料を徴収する事務」という。）は、同表の上欄に掲げる標準事務についてそれぞれ同表の中欄に掲げる事務とし、同項の政令で定める金額は、同表の中欄に掲げる手数料を徴収する事務についてそれぞれ同表の下欄に掲げる金額とする。

標準事務	手数料を徴収する事務	金額
百一 警備業法（昭和四十七年法律第百十七号）第四条及び第七条第一項の規定に基づく警備業の認定に関する事務	1 警備業法第四条の規定に基づく警備業の認定の申請に対する審査	二万三千円
	2 警備業法第七条第一項の規定に基づく認定の有効期間の更新の申請に対する審査	二万三千円
百二 警備業法第二十二条第二項、第五項、第六項及び第八項の規定に基づく警備員指導教育責任者に関する事務	1 警備業法第二十二条第二項の規定に基づく警備員指導教育責任者資格者証の交付の申請に対する審査	九千八百円
	2 警備業法第二十二条第二項第	講習一時間につき千二

	一号の規定に基づく警備員指導教育責任者講習	百円
	3 警備業法第二十二条第五項の規定に基づく警備員指導教育責任者資格者証の書換え	千八百円
	4 警備業法第二十二条第六項の規定に基づく警備員指導教育責任者資格者証の再交付	千八百円
	5 警備業法第二十二条第八項の規定に基づく警備員の指導及び教育に関する講習	五千円
百三 警備業法第四十二条第二項並びに同条第三項において準用する同法第二十二条第五項及び第六項の規定に基づく機械警備業務管理者に関する事務	1 警備業法第四十二条第二項の規定に基づく機械警備業務管理者資格者証の交付の申請に対する審査	九千八百円
	2 警備業法第四十二条第二項第一号の規定に基づく機械警備業務管理者講習	三万九千円
	3 警備業法第四十二条第三項において準用する同法第二十二条第五項の規定に基づく機械警備業務管理者資格者証の書換え	千八百円
	4 警備業法第四十二条第三項において準用する	千八百円

	同法第二十二条第六項の規定に基づく機械警備業務管理者資格者証の再交付	

備考

一　この表中の用語の意義及び字句の意味は、それぞれ上欄に規定する法律（これに基づく政令を含む。）又は政令における用語の意義及び字句の意味によるものとする。

二　この表の下欄に掲げる金額は、当該下欄に特別の計算単位の定めのあるものについてはその計算単位についての金額とし、その他のものについては一件についての金額とする。

附　則

1　この政令は、平成十二年四月一日から施行する。

○警備業の要件に関する規則

〔昭和五十八年一月十日
国家公安委員会規則第一号〕

改正
昭和六十一年六月二十七日国家公安委員会規則第四号
平成四年二月二十日国家公安委員会規則第三号
平成四年六月十六日国家公安委員会規則第十五号
平成五年四月九日国家公安委員会規則第四号
平成五年五月十二日国家公安委員会規則第八号
平成五年六月十五日国家公安委員会規則第九号
平成七年五月二十三日国家公安委員会規則第六号
平成七年五月二十六日国家公安委員会規則第七号
平成九年六月六日国家公安委員会規則第八号
平成九年十月一日国家公安委員会規則第十一号
平成九年十二月十九日国家公安委員会規則第十二号
平成十年十月二十日国家公安委員会規則第十四号
平成十一年一月十四日国家公安委員会規則第十二号
平成十一年十月二十六日国家公安委員会規則第十一号
平成十二年九月二十一日国家公安委員会規則第十五号
平成十三年十二月二十一日国家公安委員会規則第十六号
平成十五年三月七日国家公安委員会規則第二号
平成十五年八月二十九日国家公安委員会規則第十三号
平成十五年十一月二十七日国家公安委員会規則第十九号
平成十五年十二月二十六日国家公安委員会規則第二十号
平成十六年二月二十七日国家公安委員会規則第三号
平成十六年三月三十一日国家公安委員会規則第五号
平成十六年四月二十八日国家公安委員会規則第十一号
平成十六年十二月二十八日国家公安委員会規則第二十五号
平成十七年七月十二日国家公安委員会規則第十四号
平成十七年九月三十日国家公安委員会規則第十六号
平成十七年十一月十八日国家公安委員会規則第十七号
平成十八年三月二十七日国家公安委員会規則第九号
平成十八年四月二十四日国家公安委員会規則第十四号
平成十八年四月二十八日国家公安委員会規則第十六号
平成十八年七月四日国家公安委員会規則第二十一号
平成十八年八月十一日国家公安委員会規則第二十二号
平成十九年一月十二日国家公安委員会規則第二号
平成十九年八月三日国家公安委員会規則第十七号
平成十九年八月七日国家公安委員会規則第十八号
平成十九年九月二十七日国家公安委員会規則第二十二号
平成十九年十二月十二日国家公安委員会規則第二十五号
平成十九年十二月十三日国家公安委員会規則第二十六号
平成二十年三月十日国家公安委員会規則第二号
平成二十年七月十六日国家公安委員会規則第十五号
平成二十年十一月十七日国家公安委員会規則第二十五号
平成二十一年五月二十九日国家公安委員会規則第五号
平成二十二年三月二十六日国家公安委員会規則第一号
平成二十三年三月三十日国家公安委員会規則第三号
平成二十三年六月十日国家公安委員会規則第十号
平成二十三年七月六日国家公安委員会規則第十一号
平成二十四年六月十八日国家公安委員会規則第七号
平成二十四年九月二十八日国家公安委員会規則第十号
平成二十四年十月十七日国家公安委員会規則第十二号
平成二十五年七月九日国家公安委員会規則第九号
平成二十五年十二月二十日国家公安委員会規則第十五号
平成二十六年四月二十五日国家公安委員会規則第七号
平成二十六年七月九日国家公安委員会規則第八号
平成二十七年九月十八日国家公安委員会規則第十四号
平成二十七年九月二十九日国家公安委員会規則第十五号
平成二十七年十一月十三日国家公安委員会規則第二十号
平成二十八年二月二十六日国家公安委員会規則第三号
平成二十九年三月二十四日国家公安委員会規則第二号
平成二十九年七月五日国家公安委員会規則第七号
平成二十九年七月五日国家公安委員会規則第八号
平成二十九年十一月二十一日国家公安委員会規則第十号
平成三十年三月三十日国家公安委員会規則第四号
平成三十年三月三十日国家公安委員会規則第五号
令和二年三月三十一日国家公安委員会規則第五号
令和二年四月二十七日国家公安委員会規則第六号
令和三年三月三十一日国家公安委員会規則第三号
令和三年三月三十一日国家公安委員会規則第四号

令和三年十一月十八日国家公安委員会規則第十一号
令和四年一月二十七日国家公安委員会規則第三号
令和四年三月三十日国家公安委員会規則第十号
令和四年九月二十八日国家公安委員会規則第十七号
令和四年十二月二十三日国家公安委員会規則第二十号
令和五年四月二十八日国家公安委員会規則第八号
令和五年五月三十一日国家公安委員会規則第十一号
令和五年七月十日国家公安委員会規則第十二号
令和六年二月一日国家公安委員会規則第三号
令和六年六月二十八日国家公安委員会規則第十号
令和六年十月三十日国家公安委員会規則第十四号
令和七年四月二十五日国家公安委員会規則第十五号

警備業法（昭和四十七年法律第百十七号）第三条第三号及び第四号の規定に基づき、警備業の要件に関する規則を次のように定める。

（重大な不正行為）

第一条 警備業法（以下「法」という。）第三条第三号の国家公安委員会規則で定める重大な不正行為は、次のとおりとする。

一 法第四十九条の規定に基づく処分〔営業停止、廃止命令〕に違反する行為

二 次に掲げる罪のいずれかに当たる違法な行為

ア 刑法（明治四十年法律第四十五号）第百八条〔現住建造物等放火〕、第百九条第一項〔他人の非現住建造物等への放火〕、第百十条第一項〔他人の建造物等以外への放火〕、第百十二条〔第百八条、第百九条第一項の未遂〕、第百十七条第一項〔激発物破裂〕、第百十九条〔現住建造物等浸害〕、第百二十条〔非現住建造物等浸害〕、第百二十五条から第百二十八条（第百二十四条第一項に係る部分を除く。）まで〔第百二十五条〔往来危険〕、第百二十六条〔汽車転覆等及び同致死〕、第百二十七条〔往来危険による汽車転覆等〕、第百二十八条〔第百二十五条、第百二十六条第一項及び第二項の未遂〕〕、第百四十六条〔水道毒物等混入及び同致死〕、第百七十七条〔不同意性交等〕、第百七十九条第二項〔監護者性交等〕、第百八十条（第百七十七条及び第百七十九条第二項に係る部分に限る。）〔不同意性交等、監護者性交等の未遂〕、第百八十一条第二項〔不同意性交等、監護者性交等致死傷〕、第百九十九条〔殺人〕、第二百三条（第百九十九条に係る部分に限る。）〔殺人の未

遂〕、第二百四条〔傷害〕、第二百五条〔傷害致死〕、第二百二十五条から第二百二十六条まで〔第二百二十五条〔営利目的等略取及び誘拐〕、第二百二十五条の二〔身の代金目的略取等〕、第二百二十六条〔所在国外移送目的略取等〕〕、第二百二十七条第二項〔身の代金拐取幇助目的被拐取者引渡し〕若しくは第四項〔身の代金被拐取者収受・収受者身の代金取得〕、第二百二十八条（第二百二十四条並びに第二百二十七条第一項及び第三項に係る部分を除く。）〔第二百二十五条から第二百二十七条の未遂〕、第二百三十五条から第二百三十六条まで〔第二百三十五条〔窃盗〕、第二百三十五条の二〔不動産侵奪〕、第二百三十六条〔強盗〕〕、第二百三十八条から第二百四十条まで〔第二百三十八条〔事後強盗〕、第二百三十九条〔昏酔強盗〕、第二百四十条〔強盗致死傷〕〕、第二百四十一条第一項若しくは第三項〔強盗・不同意性交等及び致死〕、第二百四十三条〔第二百三十五条から第二百三十六条、第二百三十八条から第二百四十条まで及び第二百四十一条第三項の未遂〕、第二百四十六条〔詐欺〕、第二百四十八条から第二百五十条（第二百四十七条に係る部分を除く。）まで〔第二百四十八条〔準詐欺〕、第二百四十九条〔恐喝〕、第二百五十条〔第二百四十六条、第二百四十八条、第二百四十九条の未遂〕〕、第二百五十三条〔業務上横領〕又は第二百五十六条第二項〔盗品等有償譲受け等〕に規定する罪

イ　爆発物取締罰則（明治十七年太政官布告第三十二号）第一条〔爆発物使用〕、第二条〔使用発覚〕又は第四条〔脅迫、教唆、煽動、共謀〕に規定する罪

ウ　暴力行為等処罰に関する法律（大正十五年法律第六十号）第一条の二第一項〔加重傷害〕若しくは第二項〔加重傷害未遂〕又は第一条の三（刑法第二百四条に係る部分に限る。）〔常習傷害〕に規定する罪

エ　盗犯等の防止及び処分に関する法律（昭和五年法律第九号）第二条から第四条まで〔第二条〔常

習特殊強窃盗〕、第三条〔常習累犯強窃盗〕、第四条〔常習強盗傷人・強盗・不同意性交等〕〕に規定する罪

オ　道路運送法（昭和二十六年法律第百八十三号）第百一条〔事業用自動車の転覆、破壊〕に規定する罪

カ　森林法（昭和二十六年法律第二百四十九号）第二百二条第一項〔他人の山林への放火〕に規定する罪

キ　出入国管理及び難民認定法（昭和二十六年政令第三百十九号）第七十三条の二第一項〔罰則〕に規定する罪

ク　航空機の強取等の処罰に関する法律（昭和四十五年法律第六十八号）第一条〔航空機の強取等〕又は第二条〔航空機強取等致死〕に規定する罪

ケ　航空の危険を生じさせる行為等の処罰に関する法律（昭和四十九年法律第八十七号）第一条から第五条まで〔第一条〔危険を生じさせる罪〕、第二条〔墜落させる等の罪〕、第三条〔航空機の破壊等〕、第四条〔爆発物の持ち込み〕、第五条〔未遂〕〕に規定する罪

コ　人質による強要行為等の処罰に関する法律（昭和五十三年法律第四十八号）第一条から第三条まで〔第一条〔人質による強要等〕、第二条〔加重人質強要〕、第三条〔航空機を強取しての強要〕〕に規定する罪

サ　放射線を発散させて人の生命等に危険を生じさせる行為等の処罰に関する法律（平成十九年法律第三十八号）第三条第一項〔放射線発散〕又は第二項〔第一項の未遂〕に規定する罪

シ　自動車の運転により人を死傷させる行為等の処罰に関する法律（平成二十五年法律第八十六号）第二条から第四条まで〔第二条〔危険運転致死傷〕、第四条〔過失運転致死傷アルコール等影響発覚免脱〕〕に規定する罪

三　労働基準法（昭和二十二年法律第四十九号）第五条〔強制労働の禁止〕、職業安定法（昭和二十二年法律第百四十一号）第四十四条〔労働者供給事業の禁止〕、下請代金支払遅延等防止法（昭和三十一年法律第百二十号）第三条第一項〔書面の交付等〕若し

くは第五条〔書類等の作成及び保存〕又は労働者派遣事業の適正な運営の確保及び派遣労働者の保護等に関する法律（昭和六十年法律第八十八号）第四条第一項〔労働者派遣事業を行つてはならない業務の範囲〕の規定に違反する行為

（暴力的不法行為その他の罪に当たる行為）

第二条　法第三条第四号の国家公安委員会規則で定める行為は、次の各号に掲げる罪のいずれかに当たる行為とする。

一　爆発物取締罰則第一条から第三条まで〔第一条〔爆発物使用〕、第二条〔使用発覚〕、第三条〔製造輸入所持等〕〕に規定する罪

二　刑法第九十五条〔公務執行妨害及び職務強要〕、第九十六条の二から第九十六条の四まで〔第九十六条の二〔強制執行妨害目的財産損壊等〕、第九十六条の三〔強制執行行為妨害等〕、第九十六条の四〔強制執行関係売却妨害〕〕、第九十六条の五（第九十六条の二から第九十六条の四までに係る部分に限る。）〔加重封印等破棄等〕、第九十六条の六第一項〔公契約関係競売等妨害〕、第百三条〔犯人蔵匿等〕、第百四条〔証拠隠滅等〕、第百五条の二〔証人等威迫〕、第百七十五条〔わいせつ物頒布等〕、第百七十七条第一項若しくは第三項〔不同意性交等、十六歳未満の者に対する性交等〕、第百七十九条第二項〔監護者性交等〕、第百八十条（第百七十七条第一項及び第三項並びに第百七十九条第二項に係る部分に限る。以下この号において同じ。）〔不同意性交等、監護者性交等の未遂〕、第百八十一条第二項（第百七十七条第一項及び第三項、第百七十九条第二項並びに第百八十条に係る部分に限る。）〔不同意性交等、監護者性交等致死傷〕、第百八十二条第三項〔十六歳未満の者に対する性交等姿態映像送信要求〕、第百八十五条から第百八十七条まで〔第百八十五条〔賭博〕、第百八十六条〔常習賭博及び賭博場開張等図利〕、第百八十七条〔富くじ発売等〕〕、第百九十九条〔殺人〕、第二百一条〔殺人予備〕、第二百三条（第百九十九条に係る部分に限る。）〔殺人未遂〕、第二百四

条〔傷害〕、第二百五条〔傷害致死〕、第二百八条〔暴行〕、第二百八条の二〔凶器準備集合及び結集〕、第二百二十条から第二百二十三条まで〔第二百二十条〔逮捕及び監禁〕、第二百二十一条〔逮捕等致死傷〕、第二百二十二条〔脅迫〕、第二百二十三条〔強要〕〕、第二百二十五条から第二百二十六条の三まで〔第二百二十五条の二〔身の代金目的略取等〕、第二百二十六条〔所在国外移送目的略取及び誘拐〕、第二百二十六条の二〔人身売買〕、第二百二十六条の三〔被略取者等所在国外移送〕〕、第二百二十七条第一項（第二百二十五条及び第二百二十六条から第二百二十六条の三までに係る部分に限る。以下この号において同じ。）から第四項まで〔二項〔営利拐取等幇助目的被拐取者引渡し〕、二項〔身の代金拐取幇助目的被拐取者引渡し〕、三項〔営利被拐取者引渡し〕、四項〔身の代金被拐取者収受・収受者身の代金取得〕〕、第二百二十八条（第二百二十五条、第二百二十五条の二第一項、第二百二十六条から第二百二十六条の三まで並びに第二百二十七条第一項から第三項まで及び第四項前段に係る部分に限る。）〔略取及び誘拐等未遂〕、第二百二十八条の三〔身の代金目的略取等予備〕、第二百三十四条〔威力業務妨害〕、第二百三十五条の二から第二百三十七条まで〔第二百三十五条の二〔不動産侵奪〕、第二百三十六条〔強盗〕、第二百三十七条〔強盗予備〕〕、第二百四十条（第二百三十六条に係る部分に限る。以下この号において同じ。）〔強盗致死傷〕、第二百四十一条第一項（第二百三十六条に係る部分に限る。）若しくは第三項（第二百三十六条に係る部分に限る。以下この号において同じ。）〔強盗・不同意性交等及び致死〕、第二百四十三条（第二百三十五条の二、第二百三十六条、第二百四十条及び第二百四十一条第三項に係る部分に限る。）〔未遂〕、第二百四十六条（第六十条の規定が適用される場合に限る。以下この号において同じ。）〔詐欺〕、第二百四十六条の二（第六十条の規定が適用される場合に限る。以下この号において同じ。）〔電子計算機使用詐欺〕、第二百四十九条〔恐喝〕、第二百五十条（第二百四十六条、第二百四十六条の二及び第二百四十九条に係る部分に限る。）〔恐喝未遂〕又は第二百五十八条から第二百六十一条まで〔第二百五十八条〔公用文書等毀棄〕、第二百五十九条〔私用文書等毀棄〕、第二百六十条〔建造物等損壊及び同致死傷〕、第二百六十一条〔器物損壊等〕〕に規定する罪

三　暴力行為等処罰に関する法律に規定する罪

四　盗犯等の防止及び処分に関する法律第二条（刑法第二百三十六条及び第二百四十三条（第二百三十六条に係る部分に限る。以下この号において同じ。）に係る部分に限る。）〔常習特殊強盗〕、第三条（刑法第二百三十六条及び第二百四十三条に係る部分に限る。）〔常習累犯強盗〕又は第四条（刑法第二百三十六条に係る部分に限る。）〔常習強盗致傷、同強盗不同意性交〕に規定する罪

五　労働基準法第百十七条〔強制労働の禁止〕又は第百十八条第一項（第六条及び第五十六条に係る部分に限る。）〔中間搾取の排除、最低年齢〕に規定する罪

六　職業安定法第六十三条〔暴行脅迫等による職業紹介等、有害業務への職業紹介等〕、第六十四条第一号〔無許可有料職業紹介事業〕、第一号の二（第三十条第一項、第三十二条の六第二項（第三十三条第四項において準用する場合を含む。）及び第三十三条第一項に係る部分に限る。）〔不正な許可取得等〕、第四号〔取扱職業以外の有料職業紹介〕、第五号〔無許可無料職業紹介事業〕若しくは第十号〔労働者供給事業の禁止〕又は第六十六条第一号〔許可申請書等虚偽記載〕若しくは第三号〔変更届出義務違反〕に規定する罪

七　児童福祉法（昭和二十二年法律第百六十四号）第六十条第一項〔児童に淫行させる行為〕又は第二項（第三十四条第一項第四号の二、第五号、第七号及び第九号に係る部分に限る。）〔児童に深夜街頭労働させる行為、児童を引き渡す行為、満十五歳に満たない児童に酒席に侍する行為、児童を支配下に置く行為〕に規定する罪

八　金融商品取引法（昭和二十三年法律第二十五号）第百九十七条の二第十号の四、第十号の五〔登録の申請〕若しくは第十号の八〔特例業務届出違反等〕から第十号の十〔海外投資家等特例業務届出違反〕まで、第百九十八条第一項第一号〔不正登録等〕、第三号〔無許可〕、第三号の三〔無登録高速取引行為〕若しくは第四号〔無免許・無認可開設〕から第七号〔無免許での信用取引等への貸付業務〕まで、第百九十八条の四〔子会社等の無認可設立等〕、第百九十八条の五第二号の二（第五十七条の二十第一項に係る部分に限る。）〔指定親会社等に対する措置命令等〕、第百九十八条の六第一号（第二十九条の二第一項から第三項まで、第五十九条の二第一項及び第三項、第六十条の二第一項及び第三項、第六十六条の二、第六十六条の二十八、第六十六条の五十一、第八十一条、第百二条の十五、第百六条の十一、第百五十五条の二、第百五十六条の三、第百五十六条の二十の三、第百五十六条の二十の十七、第百五十六条の二十四第二項から第四項まで並びに第百五十六条の四十に係る部分に限る。）〔登録申請書の虚偽記載又は記録〕、若しくは第十一号の五〔指定親会社による書類の虚偽届出等〕、第二百条第十二号の三〔金融商品取引業の表示等違反〕、第十三号〔主要株主に対する措置命令等違反〕若しくは第十七号（第百六条の三第一項及び第四項、第百六条の十七第一項及び第三項並びに第百五十六条の五の五第一項及び第四項に係る部分に限る。）〔主要株主に対する認可・監督上の処分違反〕、第二百五条第九号〔対象議決権保有届出書等の未提出又は虚偽届出〕、第十三号（第百六条の三第三項（第百六条の十第四項及び第百六条の十七第四項において準用する場合を含む。）及び第百五十六条の五の五第三項に係る部分に限る。）〔届出事項等の未届出又は虚偽届出〕若しくは第十六号〔名称又は商号における誤認のおそれのある文字使用〕、第二百五条の二の三第一項第一号（第三十一条第一項、第五十七条の十四、第六十条の五第一項、第六十三条第八項（第六十三条の三第二項において準用する場合を含む。）、第六十三条の九第七項（第六十三条の十一第二項において準用する場合を含む。）、第六十六条の五第一項、第六十六条の三十一第一項、第六十六条の五十四第一項及び第百五十六条の五十五第一項に係る部分に限る。）〔変更登録等の未届出又は虚偽届出〕、第二号（第三十一条の三及び第六十六条の六に係る部分に限る。）〔商号等の使用制限違反〕若しくは第四号（第三十六条の二第三項及び第六十六条の八第三項に係る部分に限る。）〔業者等以外の者による標識又は類似標識の掲示〕又は第二百六条第一項第二号（第百四十九条第二項前段（第百五十三条の四において準用する場合を含む。）及び第百五十五条の七に係る部分に限る。）〔免許の申請、認可の申請における届出義務違反〕、第七号（第百五十六条の十三に係る部分に限る。）〔金融商品取引清算機関の変更事項未届出又は虚偽届出〕、第九号（第百五十六条の二十の十一及び第百五十六条の二十の二十一第二項に係る部分に限る。）〔資本金の額等の変更の虚偽届出等〕若しくは第十号（第百五十六条の二十八第三項に係る部分に限る。）〔業務内容の変更、廃止の未届出又は虚偽届出〕に規定する罪

九　風俗営業等の規制及び業務の適正化等に関する法律（昭和二十三年法律第百二十二号）第四十九条第五号若しくは第六号〔店舗型性風俗特殊営業の禁止区域営業等〕、第五十条第一項第四号（第二十二条第一項第三号及び第四号（第三十一条の二十三及び第三十二条第三項において準用する場合を含む。）に係る部分に限る。）〔十八歳未満の者の客の接待・午後十時から翌日の午前六時までの接客〕、第五号（第二十八条第十二項第三号に係る部分に限る。）、第六号、第八号（第三十一条の十三第二項第三号及び第四号に係る部分に限る。）〔十八歳未満の者の接客行為等〕、第九号〔十八歳未満の者を異性の客と会話させる行為〕若しくは第十号〔深夜酒類提供飲食店の禁止地域営業〕又は第五十二条第一号〔客引き・客引き準備行為〕に規

定する罪
十　大麻草の栽培の規制に関する法律（昭和二十三年法律第百二十四号）第二十四条〔栽培〕、第二十四条の三〔栽培・営利目的予備〕又は第二十四条の四〔栽培・輸出入・営利目的予備〕に規定する罪
十一　船員職業安定法（昭和二十三年法律第百三十号）第百十二条第一号〔船員職業紹介事業違反〕、第二号（第三十四条第一項、第五十五条第一項及び第六十条第二項に係る部分に限る。）〔許可有効期間の虚偽記載〕若しくは第五号〔船員派遣事業違反〕又は第百十四条第二号〔申請書虚偽記載〕若しくは第三号（第六十一条第一項に係る部分に限る。）〔変更届出書虚偽記載〕に規定する罪
十二　競馬法（昭和二十三年法律第百五十八号）第三十条第三号〔のみ行為〕又は第三十四条〔勝馬投票類似行為〕に規定する罪
十三　自転車競技法（昭和二十三年法律第二百九号）第五十六条第二号〔のみ行為〕又は第五十八条第三号〔勝者投票類似行為〕に規定する罪
十四　建設業法（昭和二十四年法律第百号）第四十七条第一項第一号〔無許可営業〕若しくは第三号〔許可の不正取得〕又は第五十条第一項第一号〔許可申請書等の虚偽記載〕、第二号（第十一条第一項及び第三項（第十七条において準用する場合を含む。）に係る部分に限る。）〔変更届出義務違反〕若しくは第三号〔許可基準喪失の届出義務違反〕に規定する罪
十五　弁護士法（昭和二十四年法律第二百五号）第七十七条第三号又は第四号〔非弁護士の法律事務取扱等〕に規定する罪
十六　火薬類取締法（昭和二十五年法律第百四十九号）第五十八条第一号から第四号まで〔第一号〔無許可製造業〕、第二号〔無許可製造〕、第三号〔無許可販売業〕、第四号〔無許可輸入〕〕又は第五十九条第二号（第二十一条に係る部分に限る。）〔所持者の範囲〕、第四号〔無許可譲受等〕若しくは第五号〔無許可爆発等〕に規定する罪

十七　小型自動車競走法（昭和二十五年法律第二百八号）第六十一条第二号〔のみ行為〕又は第六十三条第三号〔勝車投票類似行為〕に規定する罪

十八　毒物及び劇物取締法（昭和二十五年法律第三百三号）第二十四条第一号（第三条に係る部分に限る。）〔禁止規定〕に規定する罪

十九　港湾運送事業法（昭和二十六年法律第百六十一号）第三十四条第一号〔無免許・無許可営業〕に規定する罪

二十　投資信託及び投資法人に関する法律（昭和二十六年法律第百九十八号）第二百四十五条第三号〔登録義務違反〕又は第二百四十六条第一号（第百九十一条第一項に係る部分に限る。）〔登録申請書変更事項届出義務違反〕若しくは第八号〔登録申請書等虚偽記載等〕に規定する罪

二十一　モーターボート競走法（昭和二十六年法律第二百四十二号）第六十五条第二号〔のみ行為〕又は第六十八条第三号〔勝舟投票類似行為〕に規定する罪

二十二　覚醒剤取締法（昭和二十六年法律第二百五十二号）第四十一条〔輸出入・製造〕、第四十一条の二〔所持・譲渡・譲受〕、第四十一条の三第一項第一号〔使用〕、第三号〔輸出入の制限及び禁止〕若しくは第四号〔製造の禁止〕、第二項（同条第一項第一号、第三号及び第四号に係る部分に限る。）〔営利目的による使用・輸出入・製造〕若しくは第三項（同条第一項第一号、第三号及び第四号並びに第二項（同条第一項第一号、第三号及び第四号に係る部分に限る。）に係る部分に限る。）〔未遂〕、第四十一条の四第一項第三号から第五号まで〔第三号〔原料の所持〕、第四号〔譲渡・譲受〕、第五号〔使用〕〕、第二項（同条第一項第三号から第五号までに係る部分に限る。）〔営利目的使用〕若しくは第三項（同条第一項第三号から第五号まで及び第二項（同条第一項第三号から第五号までに係る部分に限る。）に係る部分に限る。）〔未遂〕、第四十一条の六〔営利目的使用予備〕、第四十一条の七〔輸出入・製造・営利目的使用予備〕、第四

十一条の九から第四十一条の十一まで〔第四十一条の九〔輸出入・製造に対する資金提供等・運搬〕、第四十一条の十〔原料の輸出入・製造に対する資金提供等・運搬〕、第四十一条の十一〔譲渡・譲受・周旋〕〕又は第四十一条の十三〔原料の譲渡・譲受・周旋〕に規定する罪

二十三　旅券法（昭和二十六年法律第二百六十七号）第二十三条第一項第一号〔旅券の不正受給〕、第二項（同条第一項第一号に係る部分に限る。以下この号において同じ。）〔営利目的〕又は第三項（同条第一項第一号及び第二項に係る部分に限る。）〔未遂〕に規定する罪

二十四　出入国管理及び難民認定法第七十四条から第七十四条の六まで〔第七十四条〔入国・上陸、営利目的・未遂〕、第七十四条の二〔輸送・営利目的〕、第七十四条の三〔船舶等準備・提供等〕、第七十四条の四〔収受・輸送・蔵匿・隠避・営利目的〕、第七十四条の五〔予備〕、第七十四条の六〔営利目的〕〕、第七十四条の六の二第一項第一号〔許可書等不正交付〕若しくは第二号〔不法所持・提供・収受〕若しくは第二項〔営利目的〕、第七十四条の六の三（第七十四条の六の二第一項第一号及び第二号並びに第二項に係る部分に限る。）〔未遂〕又は第七十四条の八〔蔵匿・隠避・同未遂〕に規定する罪

二十五　宅地建物取引業法（昭和二十七年法律第百七十六号）第七十九条第一号〔免許の不正取得〕若しくは第二号〔無免許営業〕、第八十二条第一号〔免許申請書等の虚偽記載〕、第二号（第十二条第二項に係る部分に限る。）〔無免許営業者の表示又は広告〕若しくは第三号〔指定の不正取得〕又は第八十三条第一項第一号（第九条及び第五十三条（第六十三条の三第二項において準用する場合を含む。）に係る部分に限る。）〔変更届出義務違反〕に規定する罪

二十六　酒税法（昭和二十八年法律第六号）第五十四条第一項〔無免許製造〕若しくは第二項〔未遂〕又は第五十六条第一項第一号〔無免許販売〕、第五号〔密

造酒類の所持等禁止）若しくは第七号（無免許製造準備）に規定する罪

二十七　麻薬及び向精神薬取締法（昭和二十八年法律第十四号）第六十四条から第六十六条まで（第六十四条（輸出入・製造）、第六十四条の二（製剤等）、第六十四条の三（施用等）、第六十五条（禁止行為等の罰則）、第六十六条（製剤・小分け・譲渡・譲受及び所持））、第六十六条の二（第二十七条第一項及び第五項に係る部分に限る。）（施用・交付等）、第六十六条の三から第六十八条の二（第六十六条の三（輸出入・製造・製剤・小分け）、第六十六条の四（譲渡・所持）、第六十七条（予備）、第六十八条（資金等提供・運搬）、第六十八条の二（譲渡・譲受・周旋））まで、第六十九条の二（予備）、第六十九条の四（資金等提供・運搬）、第六十九条の五（譲渡・譲受・周旋）、第七十条第十四号（処方箋の偽造・変造）又は第七十二条第四号（処方箋の偽造・変造）に規定する罪

二十八　武器等製造法（昭和二十八年法律第百四十五号）第三十一条（無許可銃砲製造）、第三十一条の二（無許可武器製造）若しくは第三十一条の三第一号（無許可銃砲弾製造）又は第三十一条の三第四号（無許可猟銃製造）に規定する罪

二十九　出資の受入れ、預り金及び金利等の取締りに関する法律（昭和二十九年法律第百九十五号）第五条（高金利の処罰）に規定する罪

三十　売春防止法（昭和三十一年法律第百十八号）第六条（周旋等）、第七条第二項（脅迫暴行による売春強制）若しくは第三項（同条第二項に係る部分に限る。）（未遂）、第八条第一項（第七条第二項に係る部分に限る。）（対償の収受等）又は第十条から第十三条まで（第十条（売春契約）、第十一条（場所の提供）、第十二条（売春をさせる業）、第十三条（資金等提供））に規定する罪

三十一　銃砲刀剣類所持等取締法（昭和三十三年法律第六号）第三十一条（拳銃等の発射）から第三十一条の四（拳銃等の譲渡、譲受）まで、第三十一条の七

〔拳銃実包の輸入〕から第三十一条の九〔拳銃実包の譲渡、譲受〕まで、第三十一条の十一第一項第一号〔銃砲等の所持〕若しくは第二号〔拳銃部品の輸入〕若しくは第二項〔拳銃部品の輸入未遂〕、第三十一条の十二〔拳銃、小銃、機関銃又は砲の輸入予備〕、第三十一条の十三〔拳銃、小銃、機関銃又は砲の輸入援助〕、第三十一条の十五〔拳銃等の譲渡、譲受等〕、第三十一条の十六第一項第一号から第三号まで〔銃砲又は刀剣類の所持、拳銃部品の所持、譲渡、譲受等〕若しくは第二項〔拳銃部品の譲渡・譲受等未遂〕、第三十一条の十七〔拳銃物品の輸入〕、第三十一条の十八第一項〔拳銃実包の譲渡、譲受の周旋〕若しくは第二項第二号〔刃物の携帯の禁止〕、第三十二条第一号〔拳銃部品の譲渡、譲受等〕、第三号〔未届出、虚偽の届出〕、第四号〔準空気銃の所持の禁止〕若しくは第七号〔あおり、唆し〕又は第三十五条第二号（第二十二条の二第一項及び第二十二条の四に係る部分に限る。）〔模造拳銃の所持の禁止、模造刀剣類の携帯の禁止〕に規定する罪

三十二　割賦販売法（昭和三十六年法律第百五十九号）第四十九条第二号〔包括信用購入あっせん業の未登録〕、第三号〔個別信用購入あっせん業の未登録〕若しくは第六号〔クレジットカード番号等取扱契約締結業の未登録〕又は第五十三条の二第一号（第三十三条の三第一項、第三十五条の二の十三第一項、第三十五条の三の二十八第一項及び第三十五条の十七の六第一項に係る部分に限る。）〔前払式割賦販売業の許可申請等の変更無届出・虚偽届出〕に規定する罪

三十三　著作権法（昭和四十五年法律第四十八号）第百十九条第二項第三号〔著作権等侵害行為〕に規定する罪

三十四　廃棄物の処理及び清掃に関する法律（昭和四十五年法律第百三十七号）第二十五条第一項第一号〔無許可廃棄物処理業〕、第二号〔廃棄物処理業の許可の不正取得〕、第八号〔無許可の廃棄物処理施設設置〕、第九号〔廃棄物処理施設設置許可の不正取得〕、第十三

号〔産業廃棄物処理の不正受託〕若しくは第十四号〔廃棄物の不法投棄〕若しくは第二項（同条第一項第十四号に係る部分に限る。）〔未遂〕、第二十六条第三号〔譲受、借受け〕、第四号〔国外廃棄物輸入〕若しくは第六号（第二十五条第一項第十四号に係る部分に限る。）〔収集、運搬〕、第二十九条第一号（第七条の二第四項（第十四条の二第三項及び第十四条の五第三項において読み替えて準用する場合を含む。）及び第九条第六項（第十五条の二の六第三項において読み替えて準用する場合を含む。）に係る部分に限る。）〔届出義務違反〕又は第三十条第二号（第七条の二第三項（第十四条の二第三項及び第十四条の五第三項において準用する場合を含む。）、第九条第三項（第十五条の二の六第三項において準用する場合を含む。）及び第九条の七第二項（第十五条の四において準用する場合を含む。）に係る部分に限る。）〔事業の廃止等の無届出等〕に規定する罪

三十五　火炎びんの使用等の処罰に関する法律（昭和四十七年法律第十七号）第二条〔使用〕又は第三条〔製造、所持等〕に規定する罪

三十六　建設労働者の雇用の改善等に関する法律（昭和五十一年法律第三十三号）第四十九条第一号〔許可有効期間の不正更新〕又は第五十一条第四号〔申請書虚偽記載〕若しくは第六号〔変更事項の無届出・虚偽届出〕に規定する罪

三十七　銀行法（昭和五十六年法律第五十九号）第六十一条第一号〔無免許営業〕、第六十二条の二第一号又は第六十三条の三第二号（第五十二条の七十八第一項に係る部分に限る。）〔指定申請書等の虚偽記載又は記録〕に規定する罪

三十八　貸金業法（昭和五十八年法律第三十二号）第四十七条第一号〔不正登録〕若しくは第二号〔無登録営業等の禁止〕、第四十七条の三第一項第一号〔登録申請書等の虚偽記載〕、第二号（第十一条第二項に係る部分に限る。）〔無登録営業等の禁止〕若しくは第三号〔取立て行為の規制〕、第四十八条第一項第一号の

三（第二十四条第二項、第二十四条の二第二項、第二十四条の三第二項、第二十四条の四第二項及び第二十四条の五第二項において準用する第十二条の七に係る部分に限る。）〔生命保険契約の締結に係る制限違反〕、第三号の三（第二十四条第二項、第二十四条の二第二項、第二十四条の三第二項、第二十四条の四第二項及び第二十四条の五第二項において準用する第十六条の三第一項に係る部分に限る。）〔生命保険契約に係る同意前の書面の未交付、虚偽記載〕、第四号の二〔特定公正証書に係る制限違反〕、第五号（第二十四条第二項、第二十四条の二第二項、第二十四条の三第二項、第二十四条の四第二項及び第二十四条の五第二項において準用する第二十条第三項に係る部分に限る。）〔特定公正証書作成嘱託時の説明義務違反〕、第五号の二、第五号の三若しくは第九号の八〔公的給付に係る預金通帳等の保管等の制限違反・虚偽記録等〕、第四十九条第七号〔取立て行為の規制にかかる記載事項不備・虚偽記録等〕、第五十条第一項第一号（第八条第一項に係る部分に限る。）〔変更等の未届出・虚偽届出〕若しくは第二号〔変更届出書類虚偽記載〕又は第五十条の二第六号（第四十一条の五十五第一項に係る部分に限る。）〔申請書類変更の未届出、虚偽届出〕に規定する罪

三十九　労働者派遣事業の適正な運営の確保及び派遣労働者の保護等に関する法律（昭和六十年法律第八十八号）第五十九条第一号（第四条第一項に係る部分に限る。）から第三号まで〔第一号〔対象外業務への労働者派遣〕、第二号〔無許可一般労働者派遣事業〕、第三号〔不正な許可取得等〕〕又は第六十一条第一号〔許可申請書等虚偽記載〕若しくは第二号（第十一条第一項に係る部分に限る。）〔変更届出義務違反〕に規定する罪

四十　港湾労働法（昭和六十三年法律第四十号）第四十八条第一号〔不正な許可取得等〕又は第五十一条第二号（第十八条第二項において準用する第十二条第二項に規定する申請書及び第十八条第二項において

準用する第十二条第三項に規定する書類に係る部分を除く。）〔申請書虚偽記載〕若しくは第三号（第十九条第一項に係る部分に限る。）〔未届出・虚偽届出〕に規定する罪

四十一　国際的な協力の下に規制薬物に係る不正行為を助長する行為等の防止を図るための麻薬及び向精神薬取締法等の特例等に関する法律（平成三年法律第九十四号。以下この号及び第四十七号において「麻薬特例法」という。）第三章〔罰則〕に規定する罪のうち、次に掲げる罪

イ　麻薬特例法第五条〔業として行う不法輸入等〕に規定する罪のうち、次に掲げる行為に係る罪

(1)　大麻草の栽培の規制に関する法律第二十四条〔栽培〕に規定する罪に当たる行為をすること。

(2)　覚醒剤取締法第四十一条〔輸出入・製造〕又は第四十一条の二〔所持・譲渡・譲受〕に規定する罪に当たる行為をすること。

(3)　麻薬及び向精神薬取締法第六十四条〔輸出入・製造〕、第六十四条の二〔製剤等〕、第六十五条〔禁止行為等の罰則〕、第六十六条〔製剤・小分け・譲渡・譲受及び所持〕、第六十六条の三〔輸出入・製造・製剤・小分け〕又は第六十六条の四〔譲渡・所持〕に規定する罪に当たる行為をすること。

ロ　麻薬特例法第六条〔薬物犯罪収益等隠匿〕又は第七条〔薬物犯罪収益等収受〕に規定する罪

ハ　麻薬特例法第八条第一項〔規制薬物としての物品の輸出入〕に規定する罪のうち、次に掲げる罪に係る罪

(1)　イ又はホに掲げる罪

(2)　覚醒剤取締法第四十一条〔輸出入・製造〕に規定する罪

(3)　麻薬及び向精神薬取締法第六十四条〔輸出入・製造〕、第六十五条〔禁止行為等の罰則〕又は第六十六条の三〔輸出入・製造・製剤・小分け〕

に規定する罪

ニ　麻薬特例法第八条第二項〔規制薬物としての譲渡、譲受、交付及び所持〕に規定する罪のうち、次に掲げる罪に係る罪

(1)　イ又はホに掲げる罪

(2)　覚醒剤取締法第四十一条の二〔所持・譲渡・譲受〕に規定する罪

(3)　麻薬及び向精神薬取締法第六十四条の二〔製剤等〕、第六十六条〔製剤・小分け・譲渡・譲受及び所持〕又は第六十六条の四〔譲渡・所持〕に規定する罪

ホ　麻薬特例法第九条〔あおり又は唆し〕に規定する罪のうち、次に掲げる罪に係る罪

(1)　イ又はロに掲げる罪

(2)　大麻草の栽培の規制に関する法律第二十四条〔栽培〕、第二十四条の三又は第二十四条の四に規定する罪

(3)　覚醒剤取締法第四十一条〔輸出入・製造〕、第四十一条の二〔所持・譲受・譲渡〕、第四十一条の六〔営利目的使用予備〕、第四十一条の九〔輸出入・製造に対する資金提供等・運搬〕又は第四十一条の十一〔譲渡・譲受・周旋〕に規定する罪

(4)　麻薬及び向精神薬取締法第六十四条〔輸出入・製造〕、第六十四条の二〔製剤等〕、第六十五条〔禁止行為等の罰則〕、第六十六条〔製剤・小分け・譲渡・譲受及び所持〕、第六十六条の三から第六十八条の二まで〔第六十六条の三〔輸出入・製造・製剤・小分け〕、第六十六条の四〔譲渡・所持〕、第六十七条〔予備〕、第六十八条〔資金等提供・運搬〕、第六十八条の二〔譲渡・譲受・周旋〕〕、第六十九条の二〔予備〕、第六十九条の四〔資金等提供・運搬〕又は第六十九条の五〔譲渡・譲受・周旋〕に規定する罪

四十二　不動産特定共同事業法（平成六年法律第七十七号）第七十七条第一号〔無許可営業〕、第二号〔許

可の不正取得〕若しくは第五号から第七号まで〔登録の不正取得、無届出適格特例投資家限定事業営業、適格特例投資家限定事業廃止処分違反〕、第八十二条第一号〔許可申請書の虚偽記載〕若しくは第五号〔登録申請書虚偽記載〕又は第八十四条第一号（第五十八条第四項に係る部分を除く。）〔変更届出義務違反〕若しくは第三号〔無許可営業者の標識掲示〕に規定する罪

四十三　保険業法（平成七年法律第百五号）第三百十五条第六号〔不正登録〕、第三百十五条の二第四号から第六号（第二百七十二条の三十五第五項に係る部分に限る。）〔未承認の持株会社設立、猶予期限日超過違反、措置命令違反〕まで、第三百十六条の三第一号〔指定申請書等の虚偽記載又は記録〕、第三百十七条の二第三号〔登録申請書等虚偽記載〕、第三百十九条第九号〔承認申請書等虚偽記載〕又は第三百二十条第九号（第三百八条の十八第一項に係る部分に限る。）〔変更等の未届出・虚偽届出〕に規定する罪

四十四　資産の流動化に関する法律（平成十年法律第百五号）第二百九十四条第一号（第四条第一項に係る部分に限る。）〔無許可営業〕、第三号〔届出義務違反〕若しくは第十二号（第四条第二項から第四項まで（これらの規定を第十一条第五項において準用する場合を除く。）及び第九条第二項（第二百二十七条第二項において準用する場合を除く。）に係る部分に限る。）〔届出書類虚偽記載〕又は第二百九十五条第二号（第二百九条第二項（第二百八十六条第一項において準用する場合を含む。）において準用する第二百十九条の規定による命令に係る部分を除く。）〔停止命令違反〕に規定する罪

四十五　債権管理回収業に関する特別措置法（平成十年法律第百二十六号）第三十三条第一号〔無許可営業〕若しくは第二号〔許可の不正取得〕、第三十四条第一号〔許可申請書の虚偽記載〕若しくは第三号〔困惑させる行為の禁止〕又は第三十五条第一号〔変更届出義務違反〕、第二号〔無許可営業者の商号の規制〕、第五号〔商号等の明示義務〕、第六号〔暴力団員等の使用

行為等の禁止）若しくは第八号（白紙委任状の取得の制限）に規定する罪

四十六　児童買春、児童ポルノに係る行為等の規制及び処罰並びに児童の保護等に関する法律（平成十一年法律第五十二号）第五条、第六条、第七条第二項から第八項まで又は第八条（第五条（児童買春周旋）、第六条（児童買春勧誘）、第七条（児童ポルノ提供等）、第八条（児童買春等目的人身売買等））に規定する罪

四十七　組織的な犯罪の処罰及び犯罪収益の規制等に関する法律（平成十一年法律第百三十六号。以下この号において「組織的犯罪処罰法」という。）第二章に規定する罪のうち、次に掲げる罪

イ　組織的犯罪処罰法第三条第一項（組織的な殺人等）に規定する罪のうち、同項第二号から第十号まで（強制執行妨害目的財産損壊等、強制執行行為妨害等、強制執行関係売却妨害、常習賭博、賭博場開張等図利、殺人、逮捕及び監禁、強要、身の代金目的略取等）又は第十二号から第十五号まで（威力業務妨害、詐欺、恐喝、建造物等損壊）に規定する罪に当たる行為に係る罪

ロ　組織的犯罪処罰法第三条第二項（不正権益を目的とする犯罪）に規定する罪のうち、同条第一項第二号から第四号まで（強制執行妨害目的財産損壊等、強制執行行為妨害等、強制執行関係売却妨害）、第七号から第十号まで（殺人、逮捕及び監禁、強要、身の代金目的略取等）、第十二号（威力業務妨害）、第十四号（恐喝）又は第十五号（建造物等損壊）に規定する罪に係る罪

ハ　組織的犯罪処罰法第四条（組織的な殺人等の未遂）に規定する罪のうち、組織的犯罪処罰法第三条第一項第七号（殺人）、第九号（強要）、第十号（刑法第二百二十五条の二第一項に係る部分に限る。）（身の代金目的略取等）、第十三号（詐欺）又は第十四号（恐喝）に規定する罪に係る罪

ニ　組織的犯罪処罰法第六条（組織的な殺人等の予備）に規定する罪

ホ　組織的犯罪処罰法第六条の二第一項（テロリズム集団その他の組織的犯罪集団による実行準備行為を

伴う重大犯罪遂行の計画〕又は第二項〔不正権益の取得、維持、拡大を目的とする犯罪の計画〕に規定する罪のうち、次に掲げる罪に当たる行為に係る罪

(1) 爆発物取締罰則第三条〔製造輸入所持等〕に規定する罪

(2) 刑法第百七十七条第一項若しくは第三項〔不同意性交等、十六歳未満の者に対する性交等〕、第二百四条〔傷害〕、第二百二十五条〔営利目的等略取及び誘拐〕、第二百二十六条〔所在国外移送目的略取及び誘拐〕、第二百二十六条の二第一項〔人身買受〕、第四項〔人身売渡〕若しくは第五項〔所在国外移送目的人身売買〕、第二百二十六条の三〔被略取者等所在国外移送〕、第二百二十七条第一項（第二百二十五条及び第二百二十六条から第二百二十六条の三までに係る部分に限る。）〔営利拐取等幇助目的被拐取者引渡し〕、第三項〔営利被拐取者引渡し〕若しくは第四項〔身の代金被拐取者収受・収受者身の代金取得〕、第二百三十五条の二〔不動産侵奪〕、第二百三十六条〔強盗〕又は第二百四十六条の二〔電子計算機使用詐欺〕に規定する罪

(3) 労働基準法第百十七条〔強制労働の禁止〕に規定する罪

(4) 職業安定法第六十三条〔暴行脅迫等による職業紹介等、有害業務への職業紹介等〕に規定する罪

(5) 児童福祉法第六十条第一項〔児童に淫行させる行為〕に規定する罪

(6) 金融商品取引法第百九十七条の二第十号の四、第十号の五〔登録の申請〕若しくは第十号の八〔特例業務届出違反等〕から第十号の十〔海外投資家等特例業務届出違反〕までに規定する罪

(7) 大麻草の栽培の規制に関する法律第二十四条第一項に規定する罪

(8) 競馬法第三十条第三号〔のみ行為〕に規定する罪

(9) 自転車競技法第五十六条第二号〔のみ行為〕に規定する罪

(10) 小型自動車競走法第六十一条第二号〔のみ行

為〕に規定する罪

(11) モーターボート競走法第六十五条第二号〔のみ行為〕に規定する罪

(12) 覚醒剤取締法第四十一条第一項〔輸出入・製造〕、第四十一条の二第一項若しくは第二項〔所持・譲渡・譲受〕、第四十一条の三第一項第一号〔使用〕、第三号〔輸出入の制限及び禁止〕若しくは第四号〔製造の禁止〕若しくは第二項（同条第一項第一号、第三号及び第四号に係る部分に限る。）〔営利目的による使用・輸出入・製造〕又は第四十一条の四第一項第三号から第五号まで〔第三号〔原料の所持〕、第四号〔譲渡・譲受〕、第五号〔使用〕〕に規定する罪

(13) 旅券法第二十三条第一項第一号〔旅券の不正受給〕に規定する罪

(14) 出入国管理及び難民認定法第七十四条第一項〔入国・上陸、営利目的・未遂〕、第七十四条の二第二項〔輸送・営利目的〕、第七十四条の四第一項〔収受・輸送・蔵匿・隠避・営利目的〕、第七十四条の六の二第二項〔営利目的〕又は第七十四条の八第二項〔蔵匿・隠避・同未遂〕に規定する罪

(15) 麻薬及び向精神薬取締法第六十四条第一項〔輸出入・製造〕、第六十四条の二第一項若しくは第二項〔製剤等〕、第六十四条の三第一項若しくは第二項〔施用等〕、第六十五条第一項若しくは第二項〔禁止行為等の罰則〕、第六十六条第一項〔製剤・小分け・譲渡・譲受及び所持〕、第六十六条の二第一項（第二十七条第一項及び第五項に係る部分に限る。）、第六十六条の三第一項〔輸出入・製造・製剤・小分け〕又は第六十六条の四第二項〔譲渡・所持〕に規定する罪

(16) 武器等製造法第三十一条第一項〔無許可銃砲製造〕、第三十一条の二第一項〔無許可銃砲弾製造〕又は第三十一条の三第四号（猟銃の製造に係る部分に限る。）〔無許可猟銃製造〕に規定する罪

(17) 出資の受入れ、預り金及び金利等の取締りに

関する法律第五条〔高金利の処罰〕に規定する罪

(18) 売春防止法第八条第一項（第七条第二項に係る部分に限る。）〔対償の収受等〕、第十一条第二項〔場所の提供〕、第十二条〔売春をさせる業〕又は第十三条〔資金等提供〕に規定する罪

(19) 銃砲刀剣類所持等取締法第三十一条第一項〔銃砲等の発射〕（拳銃等の発射に係るものを除く。）、第二項〔組織による拳銃等の発射〕若しくは第三項〔団体の不正権益の維持、拡大目的の拳銃等の発射〕、第三十一条の二第一項〔輸入の禁止〕、第三十一条の三第一項〔銃砲等の所持〕（拳銃等の所持に係るものを除く。）、第二項〔実砲又は弾丸等の携帯・運搬・保管〕（拳銃等の所持に係るものを除く。）、第三項〔組織による拳銃等の所持〕若しくは第四項〔団体の不正権益の維持、拡大目的の拳銃等の所持〕、第三十一条の四第一項若しくは第二項〔拳銃等の譲渡、譲受〕、第三十一条の七第一項〔拳銃実包の輸入〕、第三十一条の八〔拳銃実包の所持〕、第三十一条の九第一項〔拳銃実包の譲渡、譲受〕、第三十一条の十一第一項第一号〔銃砲等の所持〕若しくは第二号〔拳銃部品の輸入〕又は第三十一条の十三〔拳銃、小銃、機関銃又は砲の輸入援助〕に規定する罪

(20) 著作権法第百十九条第二項第三号〔著作権等侵害行為〕に規定する罪

(21) 廃棄物の処理及び清掃に関する法律第二十五条第一項第一号〔無許可廃棄物処理業〕、第二号〔廃棄物処理業の許可の不正取得〕、第八号〔無許可の廃棄物処理施設設置〕、第九号〔廃棄物処理施設設置許可の不正取得〕、第十三号〔産業廃棄物処理の不正受託〕又は第十四号〔廃棄物の不法投棄〕に規定する罪

(22) 火炎びんの使用等の処罰に関する法律第二条第一項〔使用〕に規定する罪

(23) 貸金業法第四十七条第一号〔不正登録〕又は第二号〔無登録営業等の禁止〕に規定する罪

(24) 麻薬特例法第六条第一項〔薬物犯罪収益等隠

匿〕又は第七条〔薬物犯罪収益等収受〕に規定する罪

(25) 児童買春、児童ポルノに係る行為等の規制及び処罰並びに児童の保護等に関する法律第五条第一項〔児童買春周旋〕、第六条第一項〔児童買春勧誘〕又は第七条第六項から第八項〔六項〔児童ポルノ提供、公然陳列、電磁的記録等の提供〕、七項〔児童ポルノ製造、所持、本邦に輸出入、電磁的記録の保管〕、八項〔児童ポルノの外国における輸出入〕〕までに規定する罪

(26) 組織的犯罪処罰法第三条第一項〔組織的な殺人等〕（同項第二号から第十号まで〔強制執行妨害目的財産損壊等、強制執行行為妨害等、強制執行関係売却妨害、常習賭博、賭博場開張等図利、殺人、逮捕及び監禁、強要、身の代金目的略取等〕及び第十二号から第十五号まで〔威力業務妨害、詐欺、恐喝、建造物等損壊〕に係る部分に限る。）若しくは第二項〔不正権益を目的とする犯罪〕（同条第一項第二号から第四号まで〔強制執行妨害目的財産損壊等、強制執行行為妨害等、強制執行関係売却妨害〕、第七号から第十号まで〔殺人、逮捕及び監禁、強要、身の代金目的略取等〕、第十二号〔威力業務妨害〕、第十四号〔恐喝〕及び第十五号〔建造物等損壊〕に係る部分に限る。）、第七条（同条第一項第一号から第三号までに係る部分に限る。）〔一号〔組織的な犯罪に係る犯人蔵匿、隠避〕、二号〔証拠隠滅、偽造、変造、偽造・変造証拠の使用〕、三号〔親族等に対する面会強請、強談威迫〕〕、第七条の二第二項〔組織による証人等買収〕、第九条第一項から第三項まで〔不法収益等による法人等の事業経営の支配を目的とする行為〕、第十条第一項〔犯罪収益等隠匿〕又は第十一条〔犯罪収益等収受〕に規定する罪

(27) 会社法（平成十七年法律第八十六号）第九百七十条第四項〔威迫を伴う利益受供与・要求〕に規定する罪

(28) 性的な姿態を撮影する行為等の処罰及び押収物に記録された性的な姿態の影像に係る電磁的

記録の消去等に関する法律（令和五年法律第六十七号）第三条第二項〔性的影像記録提供等〕又は第五条第一項若しくは第二項〔性的姿態等影像送信〕に規定する罪

へ　組織的犯罪処罰法第七条〔組織的な犯罪に係る犯人蔵匿等〕、第七条の二〔証人等買収〕又は第九条から第十一条まで〔第九条〔不法収益等による法人等の事業経営の支配を目的とする行為〕、第十条〔犯罪収益等隠匿〕、第十一条〔犯罪収益等収受〕〕に規定する罪

四十八　金融サービスの提供及び利用環境の整備等に関する法律（平成十二年法律第百一号）第百四十条第一号〔不正登録〕、第百四十一条第一号〔取立て行為の規制〕、第百四十二条第一号〔登録等届出違反〕、第百四十八条第五号、第百四十九条第一号〔変更等の未届出・虚偽記載〕（第十六条第三項第一号に係る部分に限る。）又は第百五十一条第一号、第三号〔商号等の使用制限違反〕若しくは第六号（第六十七条第一項に係る部分に限る。）に規定する罪

四十九　著作権等管理事業法（平成十二年法律第百三十一号）第二十九条第一号〔無登録営業〕若しくは第二号〔登録免許不正取得〕又は第三十二条第一号〔届出書不提出・虚偽届出〕に規定する罪

五十　高齢者の居住の安定確保に関する法律（平成十三年法律第二十六号）第八十条第一号〔サービス付き高齢者向け住宅事業の不正登録〕、第二号（第九条第一項及び第十一条第三項に係る部分に限る。）〔変更未届出・虚偽届出〕又は第三号（第十四条に係る部分に限る。）〔施設名称の不正使用〕に規定する罪

五十一　使用済自動車の再資源化等に関する法律（平成十四年法律第八十七号）第百三十八条第四号〔無許可解体業〕若しくは第五号〔営業許可不正取得〕又は第百四十条第二号（第六十三条第一項及び第七十一条第一項に係る部分に限る。）〔届出書不提出・虚偽届出〕に規定する罪

五十二　インターネット異性紹介事業を利用して児童を誘引する行為の規制等に関する法律（平成十五年法律第八十三号）第三十一条（第十四条第二項に係

る部分に限る。）〔事業廃止命令違反〕、第三十二条第一号〔無届事業〕又は第三十四条第一号若しくは第二号〔虚偽届出・変更届出等〕に規定する罪

五十三　裁判外紛争解決手続の利用の促進に関する法律（平成十六年法律第百五十一号）第三十二条第一項（第五条に係る部分に限る。）〔不正認証取得〕又は第三項第一号（第八条に係る部分に限る。）〔申請書等虚偽記載〕若しくは第二号〔誤認表示〕に規定する罪

五十四　信託業法（平成十六年法律第百五十四号）第九十一条第一号から第三号まで〔無免許営業、免許不正取得、不正登録〕若しくは第七号から第九号まで〔信託方法における無登録、無登録信託契約代理業、不正登録〕、第九十三条第一号〔免許申請書等虚偽記載〕、第二号〔登録申請書等虚偽記載〕、第九号から第十二号まで〔合併認可申請書虚偽記載、新設分割認可申請書虚偽記載、吸収分割認可申請書虚偽記載、事業譲渡等認可申請書虚偽記載〕、第二十二号〔外国信託業免許申請書等虚偽記載〕、第二十三号〔登録申請書等虚偽記載〕、第二十七号〔信託契約代理営業登録申請書虚偽記載〕若しくは第三十二号〔指定申請書等の虚偽記載又は記録〕、第九十四条第五号〔措置命令違反〕、第九十六条第二号〔届出書未届出・虚偽記載〕又は第九十七条第一号〔変更未届出・虚偽記載〕、第三号〔商号の規制〕、第六号〔申請書記載事項の変更未届出・虚偽記載〕、第九号（第七十一条第一項に係る部分に限る。）〔信託契約代理営業変更未届出・虚偽記載〕、第十一号〔標識掲示違反〕若しくは第十四号〔変更等の未届出・虚偽届出〕に規定する罪

五十五　会社法第九百七十条第二項から第四項まで〔利益受供与・利益供与要求・威迫を伴う利益受供与・要求〕に規定する罪

五十六　探偵業の業務の適正化に関する法律（平成十八年法律第六十号）第十七条（第十五条第二項に係る部分に限る。）〔営業廃止命令違反〕、第十八条第一号〔無届出営業〕又は第十九条第一号〔営業届出書等虚偽記載〕若しくは第二号〔営業廃止・変更届出書等不提出・虚偽記載〕に規定する罪

五十七　犯罪による収益の移転防止に関する法律（平成十九年法律第二十二号）第二十八条〔不正預貯金契約〕に規定する罪

五十八　電子記録債権法（平成十九年法律第百二号）第九十五条第一号〔電磁的記録等虚偽記載〕又は第九十七条第二号〔商号等の変更の無届出・虚偽届出〕に規定する罪

五十九　資金決済に関する法律（平成二十一年法律第五十九号）第百七条第二号（第三十七条、第四十一条第一項、第六十二条の三、第六十二条の七第一項及び第六十三条の二に係る部分に限る。）〔資金移動業者等不正登録〕、第六号〔資金移動業者等未変更営業〕、第八号〔電子決済手段等取引業未登録取引〕、第九号〔電子決済手段等取引業未変更取引〕、第十二号〔暗号資産交換業無登録営業〕、第十四号〔為替取引分析業無許可営業〕、第十五号若しくは第十七号〔為替取引分析業許可不正取得・無許可営業〕から第十九号〔資金清算業免許不正取得〕まで、第百九条第十一号若しくは第十二号〔免許申請書等虚偽記載〕、第百十二条第二号（第三十八条第一項（第四十一条第二項において準用する場合を含む。）及び第二項（第四十一条第二項において準用する場合を含む。）、第六十二条の四第一項（第六十二条の七第二項において準用する場合を含む。）及び第二項（第六十二条の七第二項において準用する場合を含む。）並びに第六十三条の三第一項及び第二項に係る部分に限る。）〔資金移動業等登録申請書等虚偽記載〕又は第百十四条第一号（第四十一条第三項及び第四項、第六十二条の七第三項及び第四項並びに第六十三条の六第一項及び第二項に係る部分に限る。）〔資金移動業等変更未届出・虚偽届出〕若しくは第七号（第六十三条の三十三第二項及び第七十七条に係る部分に限る。）〔資金清算機関の資本金の額等の変更未届出・虚偽届出〕に規定する罪

六十　性的な姿態を撮影する行為等の処罰及び押収物に記録された性的な姿態の影像に係る電磁的記録の消去等に関する法律第二条から第六条までに規定する罪

（心身の障害により業務を適正に行うことができない者）

第三条　法第三条第七号の国家公安委員会規則で定める者は、精神機能の障害により警備業務を適正に行うに当たって必要な認知、判断及び意思疎通を適切に行うことができない者とする。

2　法第四十二条第三項において読み替えて準用する法第二十二条第四項第二号の国家公安委員会規則で定める者は、精神機能の障害により機械警備業務管理者の業務を適正に行うに当たって必要な認知、判断及び意思疎通を適切に行うことができない者とする。

附　則

この規則は、警備業法の一部を改正する法律（昭和五十七年法律第六十七号）の施行の日（昭和五十八年一月十五日）から施行する。

附　則〔昭和六一年六月二七日国家公安委員会規則第四号〕

この規則は、昭和六十一年七月一日から施行する。

附　則〔平成四年二月二〇日国家公安委員会規則第三号〕

この規則は、平成四年三月一日から施行する。

附　則〔平成四年六月一六日国家公安委員会規則第一五号抄〕

（施行期日）

第一条　この規則は、公布の日から施行する。ただし、次の各号に掲げる規定は、それぞれ当該各号に定める日から施行する。

一　〔前略〕第二条第十号、第十八号及び第二十号〔中略〕の改正規定　麻薬及び向精神薬取締法等の一部を改正する法律（平成三年法律第九十三号）の施行の日（平成四年七月一日）

二　〔前略〕第二条第二十五号〔中略〕の改正規定　廃棄物の処理及び清掃に関する法律及び廃棄物処理施設整備緊急措置法の一部を改正する法律（平成三年法律第九十五号）の施行の日（平成四年七月四日）

附　則〔平成五年四月九日国家公安委員会規則第四号〕

（施行期日）

この規則は、廃棄物の処理及び清掃に関する法律の一部を改正する法律（平成四年法律第百五号）の施行の日から施行する。

附　則〔平成五年五月一二日国家公安委員会規則第八号抄〕

この規則は、公布の日から施行する。ただし、第一条中警備業の要件に関する規則第二条の改正規定（同条第三十号に係る部分に限る。）〔中略〕は、特定債権等に係る事業の規制に関する法律（平成四年法律第七十七号）の施行の日から施行する。

附　則〔平成五年六月一五日国家公安委員会規則第九号〕

この規則は、銃砲刀剣類所持等取締法及び武器等製造法の一部を改正する法律（平成五年法律第六十六号）の施行の日〔平成五・七・一五〕から施行する。

附　則〔平成七年五月二三日国家公安委員会規則第六号〕

この規則は、銃砲刀剣類所持等取締法の一部を改正する法律（平成七年法律第八十九号）の施行の日（平成七年六月十二日）から施行する。

附　則〔平成七年五月二六日国家公安委員会規則第七号〕

この規則は、刑法の一部を改正する法律の施行の日（平成七年六月一日）から施行する。

附　則〔平成九年六月六日国家公安委員会規則第八号〕

この規則は、公布の日から施行する。

附　則〔平成九年一〇月一日国家公安委員会規則第一一号〕

この規則は、公布の日から施行する。ただし、〔中略〕第二条第二十五号に係る部分〔中略〕は、廃棄物の処理及び清掃に関する法律の一部を改正する法律（平成九年法律第八十五号）の施行の日〔平成九・一二・一七〕から施行する。

附　則〔平成九年一二月一九日国家公安委員会規則第一二号〕

この規則は、平成九年十二月二十三日から施行する。

附　則〔平成一〇年一〇月二〇日国家公安委員会規則第一四号〕

（施行期日）

1　この規則は、風俗営業等の規制及び業務の適正化等に関する法律の一部を改正する法律の施行の日（平成十一年四月一日）から施行する。〔以下略〕

附　則〔平成一一年一月一四日国家公安委員会規則第二号抄〕

1　この規則は、法の施行の日〔平成一一・二・一〕から施行する。

附　則〔平成一一年一〇月二六日国家公安委員会規則第一一号〕

この規則は、児童買春、児童ポルノに係る行為等の処罰及び児童の保護等に関する法律（平成十一年法律第五十二号）の施行の日（平成十一年十一月一日）から施行する。ただし、次の各号に掲げる規定は、当該各号に定める日から施行する。

一　第一条のうち、警備業の要件に関する規則第二条第三号、第五号、第十三号、第十六号、第十八号及び第二十三号の改正規定、同条第二十八号の改正規定中「限る」の下に「。第三十四号ト(23)において同じ」を加える部分、同条第二十九号の改正規定並びに同条に二号を加える改正規定中同条第三十四号に係る部分〔中略〕　組織的な犯罪の処罰及び犯罪収益の規制等に関する法律（平成十一年法律第百三十六号）の施行の日〔平成一二・二・一〕

二　第一条のうち警備業の要件に関する規則第二条第七号の改正規定〔中略〕　職業安定法等の一部を改正する法律（平成十一年法律第八十五号）の施行の日〔平成一一・一二・一〕

三　第一条のうち警備業の要件に関する規則第二条第二十八号の改正規定中「第四条第三項」を改める部分及び「に規定する」を改める部分〔中略〕　労働者派遣事業の適正な運営の確保及び派遣労働者の就業条件の整備等に関する法律等の一部を改正する法律（平成十一年法律第八十四号）の施行の日〔平成一一・一二・一〕

附　則〔平成一二年九月二一日国家公安委員会規則第一五号〕

この規則は、廃棄物の処理及び清掃に関する法律及び産業廃棄物の処理に係る特定施設の整備の促進に関する法律の一部を改正する法律（平成十二年法律第百五号）の施行の日（平成十二年十月一日）から施行する。

附　則〔平成一三年一二月二一日国家公安委員会規則第一六号〕

この規則は、刑法の一部を改正する法律（平成十三年法律第百三十八号）の施行の日（平成十三年十二月二十五日）から施行する。ただし、第一条中警備業の要件に関する規則第二条第十三号及び第三十四号ト(11)の改正規定〔中略〕は、弁護士法の一部を改正する法律（平成十三年法律第四十一号）の施行の日（平成十四年四月一日）から施行する。

附　則〔平成一五年三月七日国家公安委員会規則第二号抄〕

（施行期日）

第一条　この規則は、警備業法の一部を改正する法律（平成十四年法律第百八号）の施行の日（平成十五年三月三十一日）から施行する。

附　則〔平成一五年八月二九日国家公安委員会規則第一三号〕

この規則は、平成十五年九月一日から施行する。

附　則〔平成一五年一一月二七日国家公安委員会規則第一九号〕

この規則は、平成十五年十二月一日から施行する。

附　則〔平成一五年一二月二六日国家公安委員会規則第二〇号〕

この規則は、平成十六年一月一日から施行する。

附　則〔平成一六年二月二七日国家公安委員会規則第三号〕

この規則は、平成十六年三月一日から施行する。

附　則〔平成一六年三月三一日国家公安委員会規則第五号〕

この規則は、平成十六年四月一日から施行する。

附　則〔平成一六年四月二八日国家公安委員会規則第一二号〕

この規則は、公布の日から施行する。ただし、第二条〔中略〕の規定は、平成十六年七月一日から施行する。

附　則〔平成一六年一二月二八日国家公安委員会規則第二五号〕

この規則は、次の各号に掲げる規定ごとに、それぞれ当該各号に定める日から施行する。

一　第一条〔中略〕の改正規定　この規則の公布の日

二　第二条〔中略〕の改正規定　信託業法（平成十六年法律第百五十四号）の施行の日（平成十六年十二月三十日）

三　第三条〔中略〕の改正規定　刑法等の一部を改正する法律（平成十六年法律第百五十六号）の施行の日（平成十七年一月一日）

附　則〔平成一七年七月一二日国家公安委員会規則第一四号〕

この規則は、刑法等の一部を改正する法律（平成十七年法律第六十六号）の施行の日（平成十七年七月十二日）から施行する。

附　則〔平成一七年九月三〇日国家公安委員会規則第一六号〕

この規則は、廃棄物の処理及び清掃に関する法律の一部を改正する法律（平成十七年法律第四十二号）の施行の日（平成十七年十月一日）から施行する。ただし、第一条中警備業の要件に関する規則第二条第二十三号の改正規定〔中略〕は、旅券法及び組織的な犯罪の処罰及び犯罪収益の規制等に関する法律の一部を改正する法律（平成十七年法律第五十五号）附則第一条第一号に掲げる規定の施行の日（平成十七年十二月十日）から施行する。

附　則〔平成一七年一一月一八日国家公安委員会規則第一七号〕

この規則は、警備業法の一部を改正する法律の施行の日（平成十七年十一月二十一日）から施行する。

附　則〔平成一八年三月二七日国家公安委員会規則第九号〕

この規則は、銀行法等の一部を改正する法律（平成十七年法律第百六号）の施行の日〔平成一八・四・一〕から施行する。

附　則〔平成一八年四月二四日国家公安委員会規則第一四号抄〕

（施行期日）

第一条　この規則は、風俗営業等の規制及び業務の適正化等に関する法律の一部を改正する法律（平成十七年法律第百十九号。以下「改正法」という。）の施行の日（平成十八年五月一日）から施行する。

附　則〔平成一八年四月二八日国家公安委員会規則第一六号〕

この規則は、会社法（平成十七年法律第八十六号）の施行の日（平成十八年五月一日）から施行する。

附　則〔平成一八年七月四日国家公安委員会規則第二一号〕

この規則は、証券取引法等の一部を改正する法律（平成十八年法律第六十五号）附則第一条第一号に掲げる規定の施行の日（平成十八年七月四日）から施行する。

附　則〔平成一八年八月一一日国家公安委員会規則第二三号〕

この規則は、銃砲刀剣類所持等取締法の一部を改正する法律（平成十八年法律第四十一号）の施行の日（平成十八年八月二十一日）から施行する。

附　則〔平成一九年一月一二日国家公安委員会規則第二号〕

この規則は、貸金業の規制等に関する法律等の一部を改正する法律（平成十八年法律第百十五号）附則第一条第二号に掲げる規定の施行の日（平成十九年一月二十日）から施行する。

附　則〔平成一九年八月三日国家公安委員会規則第一七号〕

（施行期日）

1　この規則は、放射線を発散させて人の生命等に危険を生じさせる行為等の処罰に関する法律（平成十九年法律第三十八号。次項において「放射線発散処罰法」という。）の施行の日〔平成一九・九・二〕から施行する。

（経過措置）

2　この規則による改正後の警備業の要件に関する規則（以下この項において「新規則」という。）の規定の適用については、放射線発散処罰法附則第四条の規定によりなお従前の例によることとされる場合における放射線発散処罰法附則第六条の規定による改正前の放射線同位元素等による放射線障害の防止に関する法律（昭和三十二年法律第百六十七号）第五十一条第一項又は第二項に規定する罪は、新規則第一条第二号サに掲げる罪とみなす。

附　則〔平成一九年八月七日国家公安委員会規則第一八号〕

この規則は、次の各号に掲げる規定ごとに、それぞれ当該各号に定める日から施行する。

一　第一条〔中略〕の改正規定　信託法の施行に伴う関係法律の整備等に関する法律（平成十八年法律第百九

号）の施行の日〔平成一九・九・三〇〕

二　第二条〔中略〕の改正規定　証券取引法等の一部を改正する法律（平成十八年法律第六十五号）の施行の日〔平成一九・九・三〇〕

附　則〔平成一九年九月二七日国家公安委員会規則第二三号〕

この規則は、自転車競技法及び小型自動車競走法の一部を改正する法律（平成十九年法律第八十二号）附則第一条第一号に掲げる規定の施行の日〔平成一九・一〇・一〕から施行する。ただし、第一条中警備業の要件に関する規則第二条第十六号の改正規定〔中略〕は、自転車競技法及び小型自動車競走法の一部を改正する法律附則第一条第二号に掲げる規定の施行の日〔平成二〇・四・一〕から施行する。

附　則〔平成一九年一二月一二日国家公安委員会規則第二五号〕

この規則は、銃砲刀剣類所持等取締法及び武器等製造法の一部を改正する法律（平成十九年法律第百二十号）の施行の日（平成十九年十二月三十日）から施行する。

附　則〔平成一九年一二月一三日国家公安委員会規則第二六号〕

この規則は、貸金業の規制等に関する法律等の一部を改正する法律（平成十八年法律第百十五号）の施行の日（平成十九年十二月十九日）から施行する。

附　則〔平成二〇年三月一〇日国家公安委員会規則第二号〕

この規則は、モーターボート競走法の一部を改正する法律（平成十九年法律第十六号）附則第一条第二号に掲げる規定の施行の日（平成二十年四月一日）から施行する。

附　則〔平成二〇年七月一六日国家公安委員会規則第一五号〕

この規則は、暴力団員による不当な行為の防止等に関する法律の一部を改正する法律（平成二十年法律第二十八号）附則第一条第一号に掲げる規定の施行の日（平成二十年八月一日）から施行する。ただし、第一条中警備業の要件に関する規則第二条に二号を加える改正規定（同条第五十三号に係る部分に限る。）〔中略〕は、同法附則第一条第二号に掲げる規定の施行の日〔平成二〇・

一二・一〕から施行する。

附　則〔平成二〇年一一月一七日国家公安委員会規則第二五号〕

この規則は、インターネット異性紹介事業を利用して児童を誘引する行為の規制等に関する法律の一部を改正する法律（平成二十年法律第五十二号）附則第一条第二号に掲げる規定の施行の日（平成二十年十二月一日）から施行する。

附　則〔平成二一年五月二九日国家公安委員会規則第五号〕

この規則は、金融商品取引法等の一部を改正する法律（平成二十年法律第六十五号）附則第一条第三号に掲げる規定の施行の日（平成二十一年六月一日）から施行する。

附　則〔平成二二年三月二六日国家公安委員会規則第一号〕

この規則は、金融商品取引法等の一部を改正する法律（平成二十一年法律第五十八号）の施行の日（平成二十二年四月一日）から施行する。

附　則〔平成二三年三月三〇日国家公安委員会規則第三号〕

この規則は、金融商品取引法等の一部を改正する法律（平成二十二年法律第三十二号）の施行の日（平成二十三年四月一日）から施行する。ただし、次の各号に掲げる規定は、当該各号に定める日から施行する。

一　第一条中警備業の要件に関する規則第一条第二号キ〔中略〕の改正規定　公布の日

二　第一条中警備業の要件に関する規則第二条第三十三号〔中略〕の改正規定　廃棄物の処理及び清掃に関する法律の一部を改正する法律（平成二十二年法律第三十四号）の施行の日（平成二十三年四月一日）

附　則〔平成二三年六月一〇日国家公安委員会規則第一〇号〕

この規則は、資本市場及び金融業の基盤強化のための金融商品取引法等の一部を改正する法律（平成二十三年法律第四十九号）附則第一条第一号に掲げる規定の施行の日（平成二十三年六月十四日）から施行する。〔以下略〕

附　則〔平成二三年七月六日国家公安委員会規則第一一号〕

この規則は、情報処理の高度化等に対処するための刑法等の一部を改正する法律（平成二十三年法律第七十四号）の施行の日（平成二十三年七月十四日）から施行する。

附　則〔平成二四年六月一八日国家公安委員会規則第七号〕

（施行期日）

第一条　この規則は、出入国管理及び難民認定法及び日本国との平和条約に基づき日本の国籍を離脱した者等の出入国管理に関する特例法の一部を改正する等の法律（平成二十一年法律第七十九号）の施行の日（平成二十四年七月九日）から施行する。

（経過措置）

第二条　この規則の施行の日前にした行為に対する罰則の適用については、なお従前の例による。

附　則〔平成二四年九月二八日国家公安委員会規則第一〇号〕

この規則は、労働者派遣事業の適正な運営の確保及び派遣労働者の就業条件の整備等に関する法律等の一部を改正する法律（平成二十四年法律第二十七号）の施行の日（平成二十四年十月一日）から施行する。

附　則〔平成二四年一〇月一七日国家公安委員会規則第一二号〕

（施行期日）

1　この規則は、平成二十四年十月三十日から施行する。

（経過措置）

2　この規則の施行の日から犯罪による収益の移転防止に関する法律の一部を改正する法律（平成二十三年法律第三十一号）の施行の日の前日までの間は、改正後の警備業の要件に関する規則〔中略〕中「犯罪による収益の移転防止に関する法律（平成十九年法律第二十二号）第二十七条に規定する罪」とあるのは、「犯罪による収益の移転防止に関する法律（平成十九年法律第二十二号）第二十六条に規定する罪」とする。

附　則〔平成二五年七月九日国家公安委員会規則第九号〕

この規則は、金融商品取引法等の一部を改正する法律（平成二十五年法律第四十五号）附則第一条第一号に掲げる規定の施行の日（平成二十五年七月九日）から施行する。ただし、第二条〔中略〕の規定は、同法の施行の日〔平成二六・四・一〕から施行する。

附　則〔平成二五年一二月二〇日国家公安委員会規則第一五号〕

この規則は、不動産特定共同事業法の一部を改正する法律（平成二十五年法律第五十六号）の施行の日（平成二十五年十二月二十日）から施行する。

附　則〔平成二六年四月二五日国家公安委員会規則第七号抄〕

（施行期日）

1　この規則は、自動車の運転により人を死傷させる行為等の処罰に関する法律の施行の日（平成二十六年五月二十日）から施行する。

（経過措置）

2　この規則の施行前にした行為に対する警備業の要件に関する規則第一条第二号の規定の適用については、なお従前の例による。

附　則〔平成二六年七月九日国家公安委員会規則第八号〕

この規則は、児童買春、児童ポルノに係る行為等の処罰及び児童の保護等に関する法律の一部を改正する法律の施行の日〔平成二六・七・一五〕から施行する。

附　則〔平成二七年九月一八日国家公安委員会規則第一四号〕

この規則は、犯罪による収益の移転防止に関する法律の一部を改正する法律の施行の日（平成二十八年十月一日）から施行する。

附　則〔平成二七年九月二九日国家公安委員会規則第一五号抄〕

（施行期日）

1　この規則は、労働者派遣事業の適正な運営の確保及び派遣労働者の保護等に関する法律等の一部を改正する法律の施行の日（平成二十七年九月三十日）から施行する。

（経過措置）

2　当分の間、この規則による改正後の次に掲げる国家公安委員会規則の規定中「又は」とあるのは「若しくは」と、「に規定する」とあるのは「又は労働者派遣事業の適正な運営の確保及び派遣労働者の保護等に関する法律等の一部を改正する法律（平成二十七年法律第七十三号）附則第六条第六項（同条第四項に係る部分に限る。）に規定する」とする。
一　警備業の要件に関する規則第二条第三十九号
二～六　〔略〕

附　則〔平成二七年一一月一三日国家公安委員会規則第二〇号抄〕

（施行期日）
1　この規則は、風俗営業等の規制及び業務の適正化等に関する法律の一部を改正する法律の施行の日（平成二十八年六月二十三日）から施行する。

附　則〔平成二八年二月二六日国家公安委員会規則第三号〕

この規則は、金融商品取引法の一部を改正する法律の施行の日（平成二十八年三月一日）から施行する。〔以下略〕

附　則〔平成二九年三月二四日国家公安委員会規則第二号〕

この規則は、情報通信技術の進展等の環境変化に対応するための銀行法等の一部を改正する法律の施行の日（平成二十九年四月一日）から施行する。

附　則〔平成二九年七月五日国家公安委員会規則第七号〕

この規則は、組織的な犯罪の処罰及び犯罪収益の規制等に関する法律等の一部を改正する法律の施行の日〔平成二九・七・一一〕から施行する。

附　則〔平成二九年七月五日国家公安委員会規則第八号抄〕

（施行期日）
第一条　この規則は、刑法の一部を改正する法律（以下「改正法」という。）の施行の日〔平成二九・七・一三〕から施行する。

（警備業の要件に関する規則の一部改正に伴う経過措置）
第二条　第二条の規定による改正後の警備業の要件に関する規則（以下この条において「新規則」という。）第一条の規定の適用については、改正法による改正前の刑法（明治四十年法律第四十五号。以下「旧刑法」という。）第百八十一条第三項、第二百四十一条又は第二百四十三条（旧刑法第二百四十一条に係る部分に限る。）（改正法附則第二条第一項の規定によりなお従前の例によることとされる場合におけるこれらの規定を含む。）に規定する罪は新規則第一条第二号アに掲げる罪とみなし、改正法附則第三条の規定による改正前の盗犯等の防止及び処分に関する法律（昭和五年法律第九号）第四条（改正法附則第二条第一項の規定によりなお従前の例によることとされる場合における当該規定を含む。）に規定する罪（旧刑法第二百四十一条前段の罪又はその未遂罪を犯す行為に係るものに限る。）は新規則第一条第二号エに掲げる罪とみなす。

附　則〔平成二九年一一月二一日国家公安委員会規則第一〇号〕

この規則は、不動産特定共同事業法の一部を改正する法律の施行の日（平成二十九年十二月一日）から施行する。

附　則〔平成三〇年三月三〇日国家公安委員会規則第四号〕

この規則は、金融商品取引法の一部を改正する法律の施行の日（平成三十年四月一日）から施行する。

附　則〔平成三〇年三月三〇日国家公安委員会規則第五号〕

この規則は、割賦販売法の一部を改正する法律の施行の日（平成三十年六月一日）から施行する。

附　則〔令和二年三月三一日国家公安委員会規則第五号〕

この規則は、令和二年四月一日から施行する。

附　則〔令和二年四月二七日国家公安委員会規則第六号〕

この規則は、情報通信技術の進展に伴う金融取引の多様化に対応するための資金決済に関する法律等の一部を改正する法律の施行の日（令和二年五月一日）から施行する。

附　則〔令和三年三月三一日国家公安委員会規則第三号〕

この規則は、令和三年四月一日から施行する。

附　則〔令和三年三月三一日国家公安委員会規則第四号〕

この規則は、金融サービスの利用者の利便の向上及び保護を図るための金融商品の販売等に関する法律等の一部を改正する法律（令和二年法律第五十号。以下「改正法」という。）の施行の日〔令和三・一一・一〕から施行する。ただし、第一条第二表に係る改正規定〔中略〕は、改正法附則第一条第二号に掲げる規定の施行の日

（令和三年五月一日）から施行する。

附　則〔令和三年一一月一八日国家公安委員会規則第一二号〕

この規則は、新型コロナウイルス感染症等の影響による社会経済情勢の変化に対応して金融の機能の強化及び安定の確保を図るための銀行法等の一部を改正する法律の施行の日（令和三年十一月二十二日）から施行する。

附　則〔令和四年一月二七日国家公安委員会規則第三号〕

この規則は、銃砲刀剣類所持等取締法の一部を改正する法律の施行の日（令和四年三月十五日）から施行する。

附　則〔令和四年三月三〇日国家公安委員会規則第一〇号〕

この規則は、海事産業の基盤強化のための海上運送法等の一部を改正する法律の施行の日（令和四年四月一日）から施行する。

附　則〔令和四年九月二八日国家公安委員会規則第一七号〕

この規則は、令和四年十月一日から施行する。

附　則〔令和四年一二月二三日国家公安委員会規則第二〇号〕

この規則は、令和四年十二月二十九日から施行する。

附　則〔令和五年四月二八日国家公安委員会規則第八号〕

この規則は、競馬法の一部を改正する法律附則第一条第二号に掲げる規定の施行の日（令和五年五月一日）から施行する。

附　則〔令和五年五月三一日国家公安委員会規則第一一号〕

この規則は、安定的かつ効率的な資金決済制度の構築を図るための資金決済に関する法律等の一部を改正する法律（令和四年法律第六十一号）の施行の日（令和五年六月一日）から施行する。

附　則〔令和五年七月一〇日国家公安委員会規則第一二号抄〕

（施行期日）

第一条　この規則は、令和五年七月十三日から施行する。

（警備業の要件に関する規則の一部改正に伴う経過措置）

第二条　第二条の規定による改正後の警備業の要件に関する規則（以下この条において「新規則」という。）第一条の規定の適用については、刑法及び刑事訴訟法の一部を改正する法律による改正前の刑法（明治四十年法律第四十五号。以下「旧刑法」という。）第百七十七条、第百七十八条第二項又は第百八十条若しくは第百八十一条第二項（これらの規定中旧刑法第百七十七条又は第百七十八条第二項の罪に係る部分に限る。）に規定する罪は、新規則第一条第二号アに掲げる罪とみなす。

附　則〔令和六年二月一日国家公安委員会規則第三号〕

（施行期日）

この規則は、金融商品取引法等の一部を改正する法律附則第一条第二号に掲げる規定の施行の日（令和六年二月一日）から施行する。

附　則〔令和六年六月二八日国家公安委員会規則第一〇号〕

この規則は、銃砲刀剣類所持等取締法の一部を改正する法律附則第一条第二号に掲げる規定の施行の日（令和六年七月十四日）から施行する。

附　則〔令和六年一〇月三〇日国家公安委員会規則第一四号抄〕

（施行期日）

第一条　この規則は、大麻取締法及び麻薬及び向精神薬取締法の一部を改正する法律の施行の日（令和六年十二月十二日）から施行する。

附　則〔令和六年一〇月三〇日国家公安委員会規則第一五号〕

（施行期日）

この規則は、金融商品取引法等の一部を改正する法律の施行の日（令和六年十一月一日）から施行する。

附　則〔令和七年四月二五日国家公安委員会規則第二〇号〕

（施行期日）

この規則は、金融商品取引法及び投資信託及び投資法人に関する法律の一部を改正する法律の施行の日（令和七年五月一日）から施行する。

○警備員等の検定等に関する規則

（平成十七年十一月十八日
国家公安委員会規則第二十号）

改正　平成二十年六月十八日国家公安委員会規則第十三号
平成二十年十月十日国家公安委員会規則第二十二号
平成二十四年六月十八日国家公安委員会規則第七号
平成二十四年九月十八日国家公安委員会規則第九号
平成二十五年七月五日国家公安委員会規則第八号
平成三十一年三月二十九日国家公安委員会規則第四号
令和元年五月二十四日国家公安委員会規則第一号
令和元年六月二十一日国家公安委員会規則第三号
令和元年八月三十日国家公安委員会規則第四号
令和元年十月二十四日国家公安委員会規則第八号
令和二年十二月二十八日国家公安委員会規則第十三号
令和六年六月二十七日国家公安委員会規則第九号

警備業法（昭和四十七年法律第百十七号）第十八条、第二十三条第三項及び第六項、第二十八条、第三十条第二項並びに第五十四条、警備業法の一部を改正する法律（平成十六年法律第五十号）附則第五条、警備業法施行令（昭和五十七年政令第三百八号）第三条の表の第二号並びに警備業法施行規則（昭和五十八年総理府令第一号）第五十条第一項第五号及び第四項、第五十一条第二項並びに第六十六条第一項第一号ニ(5)の規定に基づき、警備員等の検定等に関する規則を次のように定める。

（特定の種別の警備業務）

第一条　警備業法（以下「法」という。）第十八条の国家公安委員会規則で定める種別の警備業務は、次に掲げるものとする。

一　法第二条第一項第一号に規定する警備業務のうち、空港法（昭和三十一年法律第八十号）第四条第一項各号に掲げる空港、同法第五条第一項に規定する地方管理空港その他の飛行場（以下「空港」と総称する。）において航空機の強取等の事故の発生を警戒し、防止する業務（航空機に持ち込まれる物件の検査に係るものに限る。以下「空港保安警備業務」という。）

二　法第二条第一項第一号に規定する警備業務（機械警備業務及び空港保安警備業務を除く。）のうち、警備業務対象施設の破壊等の事故の発生を警戒し、防止する業務（以下「施設警備業務」という。）

三　法第二条第一項第二号に規定する警備業務のうち、人の雑踏する場所における負傷等の事故の発生を警戒し、防止する業務（雑踏の整理に係るものに限る。以下「雑踏警備業務」という。）

四　法第二条第一項第二号に規定する警備業務のうち、工事現場その他人又は車両の通行に危険のある場所における負傷等の事故の発生を警戒し、防止する業務（交通の誘導に係るものに限る。以下「交通誘導警備業務」という。）

五　法第二条第一項第三号に規定する警備業務のうち、運搬中の核燃料物質等危険物（原子力基本法（昭和三十年法律第百八十六号）第三条第二号に規定する核燃料物質及び核燃料物質によって汚染された物その他の引火若しくは爆発又は空気中への飛散若しくは周辺地域への流出により人の生命、身体又は財産に対する危険が生ずるおそれがある物質（生物を含む。）をいう。以下同じ。）に係る盗難等の事故の発生を警戒し、防止する業務（以下「核燃料物質等危険物運搬警備業務」という。）

六　法第二条第一項第三号に規定する警備業務のうち、運搬中の現金、貴金属、有価証券等の貴重品に係る盗難等の事故の発生を警戒し、防止する業務（以下「貴重品運搬警備業務」という。）

（特定の種別の警備業務の実施基準）

第二条　警備業者は、次の表の上欄に掲げる種別に応じ、同表の中欄に掲げる警備員を、同表の下欄に掲げる人数を配置して、当該種別に係る警備業務を実施させなければならない。

種別	警備員	人数
一　空港保安警備業務	1　空港保安警備業務に係る	空港保安警備業務を行

	第四条に規定する一級の検定に係る法第二十三条第四項の合格証明書（以下「合格証明書」という。）の交付を受けている警備員（以下「一級検定合格警備員」という。）	う場所ごとに、一人
	2　空港保安警備業務に係る一級検定合格警備員又は第四条に規定する二級の検定に係る合格証明書の交付を受けている警備員（以下「二級検定合格警備員」という。）	エックス線透視装置が設置される場所ごとに、一人以上
二　施設警備業務（核原料物質、核燃料物質及び原子炉の規制に関する法律（昭和三十二年法律第百六十六号）第三条第二項第二号の製錬施設、同法第十三条第二項第二号の加工施設、同法第二十三条第二項第五号の試験研究用等原子炉施設、同法第四十三条の三の五第二項第五号の発電用原子炉	1　施設警備業務に係る一級検定合格警備員	施設警備業務を行う敷地ごとに、一人
	2　施設警備業務に係る一級検定合格警備員又は二級検定合格警備員	施設警備業務を行う敷地内の一の防護対象特定核燃料物質取扱施設ごとに、一人以上

施設、同法第四十三条の四第二項第二号の使用済燃料貯蔵施設、同法第四十四条第二項第二号の再処理施設、同法第五十一条の二第三項第二号の廃棄物管理施設又は同法第五十二条第二項第十号の使用施設等であって、核原料物質、核燃料物質及び原子炉の規制に関する法律施行令（昭和三十二年政令第三百二十四号）第三条に規定する防護対象特定核燃料物質（以下単に「防護対象特定核燃料物質」という。）を取り扱うもの（以下「防護対象特定核燃料物質取扱施設」という。）に係るものに限る。）		
三　施設警備業務（空港に係るものに限る。）	1　施設警備業務に係る一級検定合格警備員	施設警備業務を行う空港ごとに、一人
	2　施設警備業務に係る一級検定合格警備員又は二級検定合格警備員	施設警備業務を行う空港の敷地内の旅客ターミナル施設又は当該施設以外の当該空港の部

		分ごとに、一人以上
四　雑踏警備業務	1　雑踏警備業務に係る一級検定合格警備員	雑踏警備業務を行う場所（当該雑踏警備業務の実施の適正の確保上当該場所が二以上の区域に区分される場合に限る。）ごとに、一人
	2　雑踏警備業務に係る一級検定合格警備員又は二級検定合格警備員	雑踏警備業務を行う場所ごと（当該雑踏警備業務の実施の適正の確保上当該場所が二以上の区域に区
		分される場合には、それらの区域ごと）に、一人以上
五　交通誘導警備業務（高速自動車国道（高速自動車国道法（昭和三十二年法律第七十九号）第四条第一項に規定する高速自動車国道をいう。）又は自動車専用道路（道路法（昭和二十七年法律第百八十号）第四十八条の四に規定する自動車専用道路をいう。）において行うものに限	交通誘導警備業務に係る一級検定合格警備員又は二級検定合格警備員	交通誘導警備業務を行う場所ごとに、一人以上

る。）		
六　交通誘導警備業務（道路又は交通の状況により、都道府県公安委員会（以下「公安委員会」という。）が道路における危険を防止するため必要と認めるものに限る。）	交通誘導警備業務に係る一級検定合格警備員又は二級検定合格警備員	交通誘導警備業務を行う場所ごとに、一人以上
七　核燃料物質等危険物運搬警備業務（防護対象特定核燃料物質に係るものに限る。）	1　核燃料物質等危険物運搬警備業務に係る一級検定合格警備員	防護対象特定核燃料物質を運搬する車両又は伴走車その他の運搬に同行する車両（以下「防護対象特定核燃料物質運搬車両」という。）のいずれかに、一人
	2　核燃料物質等危険物運搬警備業務に係る一級検定合格警備員又は二級検定合格警備員	防護対象特定核燃料物質運搬車両（この項の1の下欄の車両を除く。）ごとに、一人以上
八　貴重品運搬警備業務（現金に係るものに限る。）	貴重品運搬警備業務に係る一級検定合格警備員又は二級検定合格警備員	現金を運搬する車両ごとに、一人以上

備考

一　この表の一の項の1の下欄の空港保安警備業務を行う場所の範囲を特定するに当たっては、手荷物その他の航空機に持ち込まれる物件の検査（以下「手荷物等検査」という。）に用いられる金属探知機、エックス線透視装置その他の機械器具（以下「手荷物等検査用機械器具」という。）の性能、情報通信技術の利用の状況その他の事情を勘案するものとする。

二　この表の四の項の1及び2の下欄の区域を特定するに当たっては、雑踏警備業務を行う場所の広さ、当該場所において予想される雑踏の状況、当該雑踏警備業務に従事する警備員の人数及び配置の状況、情報通信技術の利用の状況その他の事情を勘案するものとする。

（合格証明書の携帯等）

第三条　警備業者は、前条の表の上欄に掲げる警備業務を行うときは、検定合格警備員が当該警備業務に従事している間は、当該検定合格警備員に、当該警備業務の種別に係る合格証明書を携帯させ、かつ、関係人の請求があるときは、これを提示させなければならない。

（検定の区分）

第四条　法第二十三条第一項の規定による検定（以下「検定」という。）は、第一条各号に掲げる種別の警備業務ごとに、それぞれ一級及び二級に区分して行う。

（試験の免除）

第五条　講習会（法第二十三条第三項の講習会をいう。以下同じ。）の課程を修了した者については、当該講習会に係る警備業務の種別に係る学科試験及び実技試験の全部を免除する。

2　前項に規定する者は、検定に合格した者とみなす。

（学科試験等の科目等）

第六条　一級の検定の学科試験及び実技試験の科目及び判定の基準は別表第一に定めるとおりとし、二級の検定の学科試験及び実技試験の科目及び判定の基準は別表第二に定めるとおりとする。

2　学科試験は択一式の筆記試験又は電子計算機その他の機器を使用して行う試験により行うものとし、その合格基準は九十パーセント以上の成績であることとする。

3　実技試験は、公安委員会の指定を受けた警察職員が行うものとする。

4　実技試験の採点は別表第一及び別表第二に定める能力について減点式採点法により行うものとし、その合格基準は九十パーセント以上の成績であることとする。

5　検定においては、学科試験を実技試験の前に行うものとし、学科試験に合格しなかった者に対しては、実技試験を行わない。

（公示）

第七条　公安委員会は、検定を行おうとするときは、当該検定の実施予定期日の九十日前までに、次に掲げる事項のすべてを公示するものとする。

一　検定に係る学科試験及び実技試験の実施期日、場所並びに当該検定に係る警備業務の種別及び級

二　受検手続に関する事項

三　その他検定の実施に関し必要な事項

（受検資格）

第八条　一級の検定を受けることができる者は、次のとおりとする。

一　検定を受けようとする警備業務の種別について二級の検定に係る合格証明書の交付を受けている者であって、当該合格証明書の交付を受けた後、当該種別の警備業務に従事した期間が一年以上であるもの

二　公安委員会が前号に掲げる者と同等以上の知識及び能力を有すると認める者

（検定申請の手続）

第九条　検定を受けようとする者（以下「検定申請者」という。）は、その住所地又はその者が警備員である場合におけるその者が属する営業所の所在地を管轄する公安委員会に、別記様式第一号の検定申請書一通を提出しなければならない。

2　前項の検定申請書は、検定申請者の住所地を管轄する公安委員会に提出する場合にあっては当該検定申請者の住所地の所轄警察署長を経由して、検定申請者が警備員である場合におけるその者が属する営業所の所在地を管轄する公安委員会に提出する場合にあっては当該営業所の所在地の所轄警察署長を経由して、提出しなければならない。

3　第一項の検定申請書には、次の各号に掲げるその者

の受けようとする検定を行う公安委員会の区分に応じ、それぞれ当該各号に定める書面を添付しなければならない。ただし、検定申請者の住所地を管轄する公安委員会とその者が警備員である場合におけるその者が属する営業所の所在地を管轄する公安委員会が同一である場合にあっては、次の各号に掲げる書面のうちいずれかを添付することを要しない。

一　住所地を管轄する公安委員会　その者の住所地を疎明する書面

二　警備員でその者が属する営業所の所在地を管轄する公安委員会　その者が当該営業所に属することを疎明する書面

4　前項に定めるもののほか、第一項の検定申請書には、次の各号に掲げる書類のすべてを添付しなければならない。

一　一級の検定を受けようとする者にあっては、前条第一号又は第二号に掲げる者に該当することを疎明する書面

二　申請前六月以内に撮影した無帽、正面、上三分身、無背景の縦の長さ三・〇センチメートル、横の長さ二・四センチメートルの写真で、その裏面に氏名及び撮影年月日を記入したもの二葉

（受検票の交付）

第十条　公安委員会は、検定申請書の提出を受けたときは、別記様式第二号の受検票を交付するものとする。

（成績証明書の交付）

第十一条　公安委員会は、検定に合格した者（第五条第二項の規定により検定に合格した者とみなされる者を除く。）に対し、別記様式第三号の成績証明書を交付するものとする。

（成績証明書の書換え及び再交付の申請）

第十二条　前条の成績証明書の交付を受けた者は、当該成績証明書の記載事項に変更があったときは、別記様式第四号の成績証明書書換え申請書一通及び当該成績証明書を当該成績証明書を交付した公安委員会に提出して、その書換えを申請することができる。

2　前条の成績証明書の交付を受けた者は、当該成績証明書を亡失し、又は当該成績証明書が滅失したとき

は、別記様式第五号の成績証明書再交付申請書一通を当該成績証明書を交付した公安委員会に提出して、その再交付を受けることができる。

（合格証明書の様式）

第十三条　合格証明書の様式は、別記様式第六号のとおりとする。

（合格証明書の交付の申請）

第十四条　合格証明書の交付を受けようとする者（以下「合格証明書交付申請者」という。）は、その住所地又はその者が警備員である場合におけるその者が属する営業所の所在地を管轄する公安委員会に、別記様式第七号の合格証明書交付申請書一通を提出しなければならない。

2　前項の合格証明書交付申請書は、合格証明書交付申請者の住所地を管轄する公安委員会に提出する場合にあっては当該合格証明書交付申請者の住所地の所轄警察署長を経由して、合格証明書交付申請者が警備員である場合におけるその者が属する営業所の所在地を管轄する公安委員会に提出する場合にあっては当該営業所の所在地の所轄警察署長を経由して、提出しなければならない。

3　第一項の合格証明書交付申請書には、次に掲げる書類を添付しなければならない。

一　履歴書及び住民票の写し（住民基本台帳法（昭和四十二年法律第八十一号）第七条第五号に掲げる事項（外国人にあっては、同法第三十条の四十五に規定する国籍等）を記載したものに限る。次条第二項において同じ。）

二　第十一条の成績証明書又は第十七条第十三号の講習会修了証明書（当該成績証明書又は当該講習会修了証明書の交付の日から起算して一年を経過していないものに限る。）

三　警備員でその者が属する営業所の所在地を管轄する公安委員会（その者の住所地を管轄する公安委員会以外の公安委員会に限る。）の交付する合格証明書の交付を受けようとするものにあっては、当該営業所に属することを疎明する書面

四　破産手続開始の決定を受けて復権を得ない者に該

当しない旨の市町村（特別区を含む。）の長の証明書、法第三条第六号に掲げる者に該当しない旨の医師の診断書、精神機能の障害に関する医師の診断書（法第三条第七号に掲げる者に該当しないことが明らかであるかどうかの別を記載したものに限る。）並びに法第三条第一号から第七号までのいずれかに該当する者及び法第二十三条第五項において読み替えて準用する法第二十二条第七項第二号又は第三号に該当することにより合格証明書の返納を命ぜられ、その日から起算して三年を経過しない者のいずれにも該当しないことを誓約する書面

五　第九条第四項第二号に規定する写真一葉

（合格証明書の書換え及び再交付の申請）

第十五条　法第二十三条第五項において準用する法第二十二条第五項の規定による合格証明書の書換えを受けようとする者は、別記様式第八号の合格証明書書換え申請書一通及び当該合格証明書を当該公安委員会に提出しなければならない。

2　前項の合格証明書書換え申請書には、住民票の写し及び第九条第四項第二号に規定する写真一葉を添付しなければならない。

3　法第二十三条第五項において準用する法第二十二条第六項の規定による合格証明書の再交付を受けようとする者は、別記様式第九号の合格証明書再交付申請書一通を当該公安委員会に提出しなければならない。

4　前項の合格証明書再交付申請書には、第九条第四項第二号に規定する写真一葉を添付しなければならない。

5　第一項の合格証明書書換え申請書又は第三項の合格証明書再交付申請書は、第十四条第二項の規定により経由すべきこととされた警察署長を経由して、提出しなければならない。

（標章）

第十六条　一級検定合格警備員及び二級検定合格警備員は、交付を受けている合格証明書に係る種別の警備業務に従事している間は、別記様式第十号の標章を用いることができる。

（講習会の実施基準）

第十七条　法第二十八条の国家公安委員会規則で定める基準は、次に掲げるとおりとする。
一　講習会は、検定の級ごとに講習（学科講習（電気通信回線を使用して行うものを含む。以下同じ。）及び実技講習をいう。以下同じ。）及び試験（学科試験及び実技試験をいう。以下同じ。）により行うものであること。
二　受講者があらかじめ受講を申請した者本人であることを確認すること。
三　一級又は二級の講習は、別表第三又は別表第四の第一欄に掲げる警備業務の種別に応じ、これらの表の第二欄の講習に区分して行うこととし、これらの表の第三欄に掲げる科目及び第四欄に掲げる講習事項について、これらの表の第五欄の講習時間以上行うこと。
四　一級の講習は別表第三の第四欄に掲げる講習事項を含む教本（当該教本が電磁的記録（電子的方式、磁気的方式その他人の知覚によっては認識することができない方式で作られる記録であって、電子計算機による情報処理の用に供されるものをいう。以下同じ。）をもって作成されている場合における当該電磁的記録を含む。以下この号及び次条第七号において同じ。）を、二級の講習は別表第四の第四欄に掲げる講習事項を含む教本をそれぞれ用いて実施すること。
五　電気通信回線を使用して行う学科講習にあっては、次のいずれにも該当するものであること。
イ　受講者が本人であるかどうかを確認できるものであること。
ロ　受講者の受講の状況を確認できるものであること。
ハ　受講者の警備業務に関する知識の習得の状況を確認できるものであること。
ニ　質疑応答の機会が確保されているものであること。
六　講師は、講習の内容に関する受講者の質問に対し、適切に応答すること。
七　試験は、受講者が講習の内容を十分に理解しているかどうか的確に把握できるものであること。
八　学科試験は択一式の筆記試験又は電子計算機その他の機器を使用して行う試験により行うものとし、その合格基準は九十パーセント以上の成績であること。
九　学科試験は、必要な数の監督員の適切な配置その他の学科試験に関する不正行為を防止するために必要な措置を講じて行うものであること。
十　実技試験は、受講者一人ごとに行われるものであること。
十一　実技試験の採点は別表第三及び別表第四に定める能力について減点式採点法により行うものとし、その合格基準は九十パーセント以上の成績であること。
十二　学科試験又は実技試験に合格しなかった者に対しては、その者が更に一時限以上の学科講習又は実技講習を受けた後でなければ次の学科試験又は実技試験を行わないこと。
十三　講習会の課程を修了した者に対して、別記様式第十一号の講習会修了証明書を交付すること。
十四　講習会を実施する日時、場所その他講習会の実施に関し必要な事項及び当該講習会が国家公安委員会の登録を受けた者により行われるものである旨を公示すること。
十五　講習会以外の業務を行う場合にあっては、当該業務が国家公安委員会の登録を受けた者が行う講習会であると誤認されるおそれがある表示その他の行為をしないこと。

（業務規程の記載事項）

第十八条　法第三十条第二項の国家公安委員会規則で定める事項は、次に掲げるものとする。
一　講習会の業務（以下単に「業務」という。）を行う時間及び休日に関する事項
二　業務を行う事務所及び講習会の実施場所に関する事項
三　講習会の実施に係る公示の方法に関する事項
四　講習会の受講の申請に関する事項
五　講習及び試験の実施方法に関する事項

六　講習及び試験の内容並びに時間に関する事項
七　講習会に用いる施設及び設備並びに教本に関する事項
八　講習会修了証明書の交付に関する事項
九　講習会に関する料金の額及びその収納の方法に関する事項
十　法第三十二条第二項第二号及び第四号の請求に係る費用に関する事項
十一　警備業法施行規則（以下「府令」という。）第五十条第三項の帳簿その他の業務に関する書類の管理に関する事項
十二　業務に関する公正の確保に関する事項
十三　その他業務の実施に関し必要な事項

（府令第五十条第一項第五号の国家公安委員会規則で定める事項等）

第十九条　府令第五十条第一項第五号の国家公安委員会規則で定める事項は、第十七条第十三号の講習会修了証明書の交付の年月日及び番号とする。

2　府令第五十条第四項の国家公安委員会規則で定める書類は、試験に用いた問題用紙及び答案用紙（当該問題用紙及び答案用紙が電磁的記録をもって作成されている場合における当該電磁的記録を含む。）とする。

（府令第五十一条第二項の国家公安委員会規則で定める書類）

第二十条　府令第五十一条第二項の国家公安委員会規則で定める書類は、試験に用いた問題用紙（当該問題用紙が電磁的記録をもって作成されている場合における当該電磁的記録を含む。）とする。

（府令第六十六条第一項第一号ニ(5)の国家公安委員会規則で定める事項）

第二十一条　府令第六十六条第一項第一号ニ(5)の国家公安委員会規則で定める事項は、当該合格証明書に係る級とする。

（警備業法施行令第三条の表の第二号の国家公安委員会規則で定める機材）

第二十二条　警備業法施行令第三条の表の第二号の国家公安委員会規則で定める機材は、車両、さく及び赤色灯とする。

別表第一（第六条関係）

種別	試験区分	科目	判定の基準
空港保安警備業務	学科試験	警備業務に関する基本的な事項	1　警備業務実施の基本原則に関する高度に専門的な知識を有すること。 2　警備員の資質の向上に関する高度に専門的な知識を有すること。
		法令に関すること。	1　法その他警備業務の実施の適正を確保するため必要な法令に関する高度に専門的な知識を有すること。 2　航空法（昭和二十七年法律第二百三十一号）、航空機の強取等の処罰に関する法律（昭和四十五年法律第六十八号）、外交関係に関するウィーン条約その他空港保安警備業務の実施に必要な法令に関する高度に専門的な知識を有すること。
		乗客等の接遇に関すること。	1　乗客等の接遇を行うため必要な事項に関する高度に専門的な知識を有すること。 2　英語に関する高度に専門的な知識を有すること。
		手荷物等検査に関すること。	1　手荷物等検査用機械器具の構造、作動原理及び機能に関する高度に専門的な知

識を有すること。

2　手荷物等検査用機械器具を調整するため必要な事項に関する高度に専門的な知識を有すること。

3　手荷物等検査用機械器具を操作するため必要な事項に関する高度に専門的な知識を有すること。

4　手荷物等検査用機械器具の故障及び不調の原因並びにその対策に関する高度に専門的な知識を有すること。

5　その他手荷物等検査により、航空の危険を生じさせるおそれのある物件を発見し、それが航空機内へ持ち込まれること

を防止するため必要な事項に関する高度に専門的な知識を有すること。

空港に関すること。

1　空港の施設及び管理に関する高度に専門的な知識を有すること。

2　航空運送事業者その他の関係事業者の業務に関する高度に専門的な知識を有すること。

3　警察署、地方出入国在留管理局の出張所、税関支署その他の関係行政機関の業務に関する高度に専門的な知識を有すること。

空港保安警備業務の管理に

手荷物等検査の手順の管理、作業環境の整備その他空港保安警備業

	関すること。	務の能率的かつ安全な実施に必要な業務の管理の方法に関する高度に専門的な知識を有すること。
	航空の危険を生じさせるおそれのある物件及び不審者を発見した場合における応急の措置に関すること。	1 航空の危険を生じさせるおそれのある物件及び不審者を発見した場合における警察機関その他の関係機関への連絡を行うため必要な事項に関する高度に専門的な知識を有すること。 2 航空の危険を生じさせるおそれのある物件及び不審者を発見した場合における乗客等の避難等の措置並びに当該物件の処理及び当該不審者の監視を行うため必要な事項に関する高度に専門的な知識を有すること。 3 護身用具の使用方法その他の護身の方法に関する高度に専門的な知識を有すること。 4 その他応急の措置を行うため必要な事項に関する高度に専門的な知識を有すること。
実技試験	乗客等の接遇に関すること。	1 乗客等の接遇を行う高度に専門的な能力を有すること。 2 英会話を行う高度に専門的な能力を有すること。
	手荷物等検査に関すること。	1 手荷物等検査用機械器具を調整する高度に専門的な能力を有すること。

2　手荷物等検査用機械器具を操作する高度に専門的な能力を有すること。

3　手荷物等検査用機械器具を点検し、故障を発見する高度に専門的な能力を有すること。

4　その他手荷物等検査により、航空の危険を生じさせるおそれのある物件を発見し、それが航空機内へ持ち込まれることを防止する高度に専門的な能力を有すること。

空港保安警備業務の管理に関すること。

手荷物等検査の手順の管理、作業環境の整備その他空港保安警備業務の能率的かつ安全な実施に必要な業務の管理を行う高度に専門的な能力を有すること。

航空の危険を生じさせるおそれのある物件及び不審者を発見した場合における応急の措置に関すること。

1　航空の危険を生じさせるおそれのある物件及び不審者を発見した場合における警察機関その他の関係機関への連絡を行う高度に専門的な能力を有すること。

2　航空の危険を生じさせるおそれのある物件及び不審者を発見した場合における乗客等の避難等の措置並びに当該物件の処理及び当該不審者の監視を行う高度に専門的な能力を有すること。

3　護身用具の使用方法その他の護身の方法に関する高度に専

			門的な能力を有すること。 4　その他応急の措置を行う高度に専門的な能力を有すること。
施設警備業務	学科試験	警備業務に関する基本的な事項	1　警備業務実施の基本原則に関する高度に専門的な知識を有すること。 2　警備員の資質の向上に関する高度に専門的な知識を有すること。
		法令に関すること。	1　法その他警備業務の実施の適正を確保するため必要な法令に関する高度に専門的な知識を有すること。 2　消防法（昭和二十三年法律第百八十六号）、銃砲刀剣類所持等取締法（昭和三十三年法律第六号）その他施設警備業務の実施に必要な法令に関する高度に専門的な知識を有すること。
		警備業務対象施設における保安に関すること。	1　人又は車両等の出入の管理（以下「出入管理」という。）の方法に関する高度に専門的な知識を有すること。 2　巡回の方法に関する高度に専門的な知識を有すること。 3　携帯用無線装置、金属探知機、侵入検知装置、遠隔監視装置その他施設警備業務を実施するために使用する機器（以下「施設警備業務用機

器」という。）に関する高度に専門的な知識を有すること。

4　施設警備業務用機器の故障又は不調の場合にとるべき措置に関する高度に専門的な知識を有すること。

施設警備業務の管理に関すること。

1　警備業務対象施設の構造、周囲の状況その他施設警備業務の実施に必要な事情に関する事前調査を的確に行うため必要な事項に関する高度に専門的な知識を有すること。

2　出入管理及び巡回の方法並びに施設警備業務用機器の使用の管理その他施設警備業務の能率的かつ安全な実施に必要な業務の管理の方法に関する高度に専門的な知識を有すること。

警備業務対象施設の破壊等の事故が発生した場合における応急の措置に関すること。

1　不審者又は不審な物件を発見した場合にとるべき措置に関する高度に専門的な知識を有すること。

2　事故の発生時における警察機関その他の関係機関への連絡を行うため必要な事項に関する高度に専門的な知識を有すること。

3　事故の発生時における負傷者の救護及び警備業務対象施設における危険の防止のための措置を行うため必要な事項に関

		する高度に専門的な知識を有すること。 4　護身用具の使用方法その他の護身の方法に関する高度に専門的な知識を有すること。 5　その他事故の発生時における応急の措置を行うため必要な事項に関する高度に専門的な知識を有すること。
実技試験	警備業務対象施設における保安に関すること。	1　出入管理を行う高度に専門的な能力を有すること。 2　巡回を行う高度に専門的な能力を有すること。 3　施設警備業務用機器を操作する高度に専門的な能力を有すること。
		4　施設警備業務用機器の故障又は不調の場合にとるべき措置を行う高度に専門的な能力を有すること。
	施設警備業務の管理に関すること。	警備業務対象施設の構造、周囲の状況その他施設警備業務の実施に必要な事情を勘案して、当該業務の能率的かつ安全な業務の管理を行う高度に専門的な能力を有すること。
	警備業務対象施設の破壊等の事故が発生した場合における応急の措置に	1　不審者又は不審な物件を発見した場合にとるべき措置を行う高度に専門的な能力を有すること。 2　事故の発生時における警察機関その他の関係機関への連絡

関すること。

を行う高度に専門的な能力を有すること。

3　事故の発生時における負傷者の救護及び警備業務対象施設における危険の防止のための措置を行う高度に専門的な能力を有すること。

4　護身用具の使用方法その他の護身の方法に関する高度に専門的な能力を有すること。

5　その他事故の発生時における応急の措置を行う高度に専門的な能力を有すること。

雑踏警備業務

学科試験

警備業務に関する基本的な

1　警備業務実施の基本原則に関する高度に専門的な知識を有

事項

すること。

2　警備員の資質の向上に関する高度に専門的な知識を有すること。

法令に関すること。

1　法その他警備業務の実施の適正を確保するため必要な法令に関する高度に専門的な知識を有すること。

2　軽犯罪法（昭和二十三年法律第三十九号）、道路交通法（昭和三十五年法律第百五号）その他雑踏警備業務の実施に必要な法令に関する高度に専門的な知識を有すること。

雑踏の整理に関すること。

1　ロープその他の雑踏警備業務を実施するために使用する各

	種資機材（以下「雑踏警備業務用資機材」という。）の使用方法に関する高度に専門的な知識を有すること。 2　人の誘導その他の雑踏の整理を行うため必要な事項に関する高度に専門的な知識を有すること。
雑踏警備業務の管理に関すること。	1　雑踏警備業務を実施する場所の広さ、その周囲における道路及び交通の状況その他の事情に関する事前調査を的確に行うため必要な事項に関する高度に専門的な知識を有すること。 2　その他雑踏警備業務の能率的かつ安全な実施に必要な業務の管理の方法に関する高度に専門的な知識を有すること。
人の雑踏する場所における負傷等の事故が発生した場合における応急の措置に関すること。	1　事故の発生時における警察機関その他の関係機関への連絡を行うため必要な事項に関する高度に専門的な知識を有すること。 2　事故の発生時における負傷者の救護を行うため必要な事項に関する高度に専門的な知識を有すること。 3　護身用具の使用方法その他の護身の方法に関する高度に専門的な知識を有すること。 4　その他事故の発生

			時における応急の措置を行うため必要な事項に関する高度に専門的な知識を有すること。
	実技試験	雑踏の整理に関すること。	雑踏警備業務用資機材を使用して雑踏の整理を行う高度に専門的な能力を有すること。
		雑踏警備業務の管理に関すること。	雑踏警備業務を実施する場所の広さ、その周囲における道路及び交通の状況その他の事情を勘案して、雑踏警備業務の能率的かつ安全な実施に必要な業務の管理を行う高度に専門的な能力を有すること。
		人の雑踏する場所における	1　事故の発生時における警察機関その他の関係機関への連絡
		負傷等の事故が発生した場合における応急の措置に関すること。	を行う高度に専門的な能力を有すること。 2　事故の発生時における負傷者の救護を行う高度に専門的な能力を有すること。 3　護身用具の使用方法その他の護身の方法に関する高度に専門的な能力を有すること。 4　その他事故の発生時における応急の措置を行う高度に専門的な能力を有すること。
交通誘導警備業務	学科試験	警備業務に関する基本的な事項	1　警備業務実施の基本原則に関する高度に専門的な知識を有すること。 2　警備員の資質の向上に関する高度に専

	門的な知識を有すること。
法令に関すること。	1 法その他警備業務の実施の適正を確保するため必要な法令に関する高度に専門的な知識を有すること。 2 道路交通法その他交通誘導警備業務の実施に必要な法令に関する高度に専門的な知識を有すること。
車両等の誘導に関すること。	1 さく、赤色灯その他の交通誘導警備業務を実施するために使用する各種資機材（以下「交通誘導警備業務用資機材」という。）の機能、使用方法及び管理方法に関する高度に専門的

	な知識を有すること。 2 人又は車両に対する合図の方法その他の人又は車両の誘導を行うため必要な事項に関する高度に専門的な知識を有すること。
交通誘導警備業務の管理に関すること。	1 交通誘導警備業務を実施する場所に係る道路及び交通の状況、その周囲における交通の規制の状況その他の事情に関する事前調査を的確に行うため必要な事項に関する高度に専門的な知識を有すること。 2 その他交通誘導警備業務を能率的かつ安全に実施し、及び

		当該業務を実施することが交通の妨害とならないようにするため必要な業務の管理の方法に関する高度に専門的な知識を有すること。
	工事現場その他人又は車両の通行に危険のある場所における負傷等の事故が発生した場合における応急の措置に関すること。	1　事故の発生時における警察機関その他の関係機関への連絡を行うため必要な事項に関する高度に専門的な知識を有すること。 2　事故の発生時における負傷者の救護及び道路における危険の防止のための措置を行うため必要な事項に関する高度に専門的な知識を有すること。 3　護身用具の使用方法その他の護身の方法に関する高度に専門的な知識を有すること。 4　その他事故の発生時における応急の措置を行うため必要な事項に関する高度に専門的な知識を有すること。
実技試験		
	車両等の誘導に関すること。	1　交通誘導警備業務用資機材を使用して人又は車両の誘導を行う高度に専門的な能力を有すること。 2　人又は車両に対する合図その他の方法により、人又は車両の誘導を行う高度に専門的な能力を有すること。
交通誘導警備業務	交通誘導警備業務を実施する場所に係る道路	

の管理に関すること。	工事現場その他人又は車両の通行に危険のある場所における負傷等の事故が発生した場合における	
及び交通の状況、その周囲における交通の規制の状況その他の事情を勘案して、交通誘導警備業務を能率的かつ安全に実施し、及び当該業務を実施することが交通の妨害とならないようにするため必要な業務の管理を行う高度に専門的な能力を有すること。	1　事故の発生時における警察機関その他の関係機関への連絡を行う高度に専門的な能力を有すること。 2　事故の発生時における負傷者の救護及び道路における危険の防止のための措置を行う高度に専門的	
	核燃料物質等危険物運搬警備業務	
	学科試験	
応急の措置に関すること。	警備業務に関する基本的な事項	法令に関すること。
な能力を有すること。 3　護身用具の使用方法その他の護身の方法に関する高度に専門的な能力を有すること。 4　その他事故の発生時における応急の措置を行う高度に専門的な能力を有すること。	1　警備業務実施の基本原則に関する高度に専門的な知識を有すること。 2　警備員の資質の向上に関する高度に専門的な知識を有すること。	1　法その他警備業務の実施の適正を確保するため必要な法令

に関する高度に専門的な知識を有すること。

2　核原料物質、核燃料物質及び原子炉の規制に関する法律、道路運送車両法（昭和二十六年法律第百八十五号）その他核燃料物質等危険物運搬警備業務の実施に必要な法令に関する高度に専門的な知識を有すること。

核燃料物質等危険物に関すること。

1　核燃料物質等危険物の性質に関する高度に専門的な知識を有すること。

2　核燃料物質等危険物の運搬に使用する車両の装置及び核燃料物質等危険物を封入した容器等の構造

に関する高度に専門的な知識を有すること。

車両による伴走及び周囲の見張りに関すること。

1　伴走に使用する車両の故障及び不調の原因並びにその対策に関する高度に専門的な知識を有すること。

2　車両による伴走を行うため必要な事項に関する高度に専門的な知識を有すること。

3　運搬中における周囲の見張りを行うため必要な事項に関する高度に専門的な知識を有すること。

4　運搬中において、当該警備業務の実施に関し指令業務を行う者その他の関係者

	（以下「指令業務担当者等」という。）への連絡を行うため必要な事項に関する高度に専門的な知識を有すること。
核燃料物質等危険物運搬警備業務の管理に関すること。	1　核燃料物質等危険物の運搬の経路に係る道路の構造、道路における交通の状況その他核燃料物質等危険物運搬警備業務の実施に必要な事情に関する事前調査を的確に行うため必要な事項に関する高度に専門的な知識を有すること。 2　その他核燃料物質等危険物運搬警備業務の効率的かつ安全な実施に必要な業務の管理の方法に関す
	る高度に専門的な知識を有すること。
核燃料物質等危険物に係る盗難等の事故が発生した場合における応急の措置に関すること。	1　サーベイメーター、フィルムバッジ、ポケット線量計その他の放射線量の測定に使用する機械器具（以下「放射線量測定用機械器具」という。）の構造、機能、操作方法及び管理方法に関する高度に専門的な知識を有すること。 2　ロープ、消火器、吸収材その他の事故の発生時における放射線障害等の災害を防止するために使用する資機材（以下「放射線障害等防止用資機材」という。）の機能、使用方法及

		び管理方法に関する高度に専門的な知識を有すること。 3　事故の発生時における警察機関その他の関係機関への連絡を行うため必要な事項に関する高度に専門的な知識を有すること。 4　護身用具の使用方法その他の護身の方法に関する高度に専門的な知識を有すること。 5　その他事故の発生時における応急の措置を行うため必要な事項に関する高度に専門的な知識を有すること。
実技試験	車両による伴走及	1　伴走に使用する車両の点検及び修理を

び周囲の見張りに関すること。	行う高度に専門的な能力を有すること。 2　運搬中における周囲の見張りを行う高度に専門的な能力を有すること。 3　運搬中における指令業務担当者等への連絡を行う高度に専門的な能力を有すること。
核燃料物質等危険物運搬警備業務の管理に関すること。	核燃料物質等危険物の運搬の経路に係る道路の構造、道路における交通の状況その他核燃料物質等危険物運搬警備業務の実施に必要な事情を勘案して、当該業務の能率的かつ安全な実施に必要な業務の管理を行う高度に専門的な能力を有すること。

		核燃料物質等危険物に係る盗難等の事故が発生した場合における応急の措置に関すること。	1　放射線量測定用機械器具の点検及び修理を行う高度に専門的な能力を有すること。 2　放射線量測定用機械器具を操作する高度に専門的な能力を有すること。 3　放射線障害等防止用資機材の点検を行う高度に専門的な能力を有すること。 4　放射線障害等防止用資機材を使用する高度に専門的な能力を有すること。 5　事故の発生時における警察機関その他の関係機関への連絡を行う高度に専門的な能力を有すること。

			6　護身用具の使用方法その他の護身の方法に関する高度に専門的な能力を有すること。 7　その他事故の発生時における応急の措置を行う高度に専門的な能力を有すること。
貴重品運搬警備業務	学科試験	警備業務に関する基本的な事項	1　警備業務実施の基本原則に関する高度に専門的な知識を有すること。 2　警備員の資質の向上に関する高度に専門的な知識を有すること。
		法令に関すること。	1　法その他警備業務の実施の適正を確保するため必要な法令に関する高度に専門的な知識を有するこ

	と。 2　道路交通法その他貴重品運搬警備業務の実施に必要な法令に関する高度に専門的な知識を有すること。
貴重品運搬警備業務を実施するために使用する車両（以下「貴重品運搬警備業務用車両」という。）並びに車両による伴走及び周囲の見張りに関すること。	1　貴重品運搬警備業務用車両の装置及び操作方法に関する高度に専門的な知識を有すること。 2　貴重品運搬警備業務用車両の故障及び不調の原因並びにその対策に関する高度に専門的な知識を有すること。 3　車両による伴走を行うため必要な事項に関する高度に専門的な知識を有すること。 4　運搬中における周囲の見張りを行うため必要な事項に関する高度に専門的な知識を有すること。 5　運搬に係る貴重品の積卸しに際して周囲の見張りを行うため必要な事項に関する高度に専門的な知識を有すること。 6　運搬中における指令業務担当者等への連絡を行うため必要な事項に関する高度に専門的な知識を有すること。
貴重品運搬警備業務の管理に関すること。	1　貴重品の運搬の経路に係る道路の構造、道路における交通の状況その他貴重品運搬警備業務の実施に必要な事情に関

する事前調査を的確に行うため必要な事項に関する高度に専門的な知識を有すること。

2　その他貴重品運搬警備業務の能率的かつ安全な実施に必要な業務の管理の方法に関する高度に専門的な知識を有すること。

運搬中の現金、貴金属、有価証券等の貴重品に係る盗難等の事故が発生した場合における応急の措

1　事故の発生時における警察機関その他の関係機関への連絡を行うため必要な事項に関する高度に専門的な知識を有すること。

2　護身用具の使用方法その他の護身の方法に関する高度に専門的な知識を有する

置に関すること。

こと。

3　その他事故の発生時における応急の措置を行うため必要な事項に関する高度に専門的な知識を有すること。

実技試験

貴重品運搬警備業務用車両並びに車両による伴走及び周囲の見張りに関すること。

1　貴重品運搬警備業務用車両の点検及び修理を行う高度に専門的な能力を有すること。

2　貴重品運搬警備業務用車両を操作する高度に専門的な能力を有すること。

3　運搬中における周囲の見張りを行う高度に専門的な能力を有すること。

4　運搬に係る貴重品の積卸しに際して周囲の見張りを行う高

	度に専門的な能力を有すること。 5　運搬中における指令業務担当者等への連絡を行う高度に専門的な能力を有すること。
貴重品運搬警備業務の管理に関すること。	貴重品の運搬の経路に係る道路の構造、道路における交通の状況その他貴重品運搬警備業務の実施に必要な事情を勘案して、当該業務の能率的かつ安全な実施に必要な業務の管理を行う高度に専門的な能力を有すること。
運搬中の現金、貴金属、有価証券等の貴重品に係る盗	1　事故の発生時における警察機関その他の関係機関への連絡を行う高度に専門的な能力を有すること。

難等の事故が発生した場合における応急の措置に関すること。	2　護身用具の使用方法その他の護身の方法に関する高度に専門的な能力を有すること。 3　その他事故の発生時における応急の措置を行う高度に専門的な能力を有すること。

別表第二（第六条関係）

種別	試験区分	科目	判定の基準
空港保安警備業務	学科試験	警備業務に関する基本的な事項	1 警備業務実施の基本原則に関する専門的な知識を有すること。 2 警備員の資質の向上に関する専門的な知識を有すること。
		法令に関すること。	1 法その他警備業務の実施の適正を確保するため必要な法令に関する専門的な知識を有すること。 2 航空法、航空機の強取等の処罰に関する法律、外交関係に関するウィーン条約その他空港保安警備業務の実施に必要な法令に関する専門的な知識を有すること。
		乗客等の接遇に関すること。	1 乗客等の接遇を行うため必要な事項に関する専門的な知識を有すること。 2 英語に関する専門的な知識を有すること。
		手荷物等検査に関すること。	1 手荷物等検査用機械器具の構造、作動原理及び機能に関する専門的な知識を有すること。 2 手荷物等検査用機械器具を調整するため必要な事項に関する専門的な知識を有すること。 3 手荷物等検査用機械器具を操作するため必要な事項に関する専門的な知識を有

空港に関すること。

すること。

4　手荷物等検査用機械器具の故障及び不調の原因並びにその対策に関する専門的な知識を有すること。

5　その他手荷物等検査により、航空の危険を生じさせるおそれのある物件を発見し、それが航空機内へ持ち込まれることを防止するため必要な事項に関する専門的な知識を有すること。

1　空港の施設及び管理に関する専門的な知識を有すること。

2　航空運送事業者その他の関係事業者の業務に関する専門的

航空の危険を生じさせるおそれのある物件及び不審者を発見した場合における応急の措置に関すること。

な知識を有すること。

3　警察署、地方出入国在留管理局の出張所、税関支署その他の関係行政機関の業務に関する専門的な知識を有すること。

1　航空の危険を生じさせるおそれのある物件及び不審者を発見した場合における警察機関その他の関係機関への連絡を行うため必要な事項に関する専門的な知識を有すること。

2　航空の危険を生じさせるおそれのある物件及び不審者を発見した場合における乗客等の避難等の措置並びに当該物件の

		処理及び当該不審者の監視を行うため必要な事項に関する専門的な知識を有すること。 3　護身用具の使用方法その他の護身の方法に関する専門的な知識を有すること。 4　その他応急の措置を行うため必要な事項に関する専門的な知識を有すること。
実技試験	乗客等の接遇に関すること。	1　乗客等の接遇を行う専門的な能力を有すること。 2　英会話を行う専門的な能力を有すること。
	手荷物等検査に関すること。	1　手荷物等検査用機械器具を調整する専門的な能力を有すること。 2　手荷物等検査用機械器具を操作する専門的な能力を有すること。 3　手荷物等検査用機械器具を点検し、故障を発見する専門的な能力を有すること。 4　その他手荷物等検査により、航空の危険を生じさせるおそれのある物件を発見し、それが航空機内へ持ち込まれることを防止する専門的な能力を有すること。
	航空の危険を生じさせるおそれのある物件及び不審者	1　航空の危険を生じさせるおそれのある物件及び不審者を発見した場合における警察機関その他の関係機関への連絡を行

	施設警備業務
	学科試験
を発見した場合における応急の措置に関すること。	警備業務に関する基本的な事項
う専門的な能力を有すること。 2 航空の危険を生じさせるおそれのある物件及び不審者を発見した場合における乗客等の避難等の措置並びに当該物件の処理及び当該不審者の監視を行う専門的な能力を有すること。 3 護身用具の使用方法その他の護身の方法に関する専門的な能力を有すること。 4 その他応急の措置を行う専門的な能力を有すること。	1 警備業務実施の基本原則に関する専門的な知識を有すること。

	法令に関すること。	警備業務対象施設における保安に関すること。
2 警備員の資質の向上に関する専門的な知識を有すること。	1 法その他警備業務の実施の適正を確保するため必要な法令に関する専門的な知識を有すること。 2 消防法、銃砲刀剣類所持等取締法その他施設警備業務の実施に必要な法令に関する専門的な知識を有すること。	1 出入管理の方法に関する専門的な知識を有すること。 2 巡回の方法に関する専門的な知識を有すること。 3 施設警備業務用機器に関する専門的な知識を有すること。

警備業務対象施設の破壊等の事故が発生した場合における応急の措置に関すること。

4　施設警備業務用機器の故障又は不調の場合にとるべき措置に関する専門的な知識を有すること。

1　不審者又は不審な物件を発見した場合にとるべき措置に関する専門的な知識を有すること。
2　事故の発生時における警察機関その他の関係機関への連絡を行うため必要な事項に関する専門的な知識を有すること。
3　事故の発生時における負傷者の救護及び警備業務対象施設における危険の防止のための措置を行うため必要な事項に関する専門的な知識を

実技試験

警備業務対象施設における保安に関すること。

有すること。
4　護身用具の使用方法その他の護身の方法に関する専門的な知識を有すること。
5　その他事故の発生時における応急の措置を行うため必要な事項に関する専門的な知識を有すること。

1　出入管理を行う専門的な能力を有すること。
2　巡回を行う専門的な能力を有すること。
3　施設警備業務用機器を操作する専門的な能力を有すること。
4　施設警備業務用機器の故障又は不調の

警備業務対象施設の破壊等の事故が発生した場合における応急の措置に関すること。

場合にとるべき措置を行う専門的な能力を有すること。

1　不審者又は不審な物件を発見した場合にとるべき措置を行う専門的な能力を有すること。

2　事故の発生時における警察機関その他の関係機関への連絡を行う専門的な能力を有すること。

3　事故の発生時における負傷者の救護及び警備業務対象施設における危険の防止のための措置を行う専門的な能力を有すること。

4　護身用具の使用方法その他の護身の方法に関する専門的な

雑踏警備業務

学科試験

警備業務に関する基本的な事項

法令に関すること。

能力を有すること。

5　その他事故の発生時における応急の措置を行う専門的な能力を有すること。

1　警備業務実施の基本原則に関する専門的な知識を有すること。

2　警備員の資質の向上に関する専門的な知識を有すること。

1　法その他警備業務の実施の適正を確保するため必要な法令に関する専門的な知識を有すること。

2　軽犯罪法、道路交通法その他雑踏警備業務の実施に必要な法令に関する専門的な知識を有すること。

雑踏の整理に関すること。	人の雑踏する場所における負傷等の事故が発生した場合における応急の措置に関すること。
1 雑踏警備業務用資機材の使用方法に関する専門的な知識を有すること。 2 人の誘導その他の雑踏の整理を行うため必要な事項に関する専門的な知識を有すること。	1 事故の発生時における警察機関その他の関係機関への連絡を行うため必要な事項に関する専門的な知識を有すること。 2 事故の発生時における負傷者の救護を行うため必要な事項に関する専門的な知識を有すること。 3 護身用具の使用方法その他の護身の方法に関する専門的な

	実技試験	
	雑踏の整理に関すること。	人の雑踏する場所における負傷等の事故が発生した場合における応急の措置に関すること。
知識を有すること。 4 その他事故の発生時における応急の措置を行うため必要な事項に関する専門的な知識を有すること。	雑踏警備業務用資機材を使用して雑踏の整理を行う専門的な能力を有すること。	1 事故の発生時における警察機関その他の関係機関への連絡を行う専門的な能力を有すること。 2 事故の発生時における負傷者の救護を行う専門的な能力を有すること。 3 護身用具の使用方法その他の護身の方法に関する専門的な

			能力を有すること。 4　その他事故の発生時における応急の措置を行う専門的な能力を有すること。
交通誘導警備業務	学科試験	警備業務に関する基本的な事項	1　警備業務実施の基本原則に関する専門的な知識を有すること。 2　警備員の資質の向上に関する専門的な知識を有すること。
		法令に関すること。	1　法その他警備業務の実施の適正を確保するため必要な法令に関する専門的な知識を有すること。 2　道路交通法その他交通誘導警備業務の実施に必要な法令に関する専門的な知識を有すること。
		車両等の誘導に関すること。	1　交通誘導警備業務用資機材の機能、使用方法及び管理方法に関する専門的な知識を有すること。 2　人又は車両に対する合図の方法その他の人又は車両の誘導を行うため必要な事項に関する専門的な知識を有すること。
		工事現場その他人又は車両の通行に危険のある場所における負傷等の事故が発生した場合における応急の措置に関す	1　事故の発生時における警察機関その他の関係機関への連絡を行うため必要な事項に関する専門的な知識を有すること。 2　事故の発生時における負傷者の救護及び道路における危険の防止のための措置を行うため必要な事項に関する専門的な知識を有すること。

		ること。	3　護身用具の使用方法その他の護身の方法に関する専門的な知識を有すること。 4　その他事故の発生時における応急の措置を行うため必要な事項に関する専門的な知識を有すること。
	実技試験	車両等の誘導に関すること。	1　交通誘導警備業務用資機材を使用して人又は車両の誘導を行う専門的な能力を有すること。 2　人又は車両に対する合図その他の方法により、人又は車両の誘導を行う専門的な能力を有すること。
		工事現場その他人	1　事故の発生時における警察機関その他

		又は車両の通行に危険のある場所における負傷等の事故が発生した場合における応急の措置に関すること。	の関係機関への連絡を行う専門的な能力を有すること。 2　事故の発生時における負傷者の救護及び道路における危険の防止のための措置を行う専門的な能力を有すること。 3　護身用具の使用方法その他の護身の方法に関する専門的な能力を有すること。 4　その他事故の発生時における応急の措置を行う専門的な能力を有すること。
核燃料物質等危険物運搬警備業務	学科試験	警備業務に関する基本的な事項	1　警備業務実施の基本原則に関する専門的な知識を有すること。 2　警備員の資質の向上に関する専門的な

	知識を有すること。
法令に関すること。	1　法その他警備業務の実施の適正を確保するため必要な法令に関する専門的な知識を有すること。 2　核原料物質、核燃料物質及び原子炉の規制に関する法律、道路運送車両法その他核燃料物質等危険物運搬警備業務の実施に必要な法令に関する専門的な知識を有すること。
核燃料物質等危険物に関すること。	1　核燃料物質等危険物の性質に関する専門的な知識を有すること。 2　核燃料物質等危険物の運搬に使用する車両の装置及び核燃料物質等危険物を封入した容器等の構造に関する専門的な知識を有すること。
車両による伴走及び周囲の見張りに関すること。	1　伴走に使用する車両の故障及び不調の原因並びにその対策に関する専門的な知識を有すること。 2　車両による伴走を行うため必要な事項に関する専門的な知識を有すること。 3　運搬中における周囲の見張りを行うため必要な事項に関する専門的な知識を有すること。 4　運搬中において、指令業務担当者等への連絡を行うため必要な事項に関する専門的な知識を有すること。

核燃料物質等危険物に係る盗難等の事故が発生した場合における応急の措置に関すること。	1　放射線量測定用機械器具の構造、機能、操作方法及び管理方法に関する専門的な知識を有すること。 2　放射線障害等防止用資機材の機能、使用方法及び管理方法に関する専門的な知識を有すること。 3　事故の発生時における警察機関その他の関係機関への連絡を行うため必要な事項に関する専門的な知識を有すること。 4　護身用具の使用方法その他の護身の方法に関する専門的な知識を有すること。 5　その他事故の発生時における応急の措置を行うため必要な事項に関する専門的な知識を有すること。

実技試験	車両による伴走及び周囲の見張りに関すること。	1　伴走に使用する車両の点検及び修理を行う専門的な能力を有すること。 2　運搬中における周囲の見張りを行う専門的な能力を有すること。 3　運搬中における指令業務担当者等への連絡を行う専門的な能力を有すること。
	核燃料物質等危険物に係る盗難等の事故が発生した場合におけ	1　放射線量測定用機械器具の点検及び修理を行う専門的な能力を有すること。 2　放射線量測定用機械器具を操作する専門的な能力を有する

		る応急の措置に関すること。	こと。 3　放射線障害等防止用資機材の点検を行う専門的な能力を有すること。 4　放射線障害等防止用資機材を使用する専門的な能力を有すること。 5　事故の発生時における警察機関その他の関係機関への連絡を行う専門的な能力を有すること。 6　護身用具の使用方法その他の護身の方法に関する専門的な能力を有すること。 7　その他事故の発生時における応急の措置を行う専門的な能力を有すること。
貴重品運搬警備業務	学科試験	警備業務に関する基本的な事項	1　警備業務実施の基本原則に関する専門的な知識を有すること。 2　警備員の資質の向上に関する専門的な知識を有すること。
		法令に関すること。	1　法その他警備業務の実施の適正を確保するため必要な法令に関する専門的な知識を有すること。 2　道路交通法その他貴重品運搬警備業務の実施に必要な法令に関する専門的な知識を有すること。
		貴重品運搬警備業務用車両並びに車両による伴走及び周囲の見	1　貴重品運搬警備業務用車両の装置及び操作方法に関する専門的な知識を有すること。 2　貴重品運搬警備業務用車両の故障及び

		張りに関すること。
		不調の原因並びにその対策に関する専門的な知識を有すること。 3 車両による伴走を行うため必要な事項に関する専門的な知識を有すること。 4 運搬中における周囲の見張りを行うため必要な事項に関する専門的な知識を有すること。 5 運搬に係る貴重品の積卸しに際して周囲の見張りを行うため必要な事項に関する専門的な知識を有すること。 6 運搬中における指令業務担当者等への連絡を行うため必要な事項に関する専門的な知識を有すること。
	運搬中の現金、貴金属、有価証券等の貴重品に係る盗難等の事故が発生した場合における応急の措置に関すること。	1 事故の発生時における警察機関その他の関係機関への連絡を行うため必要な事項に関する専門的な知識を有すること。 2 護身用具の使用方法その他の護身の方法に関する専門的な知識を有すること。 3 その他事故の発生時における応急の措置を行うため必要な事項に関する専門的な知識を有すること。
実技試験	貴重品運搬警備業務用車両並びに車両による	1 貴重品運搬警備業務用車両の点検及び修理を行う専門的な能力を有すること。 2 貴重品運搬警備業

			伴走及び周囲の見張りに関すること。	務用車両を操作する専門的な能力を有すること。 3　運搬中における周囲の見張りを行う専門的な能力を有すること。 4　運搬に係る貴重品の積卸しに際して周囲の見張りを行う専門的な能力を有すること。 5　運搬中における指令業務担当者等への連絡を行う専門的な能力を有すること。	
			運搬中の現金、貴金属、有価証券等の貴重品に係る盗難等の事	1　事故の発生時における警察機関その他の関係機関への連絡を行う専門的な能力を有すること。 2　護身用具の使用方法その他の護身の方	
			故が発生した場合における応急の措置に関すること。	法に関する専門的な能力を有すること。 3　その他事故の発生時における応急の措置を行う専門的な能力を有すること。	

別表第三（第十七条関係）

種別	講習区分	科目	講習事項	講習時間
空港保安警備業務	学科講習	法令に関すること。	1　法その他警備業務の実施の適正を確保するため必要な法令に関する高度に専門的な知識 2　航空法、航空機の強取等の処罰に関する法律、外交関係に関するウィーン条約その他空港保安警備業務の実施に必要な法令に関する高度に専門的な知識	二時限
		警備業務の実施に関すること。	1　警備業務実施の基本原則に関する高度に専門的な知識 2　警備員の資質の向上に関する高度に専門的な知識	一時限
			1　乗客等の接遇を行うため必要な事項に関する高度に専門的な知識 2　英語に関する高度に専門的な知識	一時限
			1　手荷物等検査用機械器具の構造、作動原理及び機能に関する高度に専門的な知識 2　手荷物等検査用機械器具を調整するため必要な事項に関する高度に専門的な知識 3　手荷物等検査用機械器具を操作するため必要な事項に関する高度に専門的な知識	四時限

4　手荷物等検査用機械器具の故障及び不調の原因並びにその対策に関する高度に専門的な知識

5　その他手荷物等検査により、航空の危険を生じさせるおそれのある物件を発見し、それが航空機内へ持ち込まれることを防止するため必要な事項に関する高度に専門的な知識

1　空港の施設及び管理に関する高度に専門的な知識

2　航空運送事業者その他の関係事業者の業務に関する高度に専門的な知

一時限

航空の危険を生じさせるおそれのあ

識

3　警察署、地方出入国在留管理局の出張所、税関支署その他の関係行政機関の業務に関する高度に専門的な知識

手荷物等検査の手順の管理、作業環境の整備その他空港保安警備業務の能率的かつ安全な実施に必要な業務の管理の方法に関する高度に専門的な知識

二時限

1　航空の危険を生じさせるおそれのある物件及び不審者を発見した場合における警察機関その他の関係機関への連絡を行うため必要な事項に関

一時限

			る物件及び不審者を発見した場合における応急の措置に関すること。	する高度に専門的な知識 2　航空の危険を生じさせるおそれのある物件及び不審者を発見した場合における乗客等の避難等の措置並びに当該物件の処理及び当該不審者の監視を行うため必要な事項に関する高度に専門的な知識 3　護身用具の使用方法その他の護身の方法に関する高度に専門的な知識 4　その他応急の措置を行うため必要な事項に関する高度に専門的な知識	
		実技	警備	1　乗客等の接遇を	一時

			講習	業務の実施に関すること。	行う高度に専門的な能力 2　英会話を行う高度に専門的な能力	限
					1　手荷物等検査用機械器具を調整する高度に専門的な能力 2　手荷物等検査用機械器具を操作する高度に専門的な能力 3　手荷物等検査用機械器具を点検し、故障を発見する高度に専門的な能力 4　その他手荷物等検査により、航空の危険を生じさせるおそれのある物件を発見し、それが航空機内へ持ち	四時限

				込まれることを防止する高度に専門的な能力	
				手荷物等検査の手順の管理、作業環境の整備その他空港保安警備業務の能率的かつ安全な実施に必要な業務の管理を行う高度に専門的な能力	二時限
			航空の危険を生じさせるおそれのある物件及び不審者を発見した場合を発	1　航空の危険を生じさせるおそれのある物件及び不審者を発見した場合における警察機関その他の関係機関への連絡を行う高度に専門的な能力 2　航空の危険を生じさせるおそれのある物件及び不審者を発見した場合における乗客等の	一時限

			見した場合における応急の措置に関すること。	避難等の措置並びに当該物件の処理及び当該不審者の監視を行う高度に専門的な能力 3　護身用具の使用方法その他の護身の方法に関する高度に専門的な能力 4　その他応急の措置を行う高度に専門的な能力	
	施設警備業務	学科講習	法令に関すること。	1　法令その他警備業務の実施の適正を確保するため必要な法令に関する高度に専門的な知識 2　消防法、銃砲刀剣類所持等取締法その他施設警備業務の実施に必要な法令に関する高度に専門的な知識	一時限

警備業務の実施に関すること。	1　警備業務実施の基本原則に関する高度に専門的な知識 2　警備員の資質の向上に関する高度に専門的な知識	一時限
	1　出入管理の方法に関する高度に専門的な知識 2　巡回の方法に関する高度に専門的な知識 3　施設警備業務用機器に関する高度に専門的な知識 4　施設警備業務用機器の故障又は不調の場合にとるべき措置に関する高度に専門的な知識	二時限
	1　警備業務対象施	二時

	設の構造、周囲の状況その他施設警備業務の実施に必要な事情に関する事前調査を的確に行うため必要な事項に関する高度に専門的な知識 2　出入管理及び巡回の方法並びに施設警備業務用機器の使用の管理その他施設警備業務の能率的かつ安全な実施に必要な業務の管理の方法に関する高度に専門的な知識	限
警備業務対象施設の破	1　不審者又は不審な物件を発見した場合にとるべき措置に関する高度に専門的な知識	一時限

		壊等の事故が発生した場合における応急の措置に関すること。	2 事故の発生時における警察機関その他の関係機関への連絡を行うため必要な事項に関する高度に専門的な知識 3 事故の発生時における負傷者の救護及び警備業務対象施設における危険の防止のための措置を行うため必要な事項に関する高度に専門的な知識 4 護身用具の使用方法その他の護身の方法に関する高度に専門的な知識 5 その他事故の発生時における応急の措置を行うため	

		必要な事項に関する高度に専門的な知識	
実技講習	警備業務の実施に関すること。	1 出入管理を行う高度に専門的な能力 2 巡回を行う高度に専門的な能力 3 施設警備業務用機器を操作する高度に専門的な能力 4 施設警備業務用機器の故障又は不調の場合にとるべき措置を行う高度に専門的な能力	二時限
		警備業務対象施設の構造、周囲の状況その他施設警備業務の実施に必要な事情を勘案して、当該業務の能率的かつ安全な業務の実施に必要な業務の	二時限

			管理を行う高度に専門的な能力	
		警備業務対象施設の破壊等の事故が発生した場合における応急の措置に関すること。	1 不審者又は不審な物件を発見した場合にとるべき措置を行う高度に専門的な能力 2 事故の発生時における警察機関その他の関係機関への連絡を行う高度に専門的な能力 3 事故の発生時における負傷者の救護及び警備業務対象施設における危険の防止のための措置を行う高度に専門的な能力 4 護身用具の使用方法その他の護身の方法に関する高度に専門的な能力	一時限

			5 その他事故の発生時における応急の措置を行う高度に専門的な能力	
雑踏警備業務	学科講習	法令に関すること。	1 法その他警備業務の実施の適正を確保するため必要な法令に関する高度に専門的な知識 2 軽犯罪法、道路交通法その他雑踏警備業務の実施に必要な法令に関する高度に専門的な知識	一時限
		警備業務の実施に関すること。	1 警備業務実施の基本原則に関する高度に専門的な知識 2 警備員の資質の向上に関する高度に専門的な知識	一時限
			1 雑踏警備業務用	二時限

	資機材の使用方法に関する高度に専門的な知識 2 人の誘導その他の雑踏の整理を行うため必要な事項に関する高度に専門的な知識	限
	1 雑踏警備業務を実施する場所の広さ、その周囲における道路及び交通の状況その他の事情に関する事前調査を的確に行うため必要な事項に関する高度に専門的な知識 2 その他雑踏警備業務の能率的かつ安全な実施に必要な業務の管理の方法に関する高度に	二時限

人の雑踏する場所における負傷等の事故が発生した場合における応急の措置に関すること。	専門的な知識	
	1 事故の発生時における警察機関その他の関係機関への連絡を行うため必要な事項に関する高度に専門的な知識 2 事故の発生時における負傷者の救護を行うため必要な事項に関する高度に専門的な知識 3 護身用具の使用方法その他の護身の方法に関する高度に専門的な知識 4 その他事故の発生時における応急の措置を行うため必要な事項に関する高度に専門的な知識	一時限

	実技講習	警備業務の実施に関すること。	雑踏警備業務用資機材を使用して雑踏の整理を行う高度に専門的な能力	二時限
			雑踏警備業務を実施する場所の広さ、その周囲における道路及び交通の状況その他の事情を勘案して、雑踏警備業務の能率的かつ安全な実施に必要な業務の管理を行う高度に専門的な能力	二時限
		人の雑踏する場所における負傷等の事故が発生した場合における応急の措置に関すること。	1 事故の発生時における警察機関その他の関係機関への連絡を行う高度に専門的な能力 2 事故の発生時における負傷者の救護を行う高度に専門的な能力 3 護身用具の使用方法その他の護身の方法に関する高度に専門的な能力 4 その他事故の発生時における応急の措置を行う高度に専門的な能力	一時限
交通誘導警備業務	学科講習	法令に関すること。	1 法その他警備業務の実施の適正を確保するため必要な法令に関する高度に専門的な知識 2 道路交通法その他交通誘導警備業務の実施に必要な法令に関する高度に専門的な知識	一時限

警備業務の実施に関すること。	1 警備業務実施の基本原則に関する高度に専門的な知識 2 警備員の資質の向上に関する高度に専門的な知識	一時限
	1 交通誘導警備業務用資機材の機能、使用方法及び管理方法に関する高度に専門的な知識 2 人又は車両に対する合図の方法その他の人又は車両の誘導を行うため必要な事項に関する高度に専門的な知識	二時限
	1 交通誘導警備業務を実施する場所	二時限

	に係る道路及び交通の状況、その周囲における交通の規制の状況その他の事情に関する事前調査を的確に行うため必要な事項に関する高度に専門的な知識 2 その他交通誘導警備業務を能率的かつ安全に実施し、及び当該業務を実施することが交通の妨害とならないようにするため必要な業務の管理の方法に関する高度に専門的な知識	
工事現場その	1 事故の発生時における警察機関その他の関係機関へ	一時限

	他人又は車両の通行に危険のある場所における負傷等の事故が発生した場合における応急の措置に関す	の連絡を行うため必要な事項に関する高度に専門的な知識 2　事故の発生時における負傷者の救護及び道路における危険の防止のための措置を行うため必要な事項に関する高度に専門的な知識 3　護身用具の使用方法その他の護身の方法に関する高度に専門的な知識 4　その他事故の発生時における応急の措置を行うため必要な事項に関する高度に専門的な知識	

	ること。		
実技講習	警備業務の実施に関すること。	1　交通誘導警備業務用資機材を使用して人又は車両の誘導を行う高度に専門的な能力 2　人又は車両に対する合図その他の方法により、人又は車両の誘導を行う高度に専門的な能力	二時限
		交通誘導警備業務を実施する場所に係る道路及び交通の状況、その周囲における交通の規制の状況その他の事情を勘案して、交通誘導警備業務を能率的かつ安全に実施し、及び当該業務を実施するこ	二時限

				とが交通の妨害とならないようにするため必要な業務の管理を行う高度に専門的な能力			
			工事現場その他人又は車両の通行に危険のある場所における負傷等の事故が発生	1 事故の発生時における警察機関その他の関係機関への連絡を行う高度に専門的な能力 2 事故の発生時における負傷者の救護及び道路における危険の防止のための措置を行う高度に専門的な能力 3 護身用具の使用方法その他の護身の方法に関する高度に専門的な能力 4 その他事故の発生時における応急の措置を行う高度	一時限		

		した場合における応急の措置に関すること。	に専門的な能力		
核燃料物質等危険物運搬警備業務	学科講習	法令に関すること。	1 法その他警備業務の実施の適正を確保するため必要な法令に関する高度に専門的な知識 2 核原料物質、核燃料物質及び原子炉の規制に関する法律、道路運送車両法その他核燃料物質等危険物運搬警備業務の実施に必要な法令に関す	一時限	

	る高度に専門的な知識	
警備業務の実施に関すること。	1　警備業務実施の基本原則に関する高度に専門的な知識 2　警備員の資質の向上に関する高度に専門的な知識	一時限
	1　核燃料物質等危険物の性質に関する高度に専門的な知識 2　核燃料物質等危険物の運搬に使用する車両の装置及び核燃料物質等危険物を封入した容器等の構造に関する高度に専門的な知識	一時限
	1　伴走に使用する	一時

	車両の故障及び不調の原因並びにその対策に関する高度に専門的な知識 2　車両による伴走を行うため必要な事項に関する高度に専門的な知識 3　運搬中における周囲の見張りを行うため必要な事項に関する高度に専門的な知識 4　運搬中において、指令業務担当者等への連絡を行うため必要な事項に関する高度に専門的な知識	限
	1　核燃料物質等危険物の運搬の経路に係る道路の構造、道路における	二時限

	交通の状況その他核燃料物質等危険物運搬警備業務の実施に必要な事情に関する事前調査を的確に行うため必要な事項に関する高度に専門的な知識 2　その他核燃料物質等危険物運搬警備業務の効率的かつ安全な実施に必要な業務の管理の方法に関する高度に専門的な知識	
核燃料物質等危険物に係る盗難	1　放射線量測定用機械器具の構造、機能、操作方法及び管理方法に関する高度に専門的な知識 2　放射線障害等防	一時限

	等の事故が発生した場合における応急の措置に関すること。	止用資機材の機能、使用方法及び管理方法に関する高度に専門的な知識 3　事故の発生時における警察機関その他の関係機関への連絡を行うため必要な事項に関する高度に専門的な知識 4　護身用具の使用方法その他の護身の方法に関する高度に専門的な知識 5　その他事故の発生時における応急の措置を行うため必要な事項に関する高度に専門的な知識	
実技	警備	1　伴走に使用する	二時

		講習	業務の実施に関すること。	車両の点検及び修理を行う高度に専門的な能力 2　運搬中における周囲の見張りを行う高度に専門的な能力 3　運搬中における指令業務担当者等への連絡を行う高度に専門的な能力	限
				核燃料物質等危険物の運搬の経路に係る道路の構造、道路における交通の状況その他核燃料物質等危険物運搬警備業務の実施に必要な事情を勘案して、当該業務の能率的かつ安全な実施に必要な業務の管理を行う高度に専門的な能力	二時限

核燃料物質等危険物に係る盗難等の事故が発生した場合における応急の措置に関すること。	1　放射線量測定用機械器具の点検及び修理を行う高度に専門的な能力 2　放射線量測定用機械器具を操作する高度に専門的な能力 3　放射線障害等防止用資機材の点検を行う高度に専門的な能力 4　放射線障害等防止用資機材を使用する高度に専門的な能力 5　事故の発生時における警察機関その他の関係機関への連絡を行う高度に専門的な能力 6　護身用具の使用方法その他の護身	一時限

			の方法に関する高度に専門的な能力 7　その他事故の発生時における応急の措置を行う高度に専門的な能力	
貴重品運搬警備業務	学科講習	法令に関すること。	1　法その他警備業務の実施の適正を確保するため必要な法令に関する高度に専門的な知識 2　道路交通法その他貴重品運搬警備業務の実施に必要な法令に関する高度に専門的な知識	一時限
		警備業務の実施に関すること。	1　警備業務実施の基本原則に関する高度に専門的な知識 2　警備員の資質の向上に関する高度に専門的な知識	一時限

			1　貴重品運搬警備業務用車両の装置及び操作方法に関する高度に専門的な知識 2　貴重品運搬警備業務用車両の故障及び不調の原因並びにその対策に関する高度に専門的な知識 3　車両による伴走を行うため必要な事項に関する高度に専門的な知識 4　運搬中における周囲の見張りを行うため必要な事項に関する高度に専門的な知識 5　運搬に係る貴重品の積卸しに際して周囲の見張りを	二時限

	行うため必要な事項に関する高度に専門的な知識 6　運搬中における指令業務担当者等への連絡を行うため必要な事項に関する高度に専門的な知識	
	1　貴重品の運搬の経路に係る道路の構造、道路における交通の状況その他貴重品運搬警備業務の実施に必要な事情に関する事前調査を的確に行うため必要な事項に関する高度に専門的な知識 2　その他貴重品運搬警備業務の能率的かつ安全な実施	二時限

	に必要な業務の管理の方法に関する高度に専門的な知識	
運搬中の現金、貴金属、有価証券等の貴重品に係る盗難等の事故が発生した場合に	1　事故の発生時における警察機関その他の関係機関への連絡を行うため必要な事項に関する高度に専門的な知識 2　護身用具の使用方法その他の護身の方法に関する高度に専門的な知識 3　その他事故の発生時における応急の措置を行うため必要な事項に関する高度に専門的な知識	一時限

	おける応急の措置に関すること。		
実技講習	警備業務の実施に関すること。	1　貴重品運搬警備業務用車両の点検及び修理を行う高度に専門的な能力 2　貴重品運搬警備業務用車両を操作する高度に専門的な能力 3　運搬中における周囲の見張りを行う高度に専門的な能力 4　運搬に係る貴重品の積卸しに際して周囲の見張りを行う高度に専門的な能力 5　運搬中における指令業務担当者等への連絡を行う高度に専門的な能力	二時限
		貴重品の運搬の経路に係る道路の構造、道路における交通の状況その他貴重品運搬警備業務の実施に必要な事情を勘案して、当該業務の能率的かつ安全な実施に必要な業務の管理を行う高度に専門的な能力	二時限
	運搬中の現金、貴金属、	1　事故の発生時における警察機関その他の関係機関への連絡を行う高度に専門的な能力 2　護身用具の使用	一時限

		有価証券等の貴重品に係る盗難等の事故が発生した場合における応急の措置に関すること。	方法その他の護身の方法に関する高度に専門的な能力 3　その他事故の発生時における応急の措置を行う高度に専門的な能力	

備考　この表において、一時限は、五十分とする。

別表第四（第十七条関係）

種別	講習区分	科目	講習事項	講習時間
空港保安警備業務	学科講習	法令に関すること。	1　法その他警備業務の実施の適正を確保するため必要な法令に関する専門的な知識 2　航空法、航空機の強取等の処罰に関する法律、外交関係に関するウィーン条約その他空港保安警備業務の実施に必要な法令に関する専門的な知識	二時限
		警備業務の実施に関す	1　警備業務実施の基本原則に関する専門的な知識 2　警備員の資質の向上に関する専門	一時限

ること。

的な知識

1　乗客等の接遇を行うため必要な事項に関する専門的な知識 2　英語に関する専門的な知識	一時限
1　手荷物等検査用機械器具の構造、作動原理及び機能に関する専門的な知識 2　手荷物等検査用機械器具を調整するため必要な事項に関する専門的な知識 3　手荷物等検査用機械器具を操作するため必要な事項に関する専門的な知識 4　手荷物等検査用機械器具の故障及びその対策に関する専門的な知識 5　その他手荷物等検査により、航空の危険を生じさせるおそれのある物件を発見し、それが航空機内へ持ち込まれることを防止するため必要な事項に関する専門的な知識	六時限
1　空港の施設及び管理に関する専門的な知識 2　航空運送事業者その他の関係事業者の業務に関する専門的な知識 3　警察署、地方出入国在留管理局の	一時限

				出張所、税関支署その他の関係行政機関の業務に関する専門的な知識	
			航空の危険を生じさせるおそれのある物件及び不審者を発見した場合における応急の	1 航空の危険を生じさせるおそれのある物件及び不審者を発見した場合における警察機関その他の関係機関への連絡を行うため必要な事項に関する専門的な知識 2 航空の危険を生じさせるおそれのある物件及び不審者を発見した場合における乗客等の避難等の措置並びに当該物件の処理及び当該不審者の監視を行うため必要な事項に関する	一時限

				措置に関すること。	専門的な知識 3 護身用具の使用方法その他の護身の方法に関する専門的な知識 4 その他応急の措置を行うため必要な事項に関する専門的な知識	
			実技講習	警備業務の実施に関すること。	1 乗客等の接遇を行う専門的な能力 2 英会話を行う専門的な能力	一時限
					1 手荷物等検査用機械器具を調整する専門的な能力 2 手荷物等検査用機械器具を操作する専門的な能力 3 手荷物等検査用機械器具を点検し、故障を発見する専門的な能力	六時限

				4 その他手荷物等検査により、航空の危険を生じさせるおそれのある物件を発見し、それが航空機内へ持ち込まれることを防止する専門的な能力	
			航空の危険を生じさせるおそれのある物件及び不審者を発見し	1 航空の危険を生じさせるおそれのある物件及び不審者を発見した場合における警察機関その他の関係機関への連絡を行う専門的な能力 2 航空の危険を生じさせるおそれのある物件及び不審者を発見した場合における乗客等の避難等の措置並び	一時限

		た場合における応急の措置に関すること。	に当該物件の処理及び当該不審者の監視を行う専門的な能力 3 護身用具の使用方法その他の護身の方法に関する専門的な能力 4 その他応急の措置を行う専門的な能力	
施設警備業務	学科講習	法令に関すること。	1 法その他警備業務の実施の適正を確保するため必要な法令に関する専門的な知識 2 消防法、銃砲刀剣類所持等取締法その他施設警備業務の実施に必要な法令に関する専門的な知識	一時限
		警備	1 警備業務実施の	一時

業務の実施に関すること。	基本原則に関する専門的な知識 2　警備員の資質の向上に関する専門的な知識	限
	1　出入管理の方法に関する専門的な知識 2　巡回の方法に関する専門的な知識 3　施設警備業務用機器に関する専門的な知識 4　施設警備業務用機器の故障又は不調の場合にとるべき措置に関する専門的な知識	三時限
警備業務対象施設の破壊等の事故が発生した場合における応急の措置に関すること。	1　不審者又は不審な物件を発見した場合にとるべき措置に関する専門的な知識 2　事故の発生時における警察機関その他の関係機関への連絡を行うため必要な事項に関する専門的な知識 3　事故の発生時における負傷者の救護及び警備業務対象施設における危険の防止のための措置を行うため必要な事項に関する専門的な知識 4　護身用具の使用方法その他の護身の方法に関する専門的な知識 5　その他事故の発生時における応急の措置を行うため必要な事項に関する専門的な知識	二時限

	実技講習	警備業務の実施に関すること。	1　出入管理を行う専門的な能力 2　巡回を行う専門的な能力 3　施設警備業務用機器を操作する専門的な能力 4　施設警備業務用機器の故障又は不調の場合にとるべき措置を行う専門的な能力	三時限
		警備業務対象施設の破壊等の事故が発生した場合における応急の措置に関すること。	1　不審者又は不審な物件を発見した場合にとるべき措置を行う専門的な能力 2　事故の発生時における警察機関その他の関係機関への連絡を行う専門的な能力 3　事故の発生時における負傷者の救護及び警備業務対象施設における危険の防止のための措置を行う専門的な能力 4　護身用具の使用方法その他の護身の方法に関する専門的な能力 5　その他事故の発生時における応急の措置を行う専門的な能力	二時限
雑踏警備業務	学科講習	法令に関すること。	1　法その他警備業務の実施の適正を確保するため必要な法令に関する専門的な知識 2　軽犯罪法、道路交通法その他雑踏警備業務の実施に必要な法令に関す	一時限

		る専門的な知識	
	警備業務の実施に関すること。	1 警備業務実施の基本原則に関する専門的な知識 2 警備員の資質の向上に関する専門的な知識	一時限
		1 雑踏警備業務用資機材の使用方法に関する専門的な知識 2 人の誘導その他の雑踏の整理を行うため必要な事項に関する専門的な知識	三時限
	人の雑踏する場所における負傷	1 事故の発生時における警察機関その他の関係機関への連絡を行うため必要な事項に関する専門的な知識 2 事故の発生時に	二時限

	等の事故が発生した場合における応急の措置に関すること。	おける負傷者の救護を行うため必要な事項に関する専門的な知識 3 護身用具の使用方法その他の護身の方法に関する専門的な知識 4 その他事故の発生時における応急の措置を行うため必要な事項に関する専門的な知識	
実技講習	警備業務の実施に関すること。	雑踏警備業務用資機材を使用して雑踏の整理を行う専門的な能力	三時限
	人の雑踏	1 事故の発生時における警察機関そ	二時限

交通誘導警備業務	
学科講習	
法令に関すること	する場所における負傷等の事故が発生した場合における応急の措置に関すること。
1　法その他警備業務の実施の適正を確保するため必要な法令に関する専	の他の関係機関への連絡を行う専門的な能力 2　事故の発生時における負傷者の救護を行う専門的な能力 3　護身用具の使用方法その他の護身の方法に関する専門的な能力 4　その他事故の発生時における応急の措置を行う専門的な能力
一時限	

と。	警備業務の実施に関すること。	
門的な知識 2　道路交通法その他交通誘導警備業務の実施に必要な法令に関する専門的な知識	1　警備業務実施の基本原則に関する専門的な知識 2　警備員の資質の向上に関する専門的な知識	1　交通誘導警備業務用資機材の機能、使用方法及び管理方法に関する専門的な知識 2　人又は車両に対する合図の方法その他の人又は車両の誘導を行うため必要な事項に関する専門的な知識
	一時限	三時限

	工事現場その他人又は車両の通行に危険のある場所における負傷等の事故が発生した場合における応急の措置に関すること。	1　事故の発生時における警察機関その他の関係機関への連絡を行うため必要な事項に関する専門的な知識 2　事故の発生時における負傷者の救護及び道路における危険の防止のための措置を行うため必要な事項に関する専門的な知識 3　護身用具の使用方法その他の護身の方法に関する専門的な知識 4　その他事故の発生時における応急の措置を行うため必要な事項に関する専門的な知識	二時限
実技講習	警備業務の実施に関すること。	1　交通誘導警備業務用資機材を使用して人又は車両の誘導を行う専門的な能力 2　人又は車両に対する合図その他の方法により、人又は車両の誘導を行う専門的な能力	三時限
	工事現場その他人又は車両の通行に	1　事故の発生時における警察機関その他の関係機関への連絡を行う専門的な能力 2　事故の発生時における負傷者の救護及び道路におけ	二時限

		危険のある場所における負傷等の事故が発生した場合における応急の措置に関すること。	る危険の防止のための措置を行う専門的な能力 3 護身用具の使用方法その他の護身の方法に関する専門的な能力 4 その他事故の発生時における応急の措置を行う専門的な能力	
核燃料物質等危険物	学科講習	法令に関する	1 法その他警備業務の実施の適正を確保するため必要	一時限

		運搬警備業務		こと。	な法令に関する専門的な知識 2 核原料物質、核燃料物質及び原子炉の規制に関する法律、道路運送車両法その他核燃料物質等危険物運搬警備業務の実施に必要な法令に関する専門的な知識	
				警備業務の実施に関すること。	1 警備業務実施の基本原則に関する専門的な知識 2 警備員の資質の向上に関する専門的な知識	一時限
					1 核燃料物質等危険物の性質に関する専門的な知識 2 核燃料物質等危険物の運搬に使用する車両の装置及	一時限

		び核燃料物質等危険物を封入した容器等の構造に関する専門的な知識	
		1　伴走に使用する車両の故障及び不調の原因並びにその対策に関する専門的な知識 2　車両による伴走を行うため必要な事項に関する専門的な知識 3　運搬中における周囲の見張りを行うため必要な事項に関する専門的な知識 4　運搬中において、指令業務担当者等への連絡を行うため必要な事項に関する専門的な	二時限
核燃料物質等危険物に係る盗難等の事故が発生した場合における応急の措置に関すること。	知識	1　放射線量測定用機械器具の構造、機能、操作方法及び管理方法に関する専門的な知識 2　放射線障害等防止用資機材の機能、使用方法及び管理方法に関する専門的な知識 3　事故の発生時における警察機関その他の関係機関への連絡を行うため必要な事項に関する専門的な知識 4　護身用具の使用方法その他の護身の方法に関する専門的な知識 5　その他事故の発生時における応急	二時限

			の措置を行うため必要な事項に関する専門的な知識	
	実技講習	警備業務の実施に関すること。	1 伴走に使用する車両の点検及び修理を行う専門的な能力 2 運搬中における周囲の見張りを行う専門的な能力 3 運搬中における指令業務担当者等への連絡を行う専門的な能力	三時限
		核燃料物質等危険物に係る盗難等の事故が発生した場合における応急の措置に関すること。	1 放射線量測定用機械器具の点検及び修理を行う専門的な能力 2 放射線量測定用機械器具を操作する専門的な能力 3 放射線障害等防止用資機材の点検を行う専門的な能力 4 放射線障害等防止用資機材を使用する専門的な能力 5 事故の発生時における警察機関その他の関係機関への連絡を行う専門的な能力 6 護身用具の使用方法その他の護身の方法に関する専門的な能力 7 その他事故の発生時における応急の措置を行う専門的な能力	二時限
貴重品運搬警備業務	学科講習	法令に関すること。	1 法その他警備業務の実施の適正を確保するため必要な法令に関する専門的な知識	一時限

			2　道路交通法その他貴重品運搬警備業務の実施に必要な法令に関する専門的な知識	
		警備業務の実施に関すること。	1　警備業務実施の基本原則に関する専門的な知識 2　警備員の資質の向上に関する専門的な知識	一時限
			1　貴重品運搬警備業務用車両の装置及び操作方法に関する専門的な知識 2　貴重品運搬警備業務用車両の故障及び不調の原因並びにその対策に関する専門的な知識 3　車両による伴走を行うため必要な事項に関する専門	三時限

					的な知識 4　運搬中における周囲の見張りを行うため必要な事項に関する専門的な知識 5　運搬に係る貴重品の積卸しに際して周囲の見張りを行うため必要な事項に関する専門的な知識 6　運搬中における指令業務担当者等への連絡を行うため必要な事項に関する専門的な知識	
				運搬中の現金、貴金属、	1　事故の発生時における警察機関その他の関係機関への連絡を行うため必要な事項に関する専門的な知識	二時限

	有価証券等の貴重品に係る盗難等の事故が発生した場合における応急の措置に関すること。	2　護身用具の使用方法その他の護身の方法に関する専門的な知識 3　その他事故の発生時における応急の措置を行うため必要な事項に関する専門的な知識	
実技講習	警備業務	1　貴重品運搬警備業務用車両の点検	三時限

の実施に関すること。	及び修理を行う専門的な能力 2　貴重品運搬警備業務用車両を操作する専門的な能力 3　運搬中における周囲の見張りを行う専門的な能力 4　運搬に係る貴重品の積卸しに際して周囲の見張りを行う専門的な能力 5　運搬中における指令業務担当者等への連絡を行う専門的な能力	
運搬中の現金、貴金属、有価	1　事故の発生時における警察機関その他の関係機関への連絡を行う専門的な能力 2　護身用具の使用方法その他の護身	二時限

		証券等の貴重品に係る盗難等の事故が発生した場合における応急の措置に関すること。	の方法に関する専門的な能力 3　その他事故の発生時における応急の措置を行う専門的な能力	

備考　この表において、一時限は、五十分とする。

附　則

（施行期日等）

第一条　この規則は、警備業法の一部を改正する法律（以下「改正法」という。）の施行の日（平成十七年十一月二十一日）から施行する。

第二条　平成十七年十一月三十日までの間は、第二条の表の二の項の上欄中「第二条」とあるのは、「第一条の二」とする。

（警備員等の検定に関する規則等の廃止）

第三条　次に掲げる規則は、廃止する。

一　警備員等の検定に関する規則（昭和六十一年国家公安委員会規則第五号）

二　警備員等の検定に関する規則第十二条第一項に規定する指定講習を指定する規則（平成十三年国家公安委員会規則第三号）

（経過措置）

第四条　第二条の規定の適用については、この規則の施行の日から六月を経過する日までの間は、同条の表の一の項の1中「警備員（以下「一級検定合格警備員」という。）」とあるのは「警備員（以下「一級検定合格警備員」という。）又は警備員等の検定等に関する規則附則第三条の規定による廃止前の警備員等の検定に関する規則（昭和六十一年国家公安委員会規則第五号。以下「旧規則」という。）第一条第一項の表に規定する空港保安警備（以下「空港保安警備」という。）に係る同項に規定する検定（以下「旧検定」という。）であって同条第二項に規定する一級に係るものに合格した警備員（以下「旧一級検定合格警備員」という。）」と、同項の2中「又は第四条に規定する二級の検定に係る合格証明書の交付を受けている警備員（以下「二級検定合格警備員」という。）」とあるのは「若しくは第四条に規定する二級の検定に係る合格証明書の交付を受けている警備員（以下「二級検定合格警備員」という。）又は空港保安警備に係る旧一級検定合格警備員若しくは旧検定であって旧規則第一条第二項に規定する二級に係るものに合格した警備員（以下「旧二級検定合格警備員」という。）」と、同表の二の項の1中「一級検定合格警備員」とあるのは「一級検定合格警備員又は旧規則第一条第一項の表に規定する常駐警備（以下「常駐警備」という。）に係る旧一級検定合格警備員」と、同項の2中「又は二級検定合格警備員」とあるのは「若しくは二級検定合格警備員又は常駐警備に係る旧一級検定合格警備員若しくは旧二級検定合格警備員」と、同表の三の項の1中「一級検定合格警備員」とあるのは「一級検定合格警備員又は常駐警備に係る旧一級検定合格警備員」と、同項の2中「又は二級検定合格警備員」とあるのは「若しくは二級検定合格警備員又は常駐警備に係る旧一級検定合格警備員若しくは旧二級検定合格警備員」と、同表の四の項の中欄中「又は二級検定合格警備員」とあるのは「若しくは二級検定合格警備員又は旧規則第一条第一項の表に規定する交通誘導警備（以下「交通誘導警備」という。）に係る旧一級検定合格警備員若しくは旧二級検定合格警備員」と、同表の五の項の中欄中

「又は二級検定合格警備員」とあるのは「若しくは二級検定合格警備員又は交通誘導警備に係る旧一級検定合格警備員若しくは旧二級検定合格警備員」と、同表の六の項の1中「二級検定合格警備員」とあるのは「一級検定合格警備員又は旧規則第一条第一項の表に規定する核燃料物質等運搬警備（以下「核燃料物質等運搬警備」という。）に係る旧一級検定合格警備員」と、同項の2中「又は二級検定合格警備員」とあるのは「若しくは二級検定合格警備員又は核燃料物質等運搬警備に係る旧一級検定合格警備員若しくは旧二級検定合格警備員」と、同表の七の項の中欄中「又は二級検定合格警備員」とあるのは「若しくは二級検定合格警備員又は旧規則第一条第一項の表に規定する貴重品運搬警備に係る旧一級検定合格警備員若しくは旧二級検定合格警備員」とする。

第五条　第三条の規定の適用については、この規則の施行の日から六月を経過する日までの間は、同条中「合格証明書」とあるのは、「合格証明書又は警備員等の検定等に関する規則附則第三条の規定による廃止前の警備員等の検定に関する規則（昭和六十一年国家公安委員会規則第五号）第八条に規定する合格証」とする。

第六条　改正法附則第五条の規定により都道府県公安委員会（以下「公安委員会」という。）が行う審査（以下「検定合格者審査」という。）は、次の各号に掲げる審査の区分に応じ、それぞれ当該各号に定める者について行うものとする。

一　空港保安警備業務に係る一級の検定合格者審査　附則第三条の規定による廃止前の警備員等の検定に関する規則（以下「旧規則」という。）第一条第一項の表に規定する空港保安警備（次号において「空港保安警備」という。）に係る同項に規定する検定（以下この条及び次条において「旧検定」という。）であって同条第二項に規定する一級に係るもの（以下この条において「旧一級検定」という。）に合格した者

二　空港保安警備業務に係る二級の検定合格者審査　空港保安警備に係る旧一級検定又は旧検定であって旧規則第一条第二項に規定する二級に係るもの（以下この条において「旧二級検定」という。）に合格した者

三　施設警備業務に係る一級の検定合格者審査　旧規則第一条第一項の表に規定する常駐警備（次号において「常駐警備」という。）に係る旧一級検定に合格した者

四　施設警備業務に係る二級の検定合格者審査　常駐警備に係る旧一級検定又は旧二級検定に合格した者

五　交通誘導警備業務に係る一級の検定合格者審査　旧規則第一条第一項の表に規定する交通誘導警備（次号において「交通誘導警備」という。）に係る旧一級検定に合格した者

六　交通誘導警備業務に係る二級の検定合格者審査　交通誘導警備に係る旧一級検定又は旧二級検定に合格した者

七　核燃料物質等危険物運搬警備業務に係る一級の検定合格者審査　旧規則第一条第一項の表に規定する核燃料物質等運搬警備（次号において「核燃料物質等運搬警備」という。）に係る旧一級検定に合格した者

八　核燃料物質等危険物運搬警備業務に係る二級の検定合格者審査　核燃料物質等運搬警備に係る旧一級検定又は旧二級検定に合格した者

九　貴重品運搬警備業務に係る一級の検定合格者審査　旧規則第一条第一項の表に規定する貴重品運搬警備（次号において「貴重品運搬警備」という。）に係る旧一級検定に合格した者

十　貴重品運搬警備業務に係る二級の検定合格者審査　貴重品運搬警備に係る旧一級検定又は旧二級検定に合格した者

第七条　検定合格者審査は、検定合格者審査を受けようとする者（以下「審査申請者」という。）が、その種別の警備業務に関する知識及び能力を有するかどうか

を学科試験及び実技試験により判定することによって行う。

2　前項の場合において、次に掲げる者については、学科試験及び実技試験の全部を免除する。

一　旧検定に合格した警備員であって、この規則の施行の際現に当該旧検定に係る警備業務に従事しており、かつ、当該警備業務に従事している期間が継続して一年以上であるもの

二　旧検定に合格した者であって、この規則の施行の際現に当該旧検定に係る警備業務に係る指定講習（旧規則第十二条第一項に規定する指定講習をいう。）の講師として従事しており、かつ、当該講師として従事している期間が継続して一年以上であるもの（前号に掲げる者を除く。）

第八条　検定合格者審査の科目及び判定の基準は、警備業務の種別に応じ、次の表に定めるとおりとする。

級の別	試験区分	科目	判定の基準
一級	学科試験	警備業務に関する基本的な事項	警備員の資質の向上に関する高度に専門的な知識（第四条に規定する一級の検定に係る警備業法第二十三条第四項の合格証明書（以下「合格証明書」という。）の交付を受けている警備員が行う警備員の資質の向上を図るための指導方法に関するものに限る。）を有すること。
		法令に関すること。	警備業法その他警備業務の実施の適正を確保するため必要な最新の法令に関する高度に専門的な知識を有すること。
		警備業務の実施に関すること。	警備業務を実施するために使用する最新の各種資機材の機能、使用方法及び管理方法に関する高度に専門的な知識を有すること。

		警備業務に係る事故が発生した場合における応急の措置に関すること。	護身の方法に関する高度に専門的な知識（護身用具の使用方法に関するものを除く。）を有すること。
	実技試験	警備業務に係る事故が発生した場合における応急の措置に関すること。	護身の方法に関する高度に専門的な能力（護身用具の使用方法に関するものを除く。）を有すること。
二級	学科試験	警備業務に関する基本的な事項	警備員の資質の向上に関する専門的な知識（第四条に規定する二級の検定に係る合格証明書の交付を受けている警備員が行う警備員の資質の向上を図るための指導方法に関するものに限る。）を有すること。

		法令に関すること。	警備業法その他警備業務の実施の適正を確保するため必要な最新の法令に関する専門的な知識を有すること。
		警備業務の実施に関すること。	警備業務を実施するために使用する最新の各種資機材の機能、使用方法及び管理方法に関する専門的な知識を有すること。
		警備業務に係る事故が発生した場合における応急の措置に関すること。	護身の方法に関する専門的な知識（護身用具の使用方法に関するものを除く。）を有すること。
	実技試験	警備業務に係る事故が発生した場合における応急の措置に関すること。	護身の方法に関する専門的な能力（護身用具の使用方法に関するものを除く。）を有すること。

2　第六条第二項から第五項までの規定は、検定合格者審査について準用する。

第九条　公安委員会は、検定合格者審査を行おうとするときは、当該検定合格者審査の実施予定期日の三十日前までに、次の各号に掲げる事項のすべてを公示するものとする。

一　検定合格者審査に係る学科試験及び実技試験の実施期日、場所並びに当該検定合格者審査に係る警備業務の種別及び級

二　検定合格者審査の申請手続に関する事項

三　その他検定合格者審査の実施に関し必要な事項

第十条　審査申請者は、その住所地若しくはその者が警備員である場合におけるその者が属する営業所の所在地を管轄する公安委員会又は旧規則第八条の合格証を交付した公安委員会に、別記様式の審査申請書一通を提出しなければならない。

（注）　別記様式参照　三四一頁

2　前項の審査申請書には、次の各号に掲げるその者の受けようとする検定合格者審査を行う公安委員会の区分に応じ、それぞれ当該各号に定める書面を添付しなければならない。ただし、審査申請者の住所地を管轄する公安委員会とその者が警備員である場合におけるその者が属する営業所の所在地を管轄する公安委員会が同一である場合にあっては第一号又は第二号に掲げる書面のうちいずれかを、旧規則第八条の合格証を交付した公安委員会の行う検定合格者審査を受けようとする場合にあっては第一号及び第二号に掲げる書面のすべてを、それぞれ添付することを要しない。

一　住所地を管轄する公安委員会　その者の住所地を疎明する書面

二　警備員でその者が属する営業所の所在地を管轄する公安委員会　その者が当該営業所に属することを疎明する書面

3　前項に定めるもののほか、第一項の審査申請書には、次の各号に掲げる書類のすべてを添付しなければならない。

一　第九条第四項第二号に規定する写真一葉
二　旧規則第八条の合格証の写し
三　附則第七条第二項各号に掲げる者にあっては、同項各号のいずれかに該当することを疎明する書面

第十一条　旧規則第八条の合格証の書換え及び再交付については、なお従前の例による。

附　則〔平成二〇年六月一八日国家公安委員会規則第一三号〕

この規則は、公布の日から施行する。

附　則〔平成二〇年一〇月一〇日国家公安委員会規則第二三号〕

この規則は、平成二十一年六月一日から施行する。ただし、第二条の表に四の項を加える改正規定中同項1に係る部分は、平成二十二年六月一日から施行する。

附　則〔平成二四年六月一八日国家公安委員会規則第七号〕

（施行期日）

第一条　この規則は、出入国管理及び難民認定法及び日本国との平和条約に基づき日本の国籍を離脱した者等の出入国管理に関する特例法の一部を改正する等の法律（平成二十一年法律第七十九号）の施行の日（平成二十四年七月九日）から施行する。

（経過措置）

第二条　この規則の施行の日前にした行為に対する罰則の適用については、なお従前の例による。

附　則〔平成二四年九月一八日国家公安委員会規則第九号〕

この規則は、原子力規制委員会設置法の施行の日（平成二十四年九月十九日）から施行する。

附　則〔平成二五年七月五日国家公安委員会規則第八号〕

この規則は、原子力規制委員会設置法附則第一条第四号に掲げる規定の施行の日（平成二十五年七月八日）から施行する。

附　則〔平成三一年三月二九日国家公安委員会規則第四号〕

この規則は、出入国管理及び難民認定法及び法務省設置法の一部を改正する法律の施行の日（平成三十一年四月一日）から施行する。ただし、次の各号に掲げる規定は、当該各号に定める日から施行する。

一　第二条の表の改正規定（「第五十一条の二第二項第二号」を「第五十一条の二第三項第二号」に改める部分に限る。）　公布の日

二　第二条の表の改正規定（前号に掲げる改正規定を除く。）　原子力利用における安全対策の強化のための核原料物質、核燃料物質及び原子炉の規制に関する法律等の一部を改正する法律の施行の日〔令和元・九・一〕

附　則〔令和元年五月二四日国家公安委員会規則第一号〕

この規則は、公布の日から施行する。

附　則〔令和元年六月二一日国家公安委員会規則第三号〕

（施行期日）

1　この規則は、令和元年七月一日から施行する。

（経過措置）

2　この規則による改正前の〔中略〕警備員等の検定等に関する規則〔中略〕に規定する様式による書面については、この規則による改正後のこれらの規則に規定する様式にかかわらず、当分の間、なおこれを使用することができる。

附　則〔令和元年八月三〇日国家公安委員会規則第四号〕

この規則は、公布の日から施行する。

附　則〔令和元年一〇月二四日国家公安委員会規則第八号抄〕

（施行期日）

1　この規則は、成年被後見人等の権利の制限に係る措置の適正化等を図るための関係法律の整備に関する法律附則第一条第二号に掲げる規定の施行の日（令和元年十二月十四日）から施行する。〔以下略〕

（経過措置）

3　この規則の施行前にした行為に対する罰則の適用については、なお従前の例による。

附　則〔令和二年一二月二八日国家公安委員会規則第一三号〕

（施行期日）

第一条　この規則は、公布の日から施行する。

（経過措置）

第二条　この規則による改正前の様式（次項において「旧様式」という。）により使用されている書類は、当分の間、この規則による改正後の様式によるものとみなす。

2　旧様式による用紙については、当分の間、これを取り繕って使用することができる。

附　則〔令和六年六月二七日国家公安委員会規則第九号〕

（施行期日）

第一条　この規則は、公布の日から施行する。

（経過措置）

第二条　この規則による改正前の様式（次項において「旧様式」という。）により使用されている書類は、当分の間、この規則による改正後の様式によるものとみなす。

2　旧様式による用紙については、当分の間、これを取り繕って使用することができる。

別記様式

※　資料区分		※　受理警察署		（　　　署）	
※　受理番号		※　受理年月日		年　月　日	
※　合格証明書の番号		※　審査年月日		年　月　日	
※　合格証明書交付公安委員会		※　合格証明書交付年月日		年　月　日	

審　査　申　請　書

警備員等の検定等に関する規則附則第10条の規定により検定合格者審査を申請します。

年　月　日

公安委員会　殿

申請者の氏名

（フリガナ） 氏　名			
住　所	電話　（　　）　—　番		
生年月日	明治 1 ・ 大正 2 ・ 昭和 3 ・ 平成 4　年　月　日		
本籍又は国籍			※
受けようとする検定合格者審査の区分	1級　2級		※
保有する合格証	警備業務の種別	空港保安警備　常駐警備　交通誘導警備　核燃料物質等運搬警備　貴重品運搬警備	※
	検定の区分	1級　2級	※
	交付年月日	昭和・平成　年　月　日	合格証番号　　号
	合格証を交付した公安委員会	公安委員会	

備考

1　※印欄には、記載しないこと。

2　不要の文字は、横線で消すこと。ただし、数字を付した欄は、該当する数字を○で囲むこと。

3　用紙の大きさは、日本産業規格Ａ４とすること。

別記様式第1号（第9条関係）

※　資料区分		※　受理警察署		（　　　署）		
※　受理番号		※　受理年月日		年	月	日
※　合格証明書の番号		※　検定年月日		年	月	日
※　合格証明書交付公安委員会		※　合格証明書交付年月日		年	月	日

検　定　申　請　書

警備員等の検定等に関する規則第9条第1項の規定により検定を申請します。

年　　月　　日

公安委員会　殿

申請者の氏名

（フリガナ） 氏　　名		
住　　所	電話　（　　）　—　　番	
生年月日	明治 1　大正 2　昭和 3　平成 4　令和 5　年　月　日	
本籍又は国籍		※
検定を受けようとする警備業務の種別	空港保安警備業務　施設警備業務　雑踏警備業務　交通誘導警備業務　核燃料物質等危険物運搬警備業務　貴重品運搬警備業務	※
受けようとする検定の区分	1級　　2級	※
属する営業所　名称		
属する営業所　所在地	電話　（　　）　—　　番	
1級の検定を受けようとする者の記載欄		
1級の検定を受けようとする警備業務の種別について2級の検定に係る合格証明書の交付を受けている者にあっては、当該合格証明書を交付した公安委員会及び合格証明書の交付年月日	公安委員会 昭和 平成　　年　　月　　日 令和	

備考

1　※印欄には、記載しないこと。
2　不要の文字は、横線で消すこと。ただし、数字を付した欄は、該当する数字を○で囲むこと。
3　「属する営業所」欄には、申請者の住所地を管轄する公安委員会の行う検定を受けようとする場合は、記載することを要しない。
4　用紙の大きさは、日本産業規格A4とすること。

別記様式第２号（第10条関係）

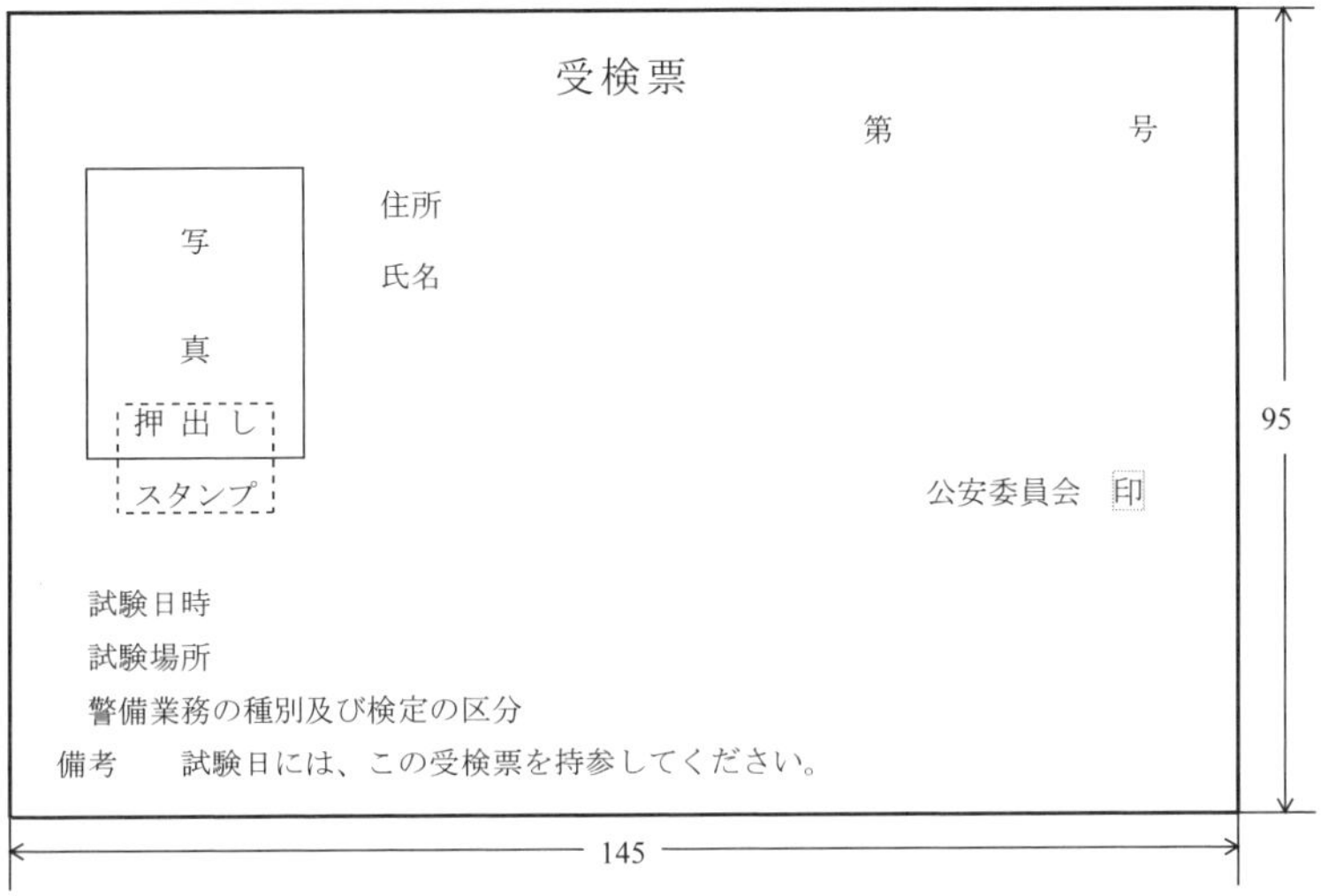

備考

図示の長さの単位は、ミリメートルとする。

別記様式第３号（第11条関係）

第　　　号

成　　　績　　　証　　　明　　　書

住　所

氏　名

年　　　月　　　日生

上記の者は、　　　　年　　　月　　　日　　　　　公安委員会が行った

警備業務に係る　　級の検定において、警備員等の検定等に関する規則第６条第２項及び第４項に定める合格基準に達する成績を得た者であることを証明する。

年　　　月　　　日

公安委員会　印

備考

用紙の大きさは、日本産業規格Ａ４とすること。

別記様式第４号（第12条関係）

※　資料区分		※　受理警察署	（　　　署）
※　受理番号		※　受理年月日	年　月　日
※　成績証明書交付公安委員会		※　成績証明書の番号	
※　書換え年月日	年　月　日		

成　績　証　明　書　書　換　え　申　請　書

警備員等の検定等に関する規則第12条第１項の規定により成績証明書の書換えを申請します。

年　　月　　日

公安委員会　殿

申請者の氏名

（フリガナ） 氏　　名				
住　　所	電話　（　　）　―　　番			
生年月日	明治 1　大正 2　昭和 3　平成 4　令和 5　年　月　日			
本籍又は国籍				※
成績証明書	警備業務の種別	空港保安警備業務　施設警備業務　雑踏警備業務　交通誘導警備業務　核燃料物質等危険物運搬警備業務　貴重品運搬警備業務		※
	検定の区分	１級　　２級		※
	交付年月日	昭和 平成 令和　　年　　月　　日	成績証明書番号	号
書換え事項	新		旧	
書換えを申請する事由				

備考
1　※印欄には、記載しないこと。
2　不要の文字は、横線で消すこと。ただし、数字を付した欄は、該当する数字を○で囲むこと。
3　所定の欄に記載し得ないときは、別紙に記載の上、これを添付すること。
4　用紙の大きさは、日本産業規格Ａ４とすること。

別記様式第５号（第12条関係）

※　資料区分		※　受理警察署		（　　　署）
※　受理番号		※　受理年月日	年　月　日	
※　成績証明書交付公安委員会		※　成績証明書の番号		
※　再交付年月日	年　月　日			

成　績　証　明　書　再　交　付　申　請　書

警備員等の検定等に関する規則第12条第２項の規定により成績証明書の再交付を申請します。

年　　月　　日

公安委員会　殿

申請者の氏名

（フリガナ） 氏　　名		
住　　所	電話　（　　）　—　　番	
生　年　月　日	明治 1　大正 2　昭和 3　平成 4　令和 5　年　月　日	
本籍又は国籍		
成績証明書	警備業務の種別	空港保安警備業務　施設警備業務　雑踏警備業務　交通誘導警備業務　核燃料物質等危険物運搬警備業務　貴重品運搬警備業務　※
	検定の区分	１級　　２級
	交付年月日	昭和・平成・令和　　年　　月　　日　成績証明書番号　　号
再交付を申請する事由		

備考

1　※印欄には、記載しないこと。

2　不要の文字は、横線で消すこと。ただし、数字を付した欄は、該当する数字を○で囲むこと。

3　「再交付を申請する事由」欄には、亡失又は滅失の状況を記載すること。

4　所定の欄に記載し得ないときは、別紙に記載の上、これを添付すること。

5　用紙の大きさは、日本産業規格Ａ４とすること。

別記様式第６号（第13条関係）

（表）

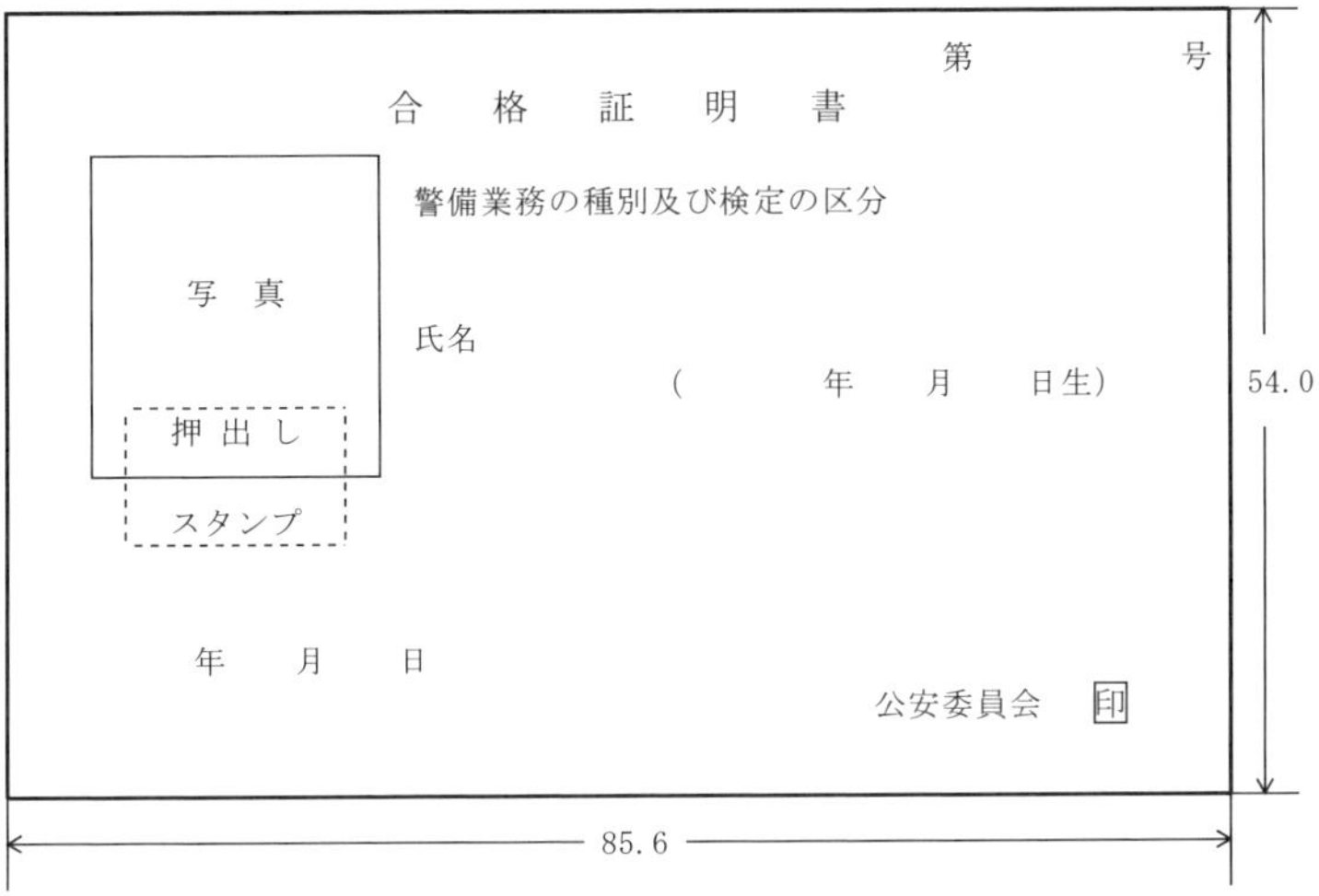

（裏）

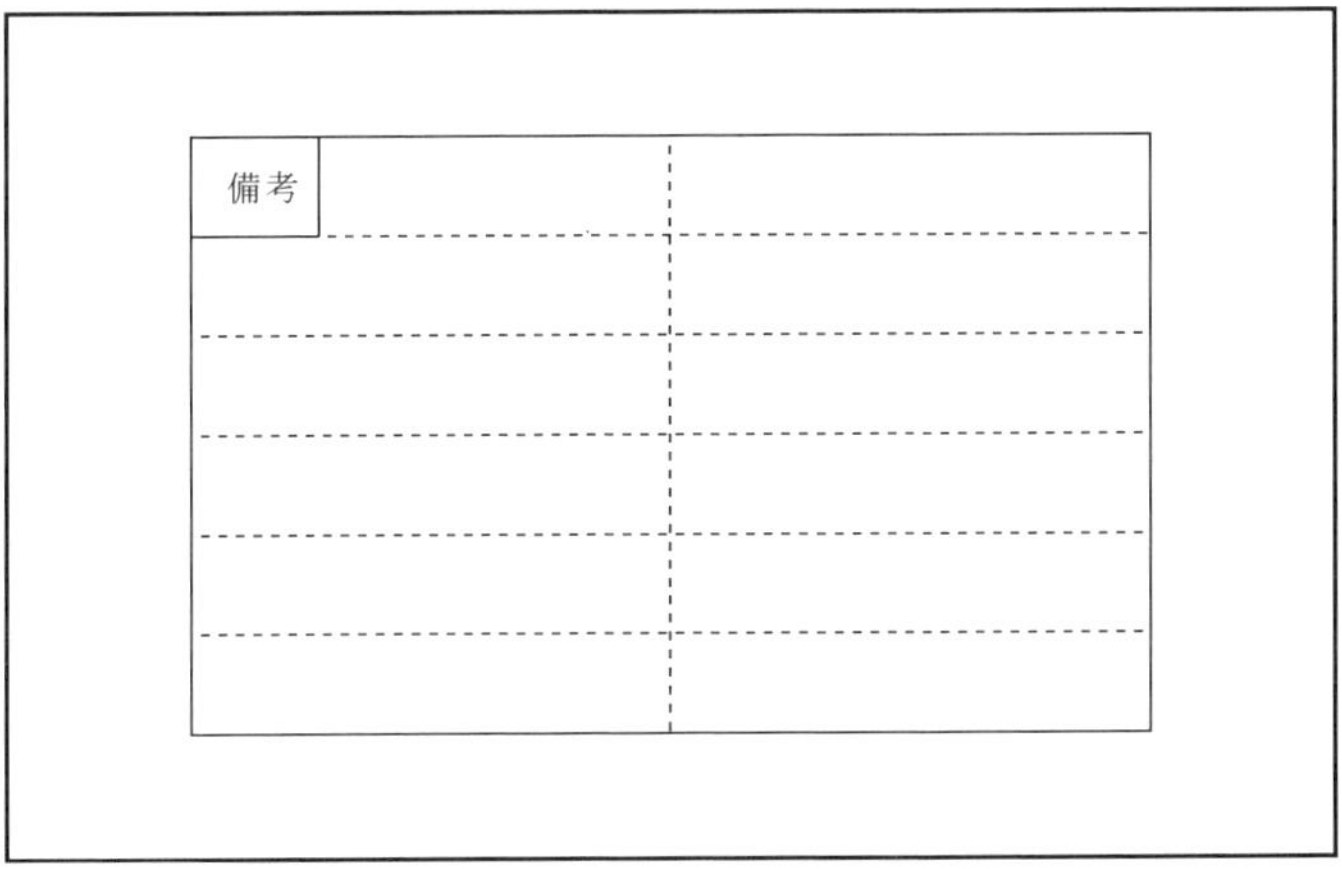

備考

図示の長さの単位は、ミリメートルとする。

別記様式第７号（第14条関係）

※　資料区分		※　受理警察署	（　　　署）
※　受理番号		※　受理年月日	年　月　日
※　合格証明書の番号		※　検定年月日	年　月　日
※　合格証明書交付公安委員会		※　合格証明書交付年月日	年　月　日

合　格　証　明　書　交　付　申　請　書

警備業法第23条第４項の規定により合格証明書の交付を申請します。

年　　月　　日

公安委員会　殿

申請者の氏名

（フリガナ） 氏　　名	
住　　所	電話　　（　　）　　―　　番
生　年　月　日	明治 1　大正 2　昭和 3　平成 4　令和 5　　年　月　日
本籍又は国籍	※
交付を受けようとする警備業務の種別	空港保安警備業務　施設警備業務　雑踏警備業務　交通誘導警備業務　核燃料物質等危険物運搬警備業務　貴重品運搬警備業務　※
合格証明書の交付を受けようとする検定の区分	１級　　２級　※
成績証明書を添付して申請しようとする者の記載欄	
交付を行った公安委員会の名称	公安委員会
成績証明書の番号	
成績証明書の交付年月日	年　月　日
講習会修了証明書を添付して申請しようとする者の記載欄	
交付を行った登録講習機関の名称	
講習会修了証明書の番号	
講習会修了証明書の交付年月日	年　月　日

備考

1　※印欄には、記載しないこと。

2　不要の文字は、横線で消すこと。ただし、数字を付した欄は、該当する数字を○で囲むこと。

3　用紙の大きさは、日本産業規格Ａ４とすること。

別記様式第８号（第15条関係）

※　資料区分		※　受理警察署	（　　　署）
※　受理番号		※　受理年月日	年　月　日
※　合格証明書交付公安委員会		※　合格証明書の番号	
※　書換え年月日	年　月　日		

合　格　証　明　書　書　換　え　申　請　書

警備業法第23条第５項において準用する同法第22条第５項の規定により合格証明書の書換えを申請します。

年　　月　　日

公安委員会　殿

申請者の氏名

（フリガナ） 氏　　　名				
住　　　所	電話　（　　）　—　番			
生　年　月　日	明治 1　大正 2　昭和 3　平成 4　令和 5　年　月　日			
本籍又は国籍				※
合格証明書	警備業務の種別	空港保安警備業務　施設警備業務　雑踏警備業務　交通誘導警備業務　核燃料物質等危険物運搬警備業務　貴重品運搬警備業務		※
合格証明書	検定の区分	１級　　２級		※
合格証明書	交付年月日	昭和 平成　年　月　日 令和	合格証明書番号	号
書換え事項	新		旧	
書換えを申請する事由				

備考
1　※印欄には、記載しないこと。
2　不要の文字は、横線で消すこと。ただし、数字を付した欄は、該当する数字を○で囲むこと。
3　所定の欄に記載し得ないときは、別紙に記載の上、これを添付すること。
4　用紙の大きさは、日本産業規格Ａ４とすること。

別記様式第９号（第15条関係）

※　資料区分		※　受理警察署	（　　　署）
※　受理番号		※　受理年月日	年　月　日
※　合格証明書交付公安委員会		※　合格証明書の番号	
※　再交付年月日	年　月　日		

合格証明書再交付申請書

警備業法第23条第５項において準用する同法第22条第６項の規定により合格証明書の再交付を申請します。

年　　月　　日

公安委員会　殿

申請者の氏名

（フリガナ） 氏名			
住所	電話（　　）　―　　番		
生年月日	明治 1　大正 2　昭和 3　平成 4　令和 5　年　月　日		
本籍又は国籍			
合格証明書	警備業務の種別	空港保安警備業務　施設警備業務　雑踏警備業務　交通誘導警備業務　核燃料物質等危険物運搬警備業務　貴重品運搬警備業務 ※	
	検定の区分	１級　２級	
	交付年月日	昭和・平成・令和　年　月　日	合格証明書番号　　号
再交付を申請する事由			

備考
1. ※印欄には、記載しないこと。
2. 不要の文字は、横線で消すこと。ただし、数字を付した欄は、該当する数字を○で囲むこと。
3. 「再交付を申請する事由」欄には、亡失又は滅失の状況を記載すること。
4. 所定の欄に記載し得ないときは、別紙に記載の上、これを添付すること。
5. 用紙の大きさは、日本産業規格Ａ４とすること。

別記様式第10号（第16条関係）

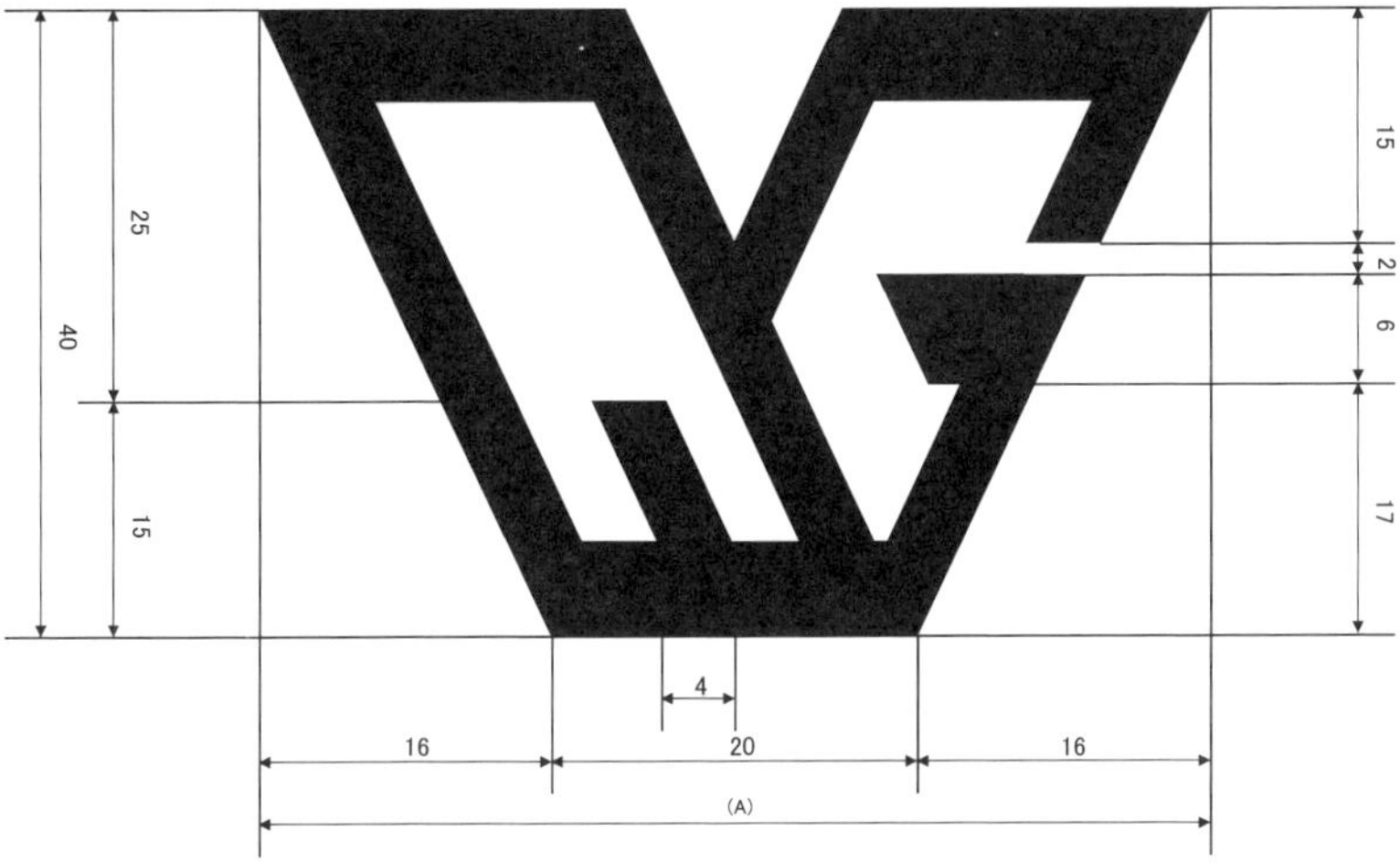

備考

上図は、（Ａ）を５２ミリメートルとしたときの寸法比率である。

別記様式第11号（第17条関係）

第　　　　号

講　　習　　会　　修　　了　　証　　明　　書

住　所

氏　名

年　　　月　　　日生

受講した講習会に係る警備業務の種別及び検定の区分

上記の者は、警備業法第23条第３項の規定に基づく講習会の課程を修了した者であることを証明する。

講習会の修了年月日　　　　年　　　月　　　日
交　付　年　月　日　　　　年　　　月　　　日

登録講習機関

（登録番号　第　　　号）

備考
　１　用紙は、洋紙とすること。
　２　用紙の大きさは、日本産業規格Ａ４とすること。

○警備員指導教育責任者及び機械警備業務管理者に係る講習等に関する規則

（昭和五十八年一月十日
国家公安委員会規則第二号）

改正
平成六年三月四日国家公安委員会規則第九号
平成八年十二月四日国家公安委員会規則第十二号
平成十一年一月十一日国家公安委員会規則第一号
平成十五年三月七日国家公安委員会規則第三号
平成十七年十一月十八日国家公安委員会規則第十八号
令和元年五月二十四日国家公安委員会規則第一号
令和元年六月二十一日国家公安委員会規則第三号
令和二年十二月二十八日国家公安委員会規則第十三号
令和六年六月二十七日国家公安委員会規則第九号

警備業法（昭和四十七年法律第百十七号）第十一条の三第二項及び第十一条の六第二項の規定に基づき、警備員指導教育責任者及び機械警備業務管理者に係る講習等に関する規則を次のように定める。

（講習に係る警備業務の区分）

第一条　警備業法（以下「法」という。）第二十二条第二項第一号に規定する警備員指導教育責任者講習（以下「指導教育責任者講習」という。）は、警備業務の区分（法第二条第一項各号の警備業務の区分をいう。以下同じ。）ごとに行うものとする。

（公示）

第二条　都道府県公安委員会（以下「公安委員会」という。）は、指導教育責任者講習を行おうとするときは、当該指導教育責任者講習の実施予定期日の三十日前までに、次の事項を公示するものとする。

一　指導教育責任者講習の実施期日、場所及び当該指導教育責任者講習に係る警備業務の区分
二　受講手続に関する事項
三　その他指導教育責任者講習の実施に関し必要な事項

（講習の対象）

第三条　指導教育責任者講習は、警備業務の区分に応じ、次の各号のいずれかに該当する者に対して行う。

一　最近五年間に当該警備業務の区分に係る警備業務に従事した期間が通算して三年以上である者
二　警備員等の検定等に関する規則（平成十七年国家公安委員会規則第二十号。以下「検定規則」とい

う。）第四条に規定する一級の検定（当該警備業務の区分に係るものに限る。）に係る法第二十三条第四項の合格証明書（以下「合格証明書」という。）の交付を受けている者

三　検定規則第四条に規定する二級の検定（当該警備業務の区分に係るものに限る。）に係る合格証明書の交付を受けている警備員であつて、当該合格証明書の交付を受けた後、継続して一年以上当該警備業務の区分に係る警備業務に従事しているもの

四　公安委員会が前三号に掲げる者と同等以上の知識及び能力を有すると認める者

（受講の申込み）

第四条　指導教育責任者講習を受けようとする者は、当該公安委員会に、別記様式第一号の受講申込書一通を提出しなければならない。

2　前項に規定する受講申込書には、前条各号に掲げる者のいずれかに該当することを疎明する書面を添付しなければならない。

（指導教育責任者講習の講習事項等）

第五条　指導教育責任者講習は、警備業法施行規則（昭和五十八年総理府令第一号。以下「府令」という。）第四十条各号に掲げる業務に係る次の表の上欄に掲げる講習事項について、それぞれ同表の下欄に掲げる講習時間により行うものとする。

講習事項	講習時間
一　警備業務実施の基本原則に関すること。	一時限
二　警備業法その他警備業務の実施の適正を確保するため必要な法令に関すること。	十時限
三　警備業務に係る基本的な知識及び技能に関すること。	六時限
四　警備業務の区分に応じた専門的な知識及び技能に関すること。	イ　法第二条第一項第一号の警備業務にあつては、二十三時限 ロ　法第二条第

	一項第二号の警備業務にあつては、十四時限 ハ　法第二条第一項第三号の警備業務にあつては、十四時限 ニ　法第二条第一項第四号の警備業務にあつては、十時限
五　その他警備員指導教育責任者として必要な指導及び教育に関すること。	七時限

備考
一　指導教育責任者講習は、教本、視聴覚教材等必要な教材を用いて行う方法（電気通信回線を使用して行うものを含む。）によるものとする。ただし、電気通信回線を使用して行う講習の方法については、次のいずれにも該当するものに限る。
イ　受講者が本人であるかどうかを確認できるものであること。
ロ　受講者の受講の状況を確認できるものであること。
ハ　受講者の指導教育責任者の業務に関する知識の習得の状況を確認できるものであること。
ニ　質疑応答の機会が確保されているものであること。
二　この表において、一時限は、五十分とする。

2　指導教育責任者講習においては、修了考査を行うものとする。

3　前項の修了考査は、筆記の方法又は電子計算機その他の機器を使用する方法により行うものとする。

第六条　法第二十二条第二項に規定する警備員指導教育責任者資格者証又は第七条に規定する警備員指導教育責任者講習修了証明書（以下「指導教育責任者資格者証等」という。）の交付を受けている者に対する当該指導教育責任者資格者証等に係る警備業務の区分以外の警備業務の区分に係る指導教育責任者講習については、前条第一項の規定にかかわらず、府令第四十条各号に掲げる業務に係る前条第一項の表の第四号の上欄に掲げる講習事項について、同号の下欄に掲げる講習時間により行うものとする。

2　前項の指導教育責任者講習を受けようとする者は、第四条第一項の受講申込書を提出するときは、同条第二項の規定により添付すべき書面のほか、その者が交付を受けている指導教育責任者資格者証等の写しを添付しなければならない。

（警備員指導教育責任者講習修了証明書）

第七条　公安委員会は、指導教育責任者講習の課程を修了した者に対し、別記様式第二号の警備員指導教育責任者講習修了証明書（次項において「修了証明書」という。）を交付するものとする。

2　修了証明書の交付を受けた者は、当該修了証明書を亡失し、又は当該修了証明書が滅失したときは、別記様式第三号の再交付申請書一通を当該公安委員会に提出して、その再交付を受けることができる。

（法第二十二条第二項第二号の公安委員会の認定基準）

第八条　法第二十二条第二項第二号の規定により公安委員会が警備員の指導及び教育に関する業務に関し指導教育責任者講習の課程を修了した者と同等以上の知識及び能力を有すると認める者として認定する場合における当該認定は、警備業務の区分に応じ、次の各号のいずれかに該当する者について行うものとする。

一　当該警備業務の区分に係る警備員の指導及び教育に関する業務における管理的又は監督的地位にあった期間が通算して七年以上であり、かつ、当該警備業務の区分に係る警備員の指導及び教育について十分な能力を有すると認められる者

二　当該警備業務の区分に係る警備員の指導及び教育に関する業務に関し、前号に掲げる者に準ずる知識及び能力を有すると認められる者

（現任指導教育責任者講習）

第九条　法第二十二条第八項の国家公安委員会規則で定める期間は、三年とする。

2　法第二十二条第八項の講習（以下「現任指導教育責任者講習」という。）は、すべての営業所の警備員指導教育責任者について、警備業務の区分ごとに、当該営業所において当該警備業務の区分を取り扱うこととした日から前項の期間ごとに一回行うものとする。

3　現任指導教育責任者講習は、警備業務の区分に応じ、次の表の上欄に掲げる講習事項について、それぞれ同表の下欄に掲げる講習時間により行うものとする。

講習事項	講習時間
一　警備業法その他警備業務の実施の適正を確保するため必要な最新の法令に関すること。	一時限
二　事件、事故等の発生状況その他最新の治安情勢に関すること。	一時限
三　警備業務を実施するために使用する最新の各種資機材の機能、使用方法及び管理方法に関すること。	二時限
四　警備業務に係る事故の事例を踏まえた事故の防止に関すること。	一時限
備考 一　現任指導教育責任者講習は、教本、視聴覚教材等必要な教材を用いて行う方法（電気通信回線を使用して行うものを含む。）によるものとする。ただし、電気通信回線を使用して行う講習の方法については、次のいずれにも該当するものに限る。 イ　受講者が本人であるかどうかを確認できるものであること。 ロ　受講者の受講の状況を確認できるものであること。 ハ　受講者の指導教育責任者の業務に関する知識の習得の状況を確認できるものであること。 ニ　質疑応答の機会が確保されているものであること。 二　この表において、一時限は、五十分とする。	

（現任指導教育責任者講習の通知）

第十条　公安委員会は、現任指導教育責任者講習を行おうとするときは、当該現任指導教育責任者講習の実施予定期日の三十日前までに、当該現任指導教育責任者講習を行おうとする警備員指導教育責任者に係る警備業者に、別記様式第四号の現任指導教育責任者講習通知書により通知するものとする。

（機械警備業務管理者講習の講習事項等）

第十一条　法第四十二条第二項第一号に規定する機械警備業務管理者講習は、府令第六十一条各号に掲げる業務に係る次の表の上欄に掲げる講習事項について、それぞれ同表の下欄に掲げる講習時間により行うものとする。

講習事項	講習時間
一　警備業法その他機械警備業務の実施の適正を確保するため必要な法令に関すること。	八時限
二　警備業務用機械装置の運用に関すること。	五時限
三　指令業務に関すること。	五時限
四　警察機関への連絡に関すること。	二時限
五　その他機械警備業務の管理に必要な事項に関すること。	二時限

備考

一　機械警備業務管理者講習は、教本、視聴覚教材等必要な教材を用いて行う方法（電気通信回線を使用して行うものを含む。）によるものとする。ただし、電気通信回線を使用して行う講習の方法については、次のいずれにも該当するものに限る。

イ　受講者が本人であるかどうかを確認できるものであること。

ロ　受講者の受講の状況を確認できるものであること。

ハ　受講者の機械警備業務管理者の業務に関する知識の習得の状況を確認できるものであること。

ニ　質疑応答の機会が確保されているものであること。

二　この表において、一時限は、五十分とする。

2　機械警備業務管理者講習においては、修了考査を行うものとする。

3　前項の修了考査は、筆記の方法又は電子計算機その他の機器を使用する方法により行うものとする。

（機械警備業務管理者講習修了証明書）

第十二条　公安委員会は、機械警備業務管理者講習の課程を修了した者に対し、別記様式第五号の機械警備業務管理者講習修了証明書を交付するものとする。

2　第七条第二項の規定は、機械警備業務管理者講習修了証明書の交付を受けた者について準用する。

（準用規定）

第十三条　第二条の規定は公安委員会が機械警備業務管理者講習を行おうとする場合について、第四条第一項の規定は機械警備業務管理者講習を受けようとする者について準用する。

（法第四十二条第二項第二号の公安委員会の認定基準）

第十四条　法第四十二条第二項第二号の規定により公安委員会が機械警備業務の管理に関する業務に関し機械警備業務管理者講習の課程を修了した者と同等以上の知識及び能力を有すると認める者として認定する場合における当該認定は、次の各号のいずれかに該当する者について行うものとする。

一　機械警備業務の管理に関する業務における管理的又は監督的地位にあつた期間が通算して五年以上であり、かつ、機械警備業務の管理について十分な能力を有すると認められる者

二　機械警備業務の管理に関する業務に関し、前号に掲げる者に準ずる知識及び能力を有すると認められる者

附　則

この規則は、警備業法の一部を改正する法律（昭和五十七年法律第六十七号）の施行の日（昭和五十八年一月十五日）から施行する。

附　則〔平成六年三月四日国家公安委員会規則第九号〕

1　この規則は、平成六年四月一日から施行する。〔以

下略〕

2　この規則による改正前の警備員指導教育責任者及び機械警備業務管理者に係る講習等に関する規則〔中略〕に規定する様式による書面については、当分の間、それぞれ改正後のこれらの規則に規定する様式による書面とみなす。

附　則〔平成八年一二月四日国家公安委員会規則第二二号抄〕

（施行期日）

1　この規則は、平成九年四月一日から施行する。

（経過措置）

2　この規則の施行前に第一条の規定による改正前の警備員指導教育責任者及び機械警備業務管理者に係る講習等に関する規則（以下「旧講習規則」という。）の規定による警備員指導教育責任者講習の課程を修了した者は、同条の規定による改正後の警備員指導教育責任者及び機械警備業務管理者に係る講習等に関する規則（以下「新講習規則」という。）の規定による警備員指導教育責任者講習の課程を修了した者とみなし、その者が旧講習規則第四条の規定により交付を受けた警備員指導教育責任者講習修了証明書（以下「証明書」という。）は、新講習規則第四条の規定により交付を受けた証明書とみなす。

附　則〔平成一一年一月一一日国家公安委員会規則第一号〕

（施行期日）

1　この規則は、公布の日から施行する。〔以下略〕

（経過措置）

2　この規則による改正前の〔中略〕警備員指導教育責任者及び機械警備業務管理者に係る講習等に関する規則〔中略〕に規定する様式による書面については、改正後の〔中略〕警備員指導教育責任者及び機械警備業務管理者に係る講習等に関する規則〔中略〕に規定する様式にかかわらず、当分の間、なおこれを使用することができる。この場合には、氏名を記載し及び押印することに代えて、署名することができる。

附　則〔平成一五年三月七日国家公安委員会規則第三号〕

1　この規則は、平成十五年三月三十一日から施行する。

2　改正前の警備員指導教育責任者及び機械警備業務管理者に係る講習等に関する規則別記様式第一号及び別記様式第三号による書面は、この規則の施行の日から起算して六月を経過する日までの間は、それぞれ改正後の警備員指導教育責任者及び機械警備業務管理者に係る講習等に関する規則別記様式第一号及び別記様式第三号による書面とみなす。

附　則〔平成一七年一一月一八日国家公安委員会規則第一八号〕

（施行期日）

第一条　この規則は、警備業法の一部を改正する法律（平成十六年法律第五十号。以下「改正法」という。）の施行の日（平成十七年十一月二十一日。以下「施行日」という。）から施行する。

（経過措置）

第二条　改正法による改正前の警備業法第十一条の三第二項の規定により交付された警備員指導教育責任者資格者証（次項において「旧資格者証」という。）を有する者に対する警備員指導教育責任者講習については、施行日から二年を経過する日までの間は、この規則による改正後の警備員指導教育責任者及び機械警備業務管理者に係る講習等に関する規則（以下この条において「新規則」という。）第五条第一項の規定にかかわらず、警備業法施行規則（昭和五十八年総理府令第一号）第四十条各号に掲げる業務に係る新規則第五条第一項の表の第四号の上欄に掲げる講習事項について、同号の下欄に掲げる講習時間により行うものとする。

2　前項の警備員指導教育責任者講習を受けようとする者は、新規則第四条第二項の規定にかかわらず、同条第一項の受講申込書に、旧資格者証の写しを添付しなければならない。

附　則〔令和元年五月二四日国家公安委員会規則第一号〕

この規則は、公布の日から施行する。

附　則〔令和元年六月二一日国家公安委員会規則第三号〕

（施行期日）

1　この規則は、令和元年七月一日から施行する。

（経過措置）

2　この規則による改正前の〔中略〕警備員指導教育責任者及び機械警備業務管理者に係る講習等に関する規則〔中略〕に規定する様式による書面については、この規則による改正後のこれらの規則に規定する様式にかかわらず、当分の間、なおこれを使用することができる。

附　則〔令和二年一二月二八日国家公安委員会規則第一三号〕

（施行期日）

第一条　この規則は、公布の日から施行する。

（経過措置）

第二条　この規則による改正前の様式（次項において「旧様式」という。）により使用されている書類は、当分の間、この規則による改正後の様式によるものとみなす。

2　旧様式による用紙については、当分の間、これを取り繕って使用することができる。

附　則〔令和六年六月二七日国家公安委員会規則第九号抄〕

（施行期日）

第一条　この規則は、公布の日から施行する。

別記様式第１号（第４条、第13条関係）

※　資料区分		※　受理警察署	（　　　　署）
※　受理番号		※　受理年月日	年　月　日
※　資格	１．警備員指導教育責任者　２．機械警備業務管理者		
※　修了証明書交付年月日	年　月　日	※　種別	
※　修了証明書交付公安委員会		※　修了証明書の番号	

警備員指導教育責任者講習
機械警備業務管理者講習　受講申込書

年　　月　　日

公安委員会　殿

申込人の氏名

申込人	（フリガナ） 氏　名		
	住　所	電話　（　　）　―　　番	
	生年月日	明治 1 大正 2 昭和 3 平成 4 令和 5　年　月　日	
	本籍又は国籍		※
受講希望期間		年　月　日から　月　日まで	
実施	※受講期間		６か月以内に撮影した無帽、無背景の顔写真をはること。 撮影　年　月　日
	※受講場所		
	※考査の結果	合　・　否	

（警備員指導教育責任者講習の受講を申請する場合）

受講を希望する講習に係る警備業務の区分	1号　2号　3号　4号
既に取得している資格者証に係る警備業務の区分	1号　2号　3号　4号

記載要領

1　※印欄には、記載しないこと。
2　不要の文字は、横線で消すこと。ただし、数字を付した欄は、該当する数字を○で囲むこと。
3　「受講を希望する講習に係る警備業務の区分」欄及び「既に取得している資格者証に係る警備業務の区分」欄中の「１号」とは法第２条第１項第１号の警備業務の区分を、「２号」とは同項第２号の警備業務の区分を、「３号」とは同項第３号の警備業務の区分を、「４号」とは同項第４号の警備業務の区分をいう。

備考

用紙の大きさは、日本産業規格Ａ４とする。

別記様式第2号（第7条関係）

第　　　　号

交付　　　　年　　　月　　　日

警備員指導教育責任者講習修了証明書

本籍

氏名

年　　　　月　　　　日生

受講した講習に係る警備業務の区分

受講期間

年　　　月　　　日から　　　月　　　日まで

上記の者は、警備業法第２２条第２項第１号の警備員指導教育責任者講習を受け、その課程を修了した者であることを証する。

公　安　委　員　会　印

備考

1　用紙は、洋紙とする。

2　用紙の大きさは、日本産業規格Ａ４とする。

別記様式第３号（第７条、第12条関係）

※　受理警察署	署							
※　受理番号		※　受理年月日		年		月		日
※　再交付年月日		年		月		日		

警備員指導教育責任者講習
機械警備業務管理者講習　修了証明書再交付申請書

年　月　日

公安委員会　殿

申請者の氏名

申請者	（フリガナ） 氏　名	
	住　所	電話　（　）　—　番
	生年月日	明治 1・大正 2・昭和 3・平成 4・令和 5　年　月　日
	本籍又は国籍	
修了証明書	番　号	第　　号
	交付年月日	昭和 平成 令和　　年　月　日
	受講期間	年　月　日から　月　日まで
再交付を申請する事由		

（警備員指導教育責任者講習修了証明書の再交付を申請する場合）

講習に係る警備業務の区分	１号　２号　３号　４号

記載要領

1　※印欄には、記載しないこと。
2　不要の文字は、横線で消すこと。ただし、数字を付した欄は、該当する数字を○で囲むこと。
3　「再交付を申請する事由」欄には、亡失又は滅失の状況を記載すること。
4　「講習に係る警備業務の区分」欄中の「１号」とは法第２条第１項第１号の警備業務の区分を、「２号」とは同項第２号の警備業務の区分を、「３号」とは同項第３号の警備業務の区分を、「４号」とは同項第４号の警備業務の区分をいう。
5　所定の欄に記載し得ないときは、別紙に記載の上、これを添付すること。

備考

用紙の大きさは、日本産業規格Ａ４とする。

別記様式第４号（第10条関係）

第　　　　号

現任指導教育責任者講習通知書

警備業法第２２条第８項に規定する講習を下記のとおり実施するので通知する。

年　　月　　日

住所

殿

公安委員会　印

警備員指導教育責任者の氏名	
警備員指導教育責任者の住所	
営業所の名称	
営業所の所在地	
警備業務の区分	
講習を行う日時	
講習を行う場所	
備考	

備考

警備員指導教育責任者は、受講の際には、この通知書及び警備員指導教育責任者資格者証を持参してください。

備考

用紙の大きさは、縦 14.5 センチメートル、横 9.5 センチメートルとすること。

別記様式第５号（第12条関係）

第　　　号

交付　　　年　　月　　日

機械警備業務管理者講習修了証明書

本籍

氏名

年　　月　　日生

受講期間

年　　月　　日から　　月　　日まで

上記の者は、警備業法第４２条第２項第１号の機械警備業務管理者講習を受け、その課程を修了した者であることを証する。

公　安　委　員　会　印

備考

1　用紙は、洋紙とする。

2　用紙の大きさは、日本産業規格Ａ４とする。

○警備員教育を行う者等を定める規程

〔平成八年十二月四日〕
〔国家公安委員会告示第二十一号〕

改正　平成十七年十一月十八日国家公安委員会告示第二十九号
令和元年八月三十日国家公安委員会告示第三十号

警備業法施行規則（昭和五十八年総理府令第一号）第二十六条〔現行は第三十八条〕第二項及び第四項の規定に基づき、警備員教育を行う者等を定める規程を次のように定める。

（基本教育を行うことができる者）

第一条　警備業法施行規則（以下「府令」という。）第三十八条第二項の表の備考の一の国家公安委員会が定める者は、次の各号のいずれかに該当する者とする。

一　警備業法（昭和四十七年法律第百十七号。以下「法」という。）第二十二条第二項に規定する警備員指導教育責任者資格者証（以下「指導教育責任者資格者証」という。）の交付を受けている者

二　警備員等の検定等に関する規則（平成十七年国家公安委員会規則第二十号。以下「検定規則」という。）第四条に規定する一級の検定に係る法第二十三条第四項の合格証明書（以下「合格証明書」という。）の交付を受けている者であって、警備員の指導及び教育について十分な能力を有すると認められるもの

三　検定規則第四条に規定する二級の検定に係る合格証明書の交付を受けている警備員であって、当該合格証明書の交付を受けた後、継続して一年以上警備業務に従事しており、かつ、警備員の指導及び教育について十分な能力を有すると認められるもの

四　前三号に掲げる者のほか、府令第三十八条第一項に規定する基本教育を行うについて十分な能力を有する者として都道府県公安委員会があらかじめ指定する者

（業務別教育を行うことができる者）

第二条　府令第三十八条第三項の表の備考の国家公安委員会が定める者は、次の各号のいずれかに該当する者

とする。

一　指導教育責任者資格者証の交付を受けている者（当該指導教育責任者資格者証に係る警備業務の区分の警備業務に係る業務別教育を行う場合に限る。）

二　検定規則第四条に規定する一級の検定に係る合格証明書の交付を受けている者であって、警備員の指導及び教育について十分な能力を有すると認められるもの（当該合格証明書に係る警備業務の区分の警備業務に係る業務別教育を行う場合に限る。）

三　検定規則第四条に規定する二級の検定に係る合格証明書の交付を受けている警備員であって、当該合格証明書の交付を受けた後、当該合格証明書に係る警備業務の区分の警備業務に継続して一年以上従事しており、かつ、警備員の指導及び教育について十分な能力を有すると認められるもの（当該合格証明書に係る警備業務の区分の警備業務に係る業務別教育を行う場合に限る。）

四　法第四十二条第二項に規定する機械警備業務管理者資格者証の交付を受けている者（機械警備業務に係る業務別教育を行う場合に限る。）

五　前各号に掲げる者のほか、府令第三十八条第一項に規定する業務別教育を行うについて十分な能力を有する者として都道府県公安委員会があらかじめ指定する者

（教育義務の除外に係る警備員）

第三条　府令第三十八条第五項の国家公安委員会が定める合格証明書は、検定規則第四条に規定する一級の検定に係る合格証明書とする。

附　則

この告示は、警備業法施行規則の一部を改正する総理府令（平成八年総理府令第五十三号）の施行の日（平成九年四月一日）から施行する。

前　文〔抄〕〔平成一七年一一月一八日国家公安委員会告示第二九号〕

平成十七年十一月二十一日から施行する。

前　文〔抄〕〔令和元年八月三〇日国家公安委員会告示第三〇号〕

令和元年八月三十日から施行する。

○電磁的方法による保存等をする場合に確保するよう努めなければならない基準〔抄〕

〔平成十年七月二十九日
国家公安委員会告示第十号〕

最終改正　令和四年二月十日国家公安委員会告示第十一号

〔前略〕警備業法施行規則（昭和五十八年総理府令第一号）第四十八条〔中略〕の規定に基づき、電磁的方法による保存等をする場合に確保するよう努めなければならない基準を次のように定める。

電磁的方法による保存等をする場合に確保するよう努めなければならない基準

第一条　〔前略〕警備業法施行規則（昭和五十八年総理府令第一号）第六十八条〔中略〕の規定に基づき、電磁的方法による保存等をする場合に確保するよう努めなければならない基準は、別表に定める対策を実施することとする。

第二条　〔略〕

附　則

この告示は、平成十年八月一日から施行する。

（別表）

対　　　策
1　ログ ⑴　ログを取得すること。ログの内容は、少なくともアクセス（コンピュータ・システムを利用できる状態とすること又はその内容に電子的に存在する情報を取り扱うことをいう。以下同じ。）した者を特定可能なものであること。 ⑵　ログ自体のセキュリティを確保すること。 ⑶　ログを定期的に監査すること。 ⑷　ログは、次回の監査まで保管すること。 2　アクセス ⑴　情報システム（コンピュータ・システムを中心とする情報処理及び通信に係るシステム（人的組織を含む。）をいう。以下同じ。）へのログインに際し、識別及び認証を行うこと。 ⑵　パスワードにより認証を行う場合にあっては、次の対策を講ずること。 ア　ユーザ（情報システムにより提供されるサービスを利用するためにアクセスする権限を有する者をいう。以下同じ。）には、必ずパスワードを設定させ、その秘匿に努めさせること。 イ　他者が容易に推測できる語句等をパスワードとして設定しないようユーザを指導し、又は設定を拒否する機能をシステムに設けること。 ウ　パスワードを適切な期間ごとに変更するようユーザを指導し、又は変更を促す機能をシステムに設けること。 エ　パスワードの再入力の回数を制限するなど、他者によるパスワードの推測を困難にするための措置を講ずること。 オ　ユーザがパスワードを忘れたときなどに、パスワードを通知する場合に備え、本人確認の方法等について手続を定めておくこと。 カ　パスワード・ファイルの暗号化等の措置を講ずるなど、パスワードの秘匿に努めること。

⑶　ユーザＩＤにより認証を行う場合にあっては、次の対策を講ずること。

ア　退職、異動、長期出張、長期留学等により、不要となり、又は長期間使用されないユーザＩＤについては、廃止等の措置を講ずること。

イ　長期間ログインが無いユーザに対して、文書等によりその旨を通知すること。

ウ　ユーザから要求があったときは、当該ユーザによる使用状況を開示すること。

⑷　データベースのデータ、ファイル等ごとにアクセス制御を行うこと。

3　バックアップ

⑴　バックアップは、定期的に、かつ、可能な限り頻繁に行うこと。

⑵　バックアップ・ファイルは、適切な保存方法、保存期間等を定め、原本と異なる場所に保管すること。

4　ウイルス対策

⑴　情報システムを起動させるときは、始めにワクチン・プログラムを用いるなどして、コンピュータ・ウイルスのチェックを行うこと。

⑵　新たに入手したプログラムを使用するときは、あらかじめワクチン・プログラムを用いるなどして、コンピュータ・ウイルスのチェックを行うこと。また、出所が不明のプログラムは、可能な限り使用しないこと。

⑶　情報システム使用中は、作動状況を監視し、異状が現れた場合は、ワクチン・プログラムを用いるなどして、コンピュータ・ウイルスのチェックを行うこと。

⑷　コンピュータ・ウイルス発見時には、使用中の端末等をネットワーク（通信のために用いられる装置及び回線をいう。）から切り離すなど、被害拡大防止の措置をとること。

参考

○制定時の警備業法

〔昭和四十七年七月五日 法律第百十七号〕

警備業法をここに公布する。

警備業法

（目的）

第一条 この法律は、警備業について必要な規制を定め、もつて警備業務の実施の適正を図ることを目的とする。

（定義）

第二条 この法律において「警備業務」とは、次の各号のいずれかに該当する業務であつて、他人の需要に応じて行なうものをいう。

一 事務所、住宅、興行場、駐車場、遊園地等における盗難等の事故の発生を警戒し、防止する業務

二 人若しくは車両の雑踏する場所又はこれらの通行に危険のある場所における負傷等の事故の発生を警戒し、防止する業務

三 運搬中の現金、貴金属、美術品等に係る盗難等の事故の発生を警戒し、防止する業務

四 人の身体に対する危害の発生を、その身辺において警戒し、防止する業務

2 この法律において「警備業」とは、警備業務を行なう営業をいう。

3 この法律において「警備業者」とは、第四条の規定による届出をして警備業を営む者をいう。

4 この法律において「警備員」とは、警備業者の使用人その他の従業者で警備業務に従事するものをいう。

（警備業者の欠格事由）

第三条 次の各号のいずれかに該当する者は、警備業を営んではならない。

一 禁錮《こ》以上の刑に処せられ、又はこの法律の規定に

違反して罰金の刑に処せられ、その執行を終わり、又は執行を受けることがなくなつた日から起算して三年を経過しない者

二　法人でその役員のうちに前号に該当する者があるもの

（警備業の届出）

第四条　警備業を営もうとする者は、総理府令で定めるところにより、その主たる営業所の所在地を管轄する都道府県公安委員会（以下「公安委員会」という。）に、次の事項を記載した届出書を提出しなければならない。この場合において、当該届出書には、総理府令で定める書類を添附しなければならない。

一　氏名又は名称

二　主たる営業所その他の営業所の名称及び所在地

三　前二号に掲げるもののほか、総理府令で定める事項

（営業所の届出等）

第五条　警備業者は、その主たる営業所の所在する都道府県以外の都道府県の区域内に営業所を設け、又は当該区域内で警備業務（総理府令で定めるものを除く。）を行なおうとするときは、総理府令で定めるところにより、当該都道府県の区域を管轄する公安委員会に、総理府令で定める事項を記載した届出書を提出しなければならない。この場合において、当該届出書には、総理府令で定める書類を添附しなければならない。

（廃止等の届出）

第六条　警備業者は、警備業を廃止したとき、又は第四条若しくは前条の規定により届け出るべき事項に変更があつたときは、総理府令で定めるところにより、公安委員会に、総理府令で定める事項を記載した届出書を提出しなければならない。この場合において、当該届出書には、総理府令で定める書類を添附しなければならない。

（警備員の制限）

第七条　十八歳未満の者又は第三条第一号に該当する者は、警備員となつてはならない。

2　警備業者は、前項に規定する者を警備業務に従事させてはならない。

（警備業務実施の基本原則）

第八条　警備業者及び警備員は、警備業務を行なうにあたつては、この法律により特別に権限を与えられているものでないことに留意するとともに、他人の権利及び自由を侵害し、又は個人若しくは団体の正当な活動に干渉してはならない。

（服装）

第九条　警備業者及び警備員は、警備業務を行なうにあたつては、総理府令で定める公務員の法令に基づいて定められた制服と、色、型式又は標章により、明確に識別することができる服装を用いなければならない。

（護身用具）

第十条　警備業者及び警備員が警備業務を行なうにあたつて携帯する護身用具については、公安委員会は、公共の安全を維持するため必要があると認めるときは、都道府県公安委員会規則を定めて、警備業者及び警備員に対して、その携帯を禁止し、又は制限することができる。

（教育等）

第十一条　警備業者は、その警備員に対し、この法律により定められた義務を履行させるため、総理府令で定めるところにより教育を行なうとともに、必要な指導及び監督をしなければならない。

（警備員の名簿等）

第十二条　警備業者は、総理府令で定めるところにより、営業所ごとに、警備員の名簿その他の総理府令で定める書類を備えて、必要な事項を記載しなければならない。

（報告及び立入検査）

第十三条　公安委員会は、この法律の施行に必要な限度において、警備業者に対し、その業務に関し報告若しくは資料の提出を求め、又は警察官にその営業所に立ち入り、帳簿、書類その他の物件を検査させ、若しくは関係者に質問させることができる。

2　前項の規定により警察官が立入検査をするときは、その身分を示す証明書を携帯し、関係者に提示しなければならない。

（指示）

第十四条　公安委員会は、警備業者又はその警備員が、この法律、この法律に基づく命令若しくは第十条の規定に基づく都道府県公安委員会規則の規定に違反し、又は警備業務に関し他の法令の規定に違反した場合において、警備業務の適正な実施が害されるおそれがあると認められるときは、当該警備業者に対し、当該警備員を警備業務に従事させない措置その他の必要な措置をとるべきことを指示することができる。

（営業の停止等）

第十五条　公安委員会は、警備業者又はその警備員が、この法律、この法律に基づく命令若しくは第十条の規定に基づく都道府県公安委員会規則の規定に違反し、若しくは警備業務に関し他の法令の規定に違反した場合において、警備業務の適正な実施が著しく害されるおそれがあると認められるとき、又は警備業者が前条の規定に基づく指示に違反したときは、当該警備業者に対し、六月以内の期間を定めて当該公安委員会の管轄区域内における警備業務に係る営業の全部又は一部の停止を命ずることができる。

2　公安委員会は、第三条各号のいずれかに該当する者が警備業を営んでいるときは、その者に対し、営業の廃止を命ずることができる。

（聴聞）

第十六条　公安委員会は、前条第一項の規定に基づく処分をしようとするときは、当該警備業者に対し、あらかじめ期日及び場所を指定して、公開による聴聞を行なわなければならない。聴聞に際しては、当該警備業者に意見を述べ、及び証拠を提出する機会を与えなければならない。

（方面公安委員会への権限の委任）

第十七条　この法律又はこの法律に基づく命令の規定により道公安委員会の権限に属する事務は、政令で定めるところにより、方面公安委員会に行なわせることができる。

（罰則）

第十八条　第十五条の規定に基づく処分に違反した者は、三十万円以下の罰金に処する。

第十九条　次の各号のいずれかに該当する者は、十万円以下の罰金に処する。

一　第四条の規定による届出をしないで警備業を営んだ者

二　第十四条の規定に基づく指示に違反した者

第二十条　次の各号のいずれかに該当する者は、三万円以下の罰金に処する。

一　第四条の届出について虚偽の届出書又は虚偽の添附書類を提出した者

二　第五条若しくは第六条の規定に違反して届出をせず、又は第五条若しくは第六条の届出について虚偽の届出書若しくは虚偽の添附書類を提出した者

三　第十三条第一項の規定に違反して報告をせず、若しくは資料の提出をせず、若しくは同項の報告若しくは資料の提出について虚偽の報告をし、若しくは虚偽の資料を提出した者又は同項の規定による立入検査を拒み、妨げ、若しくは忌避した者

第二十一条　法人の代表者又は法人若しくは人の代理人、使用人その他の従業者が、その法人又は人の業務に関し、前三条の違反行為をしたときは、行為者を罰するほか、その法人又は人に対しても、各本条の刑を科する。

附　則

（施行期日）

1　この法律は、公布の日から起算して六月をこえない範囲内において政令で定める日から施行する。

〔昭和四七政三二八により、昭和四七・一一・一から施行〕

（経過措置）

2　この法律の施行の際現に警備業を営んでいる者は、この法律の施行の日から一月間は、第四条の規定による届出をしないで、警備業を営むことができる。

○〔旧〕警備業法施行規則

〔昭和四十七年十月十三日〕
〔総理府令第六十四号〕

（警備業の届出）

第一条　警備業法（以下「法」という。）第四条の規定による届出は、別記様式第一号による届出書正副二通を提出して行なうものとする。

2　前項の届出書は、主たる営業所の所在地の所轄警察署長を経由して、営業開始の日の前日までに提出しなければならない。

第二条　法第四条第三号の総理府令で定める事項は、次に掲げるものとする。

一　個人である場合は、その者の本籍、住所及び生年月日

二　法人である場合は、その役員の氏名、本籍、住所及び生年月日

三　営業開始予定年月日

四　制服及び標章の種類、色及び型式

五　護身用具の種類及び規格

六　営業地域

七　第十二条第二項に規定する教育計画

第三条　法第四条の総理府令で定める書類は、次に掲げるものとする。

一　個人である場合は、その者の履歴書、住民票の写し（外国人にあつては、外国人登録証明書の写しとする。次号において同じ。）及び法第三条の欠格事由に該当しない旨を誓約する書面

二　法人である場合は、その定款及び登記簿の謄本並びに役員の履歴書、住民票の写し及び法第三条の欠格事由に該当しない旨を誓約する書面

三　制服の種類ごとに、警備業務を行なう場合の服装を用いた警備員の正面及び側面の全身、無背景の大手札判の写真（色彩を識別することのできるもの）

各一枚

（営業所の届出等）

第四条　法第五条の規定による届出は、別記様式第二号による届出書正副二通を提出して行なうものとする。

2　前項の届出書は、当該都道府県の区域内に設ける営業所の所在地（二以上の営業所を設ける場合にあつてはそのいずれか一の営業所の所在地、営業所を設けない場合にあつては警備業務を行なういずれかの場所）の所轄警察署長を経由して、警備業務の開始の日の前日までに提出しなければならない。

第五条　法第五条の総理府令で定める事項は、次に掲げるものとする。

一　氏名又は名称

二　主たる営業所及び当該都道府県の区域内における警備業務に係る営業所の名称及び所在地

三　第二条第一号及び第二号に掲げる事項

四　当該都道府県の区域内における警備業務に係る第二条第三号から第七号までに掲げる事項（ただし、当該都道府県の区域内に営業所を設けないで警備業務を行なう場合にあつては、当該都道府県の区域内における警備業務に係る第二条第三号から第六号までに掲げる事項）

第六条　法第五条の総理府令で定める書類は、第三条に掲げるものとする。

（届出を要しない警備業務）

第七条　法第五条の総理府令で定める届出を要しない警備業務は、次の各号のいずれかに該当するものとする。

一　当該都道府県の区域内において警備業務を継続して行なう期間が一月以内で、かつ、従事する警備員の人員が一日につき五人以内のもの

二　法第二条第一項第三号に掲げる警備業務にあつては、当該都道府県の区域内に、当該運搬物の発送場所及び到達場所がないもの

（廃止等の届出）

第八条　法第六条の規定による届出は、廃止の届出にあ

つては別記様式第三号、変更の届出にあつては別記様式第四号による届出書正副二通を提出して行なうものとする。

2　前項の届出書は、法第四条の届出に係るものにあつては第一条第二項、法第五条の届出に係るものにあつては第四条第二項に規定する警察署長を経由して、すみやかに提出しなければならない。

第九条　法第六条の総理府令で定める事項は、廃止の場合にあつては廃止年月日及び廃止の事由、変更の場合にあつては変更年月日、変更事項及び変更の事由とする。

第十条　法第六条の総理府令で定める書類は、第三条に掲げる書類のうち、変更のあつた事項に係るものとする。

（服装）

第十一条　法第九条の総理府令で定める公務員は、警察官及び海上保安官とする。

（教育）

第十二条　法第十一条の規定による教育は、次の表の上欄に掲げる教育事項について、同表の中欄に掲げる教育方法により、同表の下欄に掲げる時間行なわなければならない。

教育事項	教育方法	教育時間
一　警備業務実施の基本原則に関すること。 二　警備員の資質の向上に関すること。 三　警備業法その他警備業務の適正な実施に必要な法令についての知識 四　事故の発生時における警察機関への連絡等応急の措置に関すること。 五　護身用具の取扱いに関すること。 六　その他警備業務の適正な実施に必要な事項	一　教本その他の必要な教材を用いて行なうこと。 二　講義及び実技訓練の方法により行なうこと。	一　新たに警備業務に従事しようとする警備員にあつては、警備業務に従事する前において二十時間以上。ただし、他の警備業者の警備業務に従事した期間が通算して一年以上になる警備員及び警察官の職にあつた期間が通算して一年以上になる警備員にあつては五時間以上 二　警備業務に従事している警備員にあつては、一年間に十時間以上

2　前項の教育は、あらかじめ教育計画を作成し、これに基づいて適切かつ効果的に行なわなければならない。

（警備員の名簿等）

第十三条　法第十二条の総理府令で定める書類は、次に掲げるものとする。

一　警備員の名簿（氏名、本籍、住所、生年月日及び採用年月日並びに前条に規定する教育を受けた年月日及び教育時間を記載し、三年以内に撮影した無帽、正面、上三分身、無背景のライカ判の写真をはりつけたもの）

二　法第四条又は法第五条の規定に基づき届出をした護身用具の種類ごとの数量を記載した書類

三　法第七条第一項に規定する警備員の制限に該当しない旨を誓約する書面

四　警備業務に関する契約ごとに、契約の相手方並びに警備業務の実施の期間、場所、方法及び警備員数を記載した書類

2　前項第一号に掲げる警備員の名簿は、当該警備員が退職した後においてもこれを一年間保存しておかなければならない。

附　則

（施行期日）

1　この府令は、法の施行の日（昭和四十七年十一月一日）から施行する。

（経過措置）

2　この府令の施行の際現に警備業務に従事している者に対する教育については、昭和四十八年一月三十一日までの間は、第十二条第一項の表の下欄の規定は適用せず、この間において五時間以上行なわなければならないものとする。

別記様式第１号

（表　面）

※受理年月日	昭和　年　月　日
※受理番号	

警備業開始届出書

警備業法第４条の規定により届出をします。

公安委員会　殿

昭和　年　月　日

届出者の氏名又は名称及び住所

㊞

氏名又は名称			
営業所		名称	所在地
	主たる営業所		
	その他の営業所		

営業者（法人にあつてはその役員）	氏名	生年月日	本籍	住所
		年　月　日		
		年　月　日		
		年　月　日		
		年　月　日		
		年　月　日		
		年　月　日		
		年　月　日		
		年　月　日		

営業開始予定年月日	昭和　年　月　日		営業地域	
護身用具	種類	規格		

（裏　面）

		種類	色	型式
制服及び標章	制服			
	標章			

	教育事項	教育方法	教育時間
教育計画			

記載要領

1　「本籍」欄には、外国人にあつては、その国籍を記載すること。

2　「営業地域」欄には、営業地域の都道府県名及び営業地域が海上に及ぶか否かの別を記載すること。

3　「護身用具」欄には、警戒棒について記載すること。

4　「教育計画」欄には、警備業法施行規則第12条第１項の表の下欄の区分に従つて記載すること。

備　考

1　用紙の大きさは、日本工業規格Ｂ列４番とすること。

2　※印欄には、記載しないこと。

3　所定の欄に記載しえないときは、別紙に記載のうえ添附すること。

別記様式第２号　　　　　　　　　（表　面）

営業所設置等届出書

警備業法第５条の規定により届出をします。

※受理年月日	昭和　年　月　日
※受理番号	

公安委員会　殿

昭和　年　月　日

届出者の氏名又は名称及び住所

㊞

氏名又は名称					
営業所		名称		所在地	
	主たる営業所				
	この届出により行なう警備業務に係る営業所				
営業者（法人にあつてはその役員）	氏名	生年月日	本籍	住所	
		年　月　日			
		年　月　日			
		年　月　日			
		年　月　日			
		年　月　日			
		年　月　日			
		年　月　日			
		年　月　日			

営業開始予定年月日		昭和　年　月　日	営業地域	
護身用具	種類	規格		

（裏　面）

		種　類	色	型　　式
制服及び標章	制服			
	標章			

	教　育　事　項	教　育　方　法	教育時間
教育計画			

記載要領

1　「本籍」欄には、外国人にあつては、その国籍を記載すること。

2　「営業地域」欄には、営業地域の都道府県名を記載すること。

3　「護身用具」欄には、警戒棒について記載すること。

4　「教育計画」欄には、警備業法施行規則第12条第1項の表の下欄の区分に従つて記載すること。ただし、当該都道府県に営業所を設けないで警備業務を行なうときは記載を要しない。

備　考

1　用紙の大きさは、日本工業規格B列4番とすること。

2　※印欄には、記載しないこと。

3　所定の欄に記載しえないときは、別紙に記載のうえ添附すること。

別記様式第３号

警備業廃止届出書

※受理年月日	昭和　年　月　日
※受理番号	

警備業法第６条の規定により届出をします。

昭和　年　月　日

公安委員会　殿

届出者の氏名又は名称及び住所

㊞

氏名又は名称		
主たる営業所	名称	
	所在地	
廃止年月日		昭和　年　月　日
廃止の事由		

備　考

1　用紙の大きさは、日本工業規格Ｂ列４番とすること。

2　※印欄には、記載しないこと。

別記様式第４号

変　更　届　出　書

※受理年月日	昭和　　年　　月　　日
※受　理　番　号	

警備業法第６条の規定により届出をします。

昭和　　年　　月　　日

公安委員会　殿

届出者の氏名又は名称及び住所

㊞

氏名又は名称			
主たる営業所	名　　称		
	所在地		
変更年月日		昭和　　年　　月　　日	
変更事項	新		旧
変更の事由			

備　考

１　用紙の大きさは、日本工業規格Ｂ列４番とすること。

２　※印欄には、記載しないこと。

○〔旧〕警備員等の検定に関する規則〔抄〕

〔昭和六十一年七月一日 国家公安委員会規則第五号〕

最終改正 平成十七年三月四日国家公安委員会規則第二号

（警備業務の種別等）

第一条 警備業法（以下「法」という。）第十一条の二の国家公安委員会規則で定める種別は、次の表の上欄に掲げるものとし、同条の規定による検定（以下「検定」という。）は、当該種別に応じて、同表の下欄に掲げる知識及び能力について行う。

警備業務の種別	知識及び能力
空港保安警備	法第二条第一項第一号に規定する警備業務のうち空港等の施設において航空機の強取等の事故の発生を警戒し、防止する業務（航空機に持ち込まれる物件の検査に係るものに限る。以下「空港保安検査業務」という。）を実施するために必要な知識及び能力
常駐警備	法第二条第一項第一号に規定する警備業務（機械警備業務及び空港保安検査業務を除く。以下「常駐警備業務」という。）を実施するために必要な知識及び能力
交通誘導警備	法第二条第一項第二号に規定する警備業務のうち工事現場その他人又は車両の通行に危険のある場所における負傷等の事故の発生を警戒し、防止する業務（交通の誘導に係るものに限る。以下「交通誘導業務」という。）を実施するために必要な知識及び能力
核燃料物質等運搬警備	法第二条第一項第三号に規定する警備業務のうち運搬中の核燃料物質等（核原料物質、核燃料物質及び原子炉の規制に関する法律（昭和三十二年法律第百六十六号）に規定する核燃料物質及び核燃料物質によって汚染された物をいう。以下同じ。）に係る盗難等の事故の発生を警戒し、防止する業務（以下「核燃料物質等運搬警備業務」という。）を実施するために必要な知識及び能力
貴重品運搬警備	法第二条第一項第三号に規定する警備業務のうち運搬中の現金、貴金属、有価証券等の貴重品に係る盗難等の事故の発生を警戒し、防止する業務（以下「貴重品運搬警備業務」という。）を実施するために必要な知識及び能力

2　検定は、一級及び二級に区分して行う。

（合格証の交付）

第八条　公安委員会は、検定に合格した者に、別記様式第三号の合格証（以下「合格証」という。）を交付する。

（指定講習の指定）

第一二条　国家公安委員会は、次の表の上欄に掲げる警備業務の種別に応じ、それぞれ同表の下欄に掲げる事業を行うことを目的として設立された民法（明治二十九年法律第八十九号）第三十四条の法人が行う講習であつて、次項の指定基準に適合すると認められるものを、その法人の申請により、指定講習として指定することができる。

警備業務の種別	事業
空港保安警備	空港保安警備の適正な運営を確保し、公共の安全と秩序の維持に寄与するための事業
常駐警備	常駐警備の適正な運営を確保し、公共の安全と秩序の維持に寄与するための事業
交通誘導警備	交通誘導警備の適正な運営を確保し、公共の安全と秩序の維持に寄与するための事業
核燃料物質等運搬警備	核燃料物質等運搬警備の適正な運営を確保し、公共の安全と秩序の維持に寄与するための事業
貴重品運搬警備	貴重品運搬警備の適正な運営を確保し、公共の安全と秩序の維持に寄与するための事業

2　指定講習に係る指定基準は、次のとおりとする。

一　講習科目が検定に係る学科試験及び実技試験の科目と同一であり、かつ、その内容が検定に係る学科試験及び実技試験の対象となる内容と同一又はそれ以上の水準であること。

二　講習が全国的な規模において毎年一回以上実施されるものであること。

三　講習事項（講習科目及び講習内容をいう。以下同じ。）、講習時間その他の講習の方法及び修了の基準が適切かつ公正なものであること。

四　講習に関する事業（以下「講習事業」という。）を適切かつ確実に行うことができると認められる法人が行うものであること。

全訂版　警備業法令集

昭和58年２月１日	初 版 発 行	平成12年７月10日	９ 訂 版 発 行
昭和61年７月20日	２ 訂 版 発 行	平成13年６月25日	10 訂 版 発 行
昭和62年６月20日	３ 訂 版 発 行	平成15年４月25日	11 訂 版 発 行
昭和62年10月25日	４ 訂 版 発 行	平成18年１月25日	全 訂 版 発 行
平成元年８月５日	５ 訂 版 発 行	令和７年７月25日	全訂版31刷発行
平成４年４月10日	６ 訂 版 発 行		
平成９年４月１日	７ 訂 版 発 行		
平成11年８月25日	８ 訂 版 発 行		

編　集　警備業法令研究会
発行者　星　沢　卓　也
発行所　東京法令出版株式会社

112-0002　東京都文京区小石川５丁目17番３号　03(5803)3304
534-0024　大阪市都島区東野田町１丁目17番12号　06(6355)5226
062-0902　札幌市豊平区豊平２条５丁目１番27号　011(822)8811
980-0012　仙台市青葉区錦町１丁目１番10号　022(216)5871
460-0003　名古屋市中区錦１丁目６番34号　052(218)5552
730-0005　広島市中区西白島町11番９号　082(212)0888
810-0011　福岡市中央区高砂２丁目13番22号　092(533)1588
380-8688　長野市南千歳町1005番地
〔営業〕ＴＥＬ026(224)5411　ＦＡＸ　026(224)5419
〔編集〕ＴＥＬ026(224)5412　ＦＡＸ　026(224)5439
https://www.tokyo-horei.co.jp/

ISBN978-4-8090-1168-9